VERUSCHKA

JÖRN JACOB ROHWER   VERA LEHNDORFF

VERUSCHKA
MEIN LEBEN

DUMONT

Erste Auflage 2011
© 2011 Vera Gräfin Lehndorff und Jörn Jacob Rohwer
© 2011 für die deutsche Ausgabe: DuMont Buchverlag, Köln
Alle Rechte vorbehalten

Umschlag: Zero, München
Reproduktion: PPP, Köln
Druck und Verarbeitung: Vestagraphics BVBA

Gedruckt auf säurefreiem und chlorfrei gebleichtem Papier
ISBN 978-3-8321-9553-3

www.dumont-buchverlag.de

Meiner Mutter und meinem Vater gewidmet

VORWORT

Warum eigentlich erzähle ich fremden Menschen aus meinem Leben? Darüber habe ich immer wieder nachgedacht. Warum bleibe ich nicht lieber im Verborgenen?

Bilder von mir gibt es unendlich viele. Um es mit Nabokov zu sagen: »Veruschka« ist berühmt, nicht ich. Mein Alter Ego »Veruschka« habe ich mit Anfang zwanzig erfunden; meine Jahre als Model fielen in sehr bewegte Zeiten. Ausgangspunkt meines beruflichen Lebens war die Kunst, die Malerei. Sehr schnell rückte für mich der Körper auf künstlerische und ästhetische Art und Weise in den Mittelpunkt meines Interesses. Als Kind und Teenager empfand ich mich als hässlich – bis ich mich entschied, schön zu werden. Ich hatte das Privileg, dass meine persönliche Entwicklung in die Zeit des gesellschaftlichen Aufbruchs der sechziger und siebziger Jahre fiel.

Diese Freiheit habe ich genutzt und genossen. Es ist der Glamour, mit dem mich viele verbinden, mich aber hat die Kunst immer mehr angezogen. Als Künstlerin habe ich seit Jahrzehnten mit den Verwandlungen meiner äußeren Erscheinung gearbeitet, mit Körperbemalungen und anderen körperbezogenen Projekten wie etwa den Aschebildern.

Nun aber habe ich das Bedürfnis, etwas von dem zu zeigen, was hinter den vielen Erscheinungsbildern lebt. Mit diesem Buch wage ich mich an eine für mich ganz neue Art der Äußerung heran, begebe mich dafür in die Zwischenräume von Erinnerung und Sprache. Ich habe mich bewusst entschieden, auch über schwierige Zeiten in meinem Leben zu sprechen. Ein Buch zu veröffentlichen, das mich nur in ein gutes Licht stellt, hätte mich nicht interessiert.

In meinem Leben spielten das Bild, auch die sinnliche Welt, die Steine, die Natur stets eine große Rolle. Nun rückt mir das Wort näher. »Eine Welt ohne Wörter ist eine Welt voller Wunden«, diese Formulierung von Arno Geiger hat mich berührt.

Wenn ich meine Erfahrungen hier in Worte fasse, tue ich dies auch, um zu zeigen, dass es nicht sinnlos ist, sich immer wieder neu durch das Dickicht des Lebens zu schlagen, auch wenn man dies in manchen Zeiten absolut nicht erkennen kann.

Mein Leben begann in einem Deutschland, das es heute nicht mehr gibt, und brachte mich auf alle Kontinente. Ich habe in Italien, Frankreich und Amerika gelebt; meine Wohnungen kann ich nicht mehr zählen. Dieses Nomadenleben war anstrengend, aber ich habe es geliebt – und tue dies noch heute.

Um zu leben, musste ich raus aus der Enge. Man könnte sagen, ich bin für mein intensives Leben hohe Risiken eingegangen – tatsächlich aber hatte ich keine Wahl.

Vera
Berlin, Sommer 2011

Amerikanische ›Vogue‹ 1963, Foto Irving Penn

DER ERSTE ERFOLG

JÖRN JACOB ROHWER: Frau Lehndorff, Ihre weltweite Karriere als Model Veruschka begann Anfang der sechziger Jahre, als Sie der amerikanische Fotograf Irving Penn bei der ›Vogue‹ avisierte. Als Sie dort vorstellig wurden, empfing Sie die Chefredakteurin Diana Vreeland. Es folgte eine außergewöhnliche Zusammenarbeit, sowohl mit Diana Vreeland als auch mit Irving Penn …

VERA LEHNDORFF: Sein Studio befand sich in einem schönen alten New Yorker Gebäude auf der 41. Straße, Höhe Sixth Avenue, nahe der Nationalbibliothek. Zu Terminen und Shootings fuhr ich damals nie mit der Untergrundbahn, sondern mit dem Taxi. Dennoch oder gerade deswegen kam ich fünfzehn Minuten zu spät. Wenn man in Italien für neun Uhr gebucht war und um halb elf erschien, war das kein Problem. In Europa war alles ein bisschen lockerer. In New York musste man dagegen pünktlich auf die Minute sein, »time is money, honey«, hörte ich andauernd. Als ich eintraf, sah die Stylistin der ›Vogue‹, Babs Simpson, auf die Uhr. Sie sagte mahnend: »Sie sind eine Viertelstunde zu spät, meine Liebe!« Ich war nervös, allein schon wegen dieser strengen Begrüßungsworte. Sogleich verschwand ich im winzigen Umkleideraum des ohnehin sehr kleinen Studios. Dort begegnete ich Wilhelmina. Ich kannte sie von vielen Titelblättern der ›Vogue‹, und nun saß ich neben ihr. Sie sprach mich gleich auf Deutsch an und half mir mit dem Make-up. Jedes Mädchen machte das damals selbst und hatte aus diesem Grund stets unzählige Tuben und Töpfe bei sich – nur ich nicht. Ich schaute genau hin, um zu lernen, wie sie vorging. Und weil sie so nett war, traute ich mich, ihr Fragen zu stellen. Sie gab mir gute Tipps, etwa dass man drei

Wimpern übereinanderkleben konnte, um einen speziellen Augenausdruck zu erzielen.

Von Penn sah und hörte man noch nichts. Ich wusste jedoch, dass an diesem Tag Farbaufnahmen von Hüten gemacht werden sollten – so etwas teilte einem die Agentur vorher mit, weil für Farbfotos ein anderes Make-up verwendet wurde. Ich erfuhr auch, ob ich meine eigenen Schuhe mitzubringen hatte. Wegen meiner Schuhgröße 43 konnte davon der ganze Termin abhängen.

Endlich kam Babs Simpson zu uns und sagte: »So, Veruschka, kommen Sie bitte und zeigen Sie Penn Ihr Make-up.« Dann sah Penn sich alles prüfend an. Ich musste mich zur Seite drehen, er schaute sogar hinter die Ohren; alles musste perfekt geschminkt sein. Anschließend machte er sehr präzise Anmerkungen – hier erschien es ihm zu grau, da zu blass. Am Ende hieß es: »Das Ganze noch einmal!« Wenn man bei Penn Probleme machte, war man sofort wieder draußen. Wilhelmina blieb entspannt, beruhigte mich. Das war in diesem Moment sehr wichtig, denn ich war völlig verunsichert. »Mach dir keine Sorgen«, sagte sie und half mir, Fehler zu korrigieren. Danach durfte ich hinunter ins Atelier. »Also«, meinte Penn, nachdem er diesmal mein Make-up akzeptiert hatte, »was immer ich Ihnen sage, Sie sagen nichts, nicht ja, nicht nein. Sie tun bitte einfach nur, was ich vorgebe. Und vergessen Sie alles, was Sie bislang aus Europa kennen, all die kleinen Posen. Wenn Sie Ihre Hand auf die Hüfte legen, machen Sie das bitte ohne Firlefanz. Keine zimperlichen, nur definitive Bewegungen.« Er ließ mir aber trotzdem einen gewissen Spielraum, ließ mich agieren und sah mir zu, wie ich mich mit dem Hut auf dem Kopf bewegte. Manchmal sagte er auch: »Nein, versuchen Sie etwas anderes.« Und ich antwortete dann doch mit »Yes«.

Das erste Foto an diesem Tag war eine Nahaufnahme, darum hatte es anfangs Probleme mit dem Make-up gegeben. Ich trug einen Turban, folglich war die Nackenpartie sehr wichtig. »Drehen Sie Ihren Kopf«, sagte er. »Turn, turn, turn!« Ich tat, was er mir sagte, war schon über das Profil hinaus, und er fragte: »Can you turn some more?« Gleich knackt's, dachte ich, und ich breche mir das Genick.

Denn es war keineswegs so, dass er endlich auf den Auslöser drückte. Es dauerte noch eine Weile, zumal lichttechnische Dinge geklärt werden mussten. »Entspannen Sie sich einen Moment«, sagte er sehr höflich. Danach folgte ein aufwendiges Close-up mit Hut und Schleier. Ich merkte schnell, dass es mit Penn nicht ganz einfach war. Später habe ich erlebt, dass Mädchen, die ihre Posen nicht halten konnten oder die er nicht mochte, nicht mehr gebucht wurden. »Ich denke«, sagte Penn in solchen Fällen zur Stylistin, »dass wir künftig auf sie verzichten können. Die nächste Buchung mit ihr ist gestrichen.« Ich hatte Glück, mit mir setzte er die Zusammenarbeit fort.

Als ich am nächsten Tag im Studio erschien, sagte er: »Veruschka, kommen Sie zu mir.« Danach zeigte er mir die Dias vom Vortag auf dem Leuchtkasten. Er sagte: »Schauen Sie, sieht es nicht wundervoll aus! Gratulation!« Ich freute mich – und war doch ein wenig enttäuscht. Meinen Kopf hatte ich zwar gekonnt gedreht, aber von meinem Gesicht sah man nichts. Dennoch: Das Eis zwischen uns war gebrochen. Weil ich geduldig und schweigsam all seine Anweisungen befolgt hatte. Normalerweise zeigte Penn einem Model nie seine Fotos, aber wir waren irgendwie warm miteinander geworden. Von nun an war er immer sehr freundlich zu mir, erzählte mir etwas, während er fotografierte, stellte Fragen, machte sogar kleine Witze. Durch ihn lernte ich sehr viel über das Licht, die Positionen von Kopf und Körper, den Gesichtsausdruck. Wenn er gut aufgelegt war, sagte er: »Veruschka, Sie sind der Beatnik von der Park Avenue.« Er hatte verstanden, dass ich eine seltsame Mischung aus elegant und wild war. Bald lief ich nur noch in Catsuits für Tänzer herum. Dazu trug ich Gürtel so breit wie kleine Röcke. Das war mein Look, und er fiel auf, weil er anders war. Einmal sagte Penn zu mir: «In America they don't have many ideas. If you have one good one, you can make it big here.«

VERLORENE KINDHEIT

Aus Ihnen war Veruschka geworden! Doch wer war Vera, jene Frau, die Sie in Europa zurückgelassen hatten?

Lassen Sie uns zurück in Ihre Kindheit gehen. Sie wurden 1939 in das ostpreußische Adelsgeschlecht Lehndorff hineingeboren, kamen in Königsberg als Tochter von Heinrich Graf von Lehndorff-Steinort und Gottliebe Gräfin von Kalnein zur Welt. Wie wäre Ihr Leben verlaufen, wenn Hitler nicht den Zweiten Weltkrieg im September Ihres Geburtsjahrs begonnen hätte?

Ohne Zweifel hätte es eine vollkommen andere Richtung genommen. Ich bin davon überzeugt, dass ein Ort einen Menschen prägt. Wird man aus einer Umgebung, in der man heranwachsen soll, herausgerissen und in eine andere hineingeworfen, grenzt es an ein Wunder, wenn man überhaupt wieder »anwächst«.

Ich könnte sagen, ich habe meine Heimat verloren, aber verlorene Kindheit trifft es besser. Als Kind habe ich Masuren kaum bewusst erlebt, deshalb kann ich nicht von Heimatgefühlen sprechen. Dennoch war mir die ostpreußische Landschaft vertraut, als ich sie 2007, nach über sechzig Jahren, wiedersah. Wenn ich heute in Steinort bin, dem einstigen Stammsitz unserer Familie, der nun Sztynort heißt, überkommt mich immer eine große Traurigkeit. Noch immer liegt über dem Dorf an der Masurischen Seenplatte das Grauen des Krieges – die Verwicklungen der Menschen in eine unheilvolle Geschichte sind nicht vergessen. Und wenn ich das ehemalige Lehndorffsche Schloss sehe, muss ich daran denken, wie mein Vater aus einem der Fenster in den Park sprang, um vor der SS zu fliehen. Er hatte gesehen, wie Wagen der Sonderorganisation die Auffahrt hochkamen; ihm war sofort klar, dass er verhaftet werden sollte. Das war am 21. Juli 1944, einen Tag nach dem missglückten Attentat auf Hitler in der nahen ›Wolfsschanze‹, einem der Führerhauptquartiere während des Zweiten Weltkriegs. Mein Vater hatte sich dem militärischen Widerstand gegen Hitler angeschlossen, als er drei Jahre zuvor im sowjetischen Borisow von der Ermordung von mehr als 7000 Juden erfuhr. Er hatte mit eigenen Augen gesehen,

Heinrich Graf von Lehndorff

wie die Nazis jüdische Kinder gegen Laternenpfähle schlugen. Zurück in Steinort, erzählte er meiner Mutter davon und sagte einen Satz, den meine Mutter nie mehr vergaß: »Wir müssen sofort handeln.«

Er war Verbindungsoffizier der ›Operation Walküre‹ in Königsberg. Meine Mutter erzählte mir von dem besonders intensiven Blau des Himmels am 20. Juli 1944, dem Tag des Attentats. Durch seinen Fenstersprung gelang meinem Vater zunächst die Flucht vor der SS. Er verbarg sich in einem Graben, als er beobachtete, wie meine Mutter von zwei Gestapo-Offizieren begleitet im Auto nach ihm suchte. Der Mann auf dem Beifahrersitz hielt ihr eine Waffe an den Kopf. Deshalb stellte er sich schließlich, um Unheil von seiner Familie abzuwenden. Damals galt die sogenannte Sippenhaft; alle Familienmitglieder mussten für das Tun eines Angehörigen einstehen. Noch ein weiteres Mal konnte mein Vater entfliehen, dieses Mal seinen Bewachern, die ihn in einem Polizeiwagen zum Gestapo-Hauptquartier in der Berliner Prinz-Albrecht-Straße transportierten. Am Ende wurde er bei Neustrelitz in Mecklenburg-Vorpommern aufgegriffen.

Er wurde durch den Volksgerichtshof, durch Roland Freisler, zum Tode verurteilt. Am 4. September 1944 wurde er durch den Strang hingerichtet. All das ist Vergangenheit, und doch ist es noch gegenwärtig und beschäftigt mich sehr. Meine Vorstellungen richten sich jetzt aber auf die Zukunft, auf das, was in Steinort entstehen kann.

Ein Vetter Ihres Vaters, Hans Graf von Lehndorff, Arzt und Autor, schrieb in seinen Kindheits- und Jugenderinnerungen »Menschen, Pferde, weites Land«: »Steinort war auf drei Seiten vom Mauersee umgeben, lag also gewissermaßen auf einer Halbinsel. Vom Dach des Gutshauses aus konnte man nach Osten, Süden und Westen über den Wald hinweg auf die hellglänzende Wasserfläche hinausblicken. Dazu gab es noch mehrere kleine Seen, die mit den großen in Verbindung standen. Der zu Steinort gehörende Wald zog sich weit am westlichen Seeufer hin und verdeckte die Sicht nach dieser Seite. Vom See aus wirkte der Wald undurchdringlich. Die Bäume reckten ihre Äste weit über den Schilfgürtel hinaus, und Wasser und Land waren nirgends scharf gegeneinander abgegrenzt.« Was lösen Erinnerungen wie diese in Ihnen aus?

Sie erscheinen mir wie ein Traum, an den man sich nur schemenhaft erinnert. Ich habe ja nur meine ersten fünf Lebensjahre auf diesem großen Gut verbracht, deshalb kann ich mich nicht mehr an viele Dinge entsinnen. Natürlich hat die Natur für mich als Kind eine wichtige Rolle gespielt. Tiere und Pflanzen, das Wasser und das Licht sehe ich fast klarer vor mir als meinen Vater und meine Mutter. Sicher sind auch die traumatischen Erlebnisse, die ich in frühester Kindheit hatte, die Haft und die Hinrichtung meines Vaters mit daran schuld, dass ich mich an manches nicht erinnern kann.

Was hatte Ihr Vater genau gemacht? Gab es auf Steinort Treffen mit anderen Widerstandskämpfern?

Er hatte die Aufgabe, Menschen für den Widerstand zu gewinnen. Zudem war er die Verbindungsperson und der Kurier zwischen den beiden Zentralen des Widerstands: General Olbricht und Oberst Graf von Stauffenberg in Berlin und Henning von Tresckow an der Ostfront. Nach dem geglückten Attentat sollte er im Bezirk Königsberg zusammen mit Graf zu Dohna-Schlobitten, Hans Otto Erdmann und von Hößlin den Staatsstreich in Ostpreußen durchsetzen.

Schloss Steinort, 1938

Zu konspirativen Gesprächen traf man sich nicht im Haus, sondern sie fanden bei Spaziergängen im Park oder auf Autofahrten statt.

Wie viel ostpreußische Vergangenheit wirkt denn in Ihnen – wie weit reichen Geschichte und Geschichten der Familie in Ihre Gegenwart?
Ich kann nicht sehen, dass etwas typisch Lehndorffsches – falls es überhaupt so etwas gibt – in mir existiert. Genetisch gesehen bin ich ein Gemisch aus Lehndorffs, Kalneins – meine Mutter war eine geborene Kalnein –, Dönhoffs, Oldenburgs und anderen alten Familien. Sagt mir jemand nach, ich sei in bestimmter Hinsicht einem Verwandten ähnlich, so finde ich das amüsant, mehr auch nicht. Ich bin anders, jeder ist anders. Gelegentlich konnte meine Mutter in einem autoritären preußischen Ton Befehle erteilen – mir ist das fremd. Ich kann mittlerweile zwar sehr bestimmt meine Meinung vertreten, doch ich würde dies weder als autoritär noch als preußisch ansehen. Im Unterschied zur Mutter besitze ich überhaupt kein Gefühl für den Umgang mit Angestellten. Obwohl sie nach dem Krieg keine Bediensteten mehr hatte – den gräflichen Ton jedoch, etwa gegenüber der Putzfrau, verlor sie nie. Ich würde mich erst einmal mit einer

Person, die bei mir sauber macht, aufs Sofa setzen und eine Zigarette rauchen. Vielleicht, weil ich in meinem Leben so wenig mit der Familie und den Ahnen zu tun hatte, ist entsprechend wenig von ihnen in mir zurückgeblieben, zumal ich – wie meine Schwestern Marie-Eleonore, Gabriele und Catharina – noch lange nach dem Krieg nicht nach der Vergangenheit fragen, über unsere Herkunft nicht reden durfte. Dies hätte, gerade in der Schule, problematisch für uns Kinder werden können. Deutschland war noch längst nicht entnazifiziert, und Widerstandskämpfer wie mein Vater galten noch bis weit in die fünfziger Jahre hinein als Vaterlandsverräter.

Gibt es, aller Entwurzelung zum Trotz, ein familiäres Gepräge der Lehndorffs, das sich wie ein Erbe weiterträgt?
Ich spüre eine große Zugehörigkeit zu meinen Schwestern. Wir sind alle sehr direkt und sprechen aus, was wir denken – jede auf ihre

Steinort, 2005

Blick auf den See vom Haus aus, 1938

Weise. Der Kontakt zu ihnen war zeitweilig durch meine Jahre im Ausland unterbrochen, aber seitdem ich in Deutschland lebe, ist die Verbindung zu ihnen sehr eng – darin sehe ich eine Familienverbundenheit. Ich finde es auch spannend, anderen nahen Angehörigen zu begegnen. Wenn ich die Würde, die Strenge meiner letzten noch lebenden Tante, Ria von der Groeben, geborene Lehndorff betrachte, einer Dame von über neunzig Jahren, die noch immer aufrecht auf ihrem Stuhl sitzt und durch den Raum schreitet wie eine Vierzigjährige, beeindruckt mich dies sehr. Menschen, denen eine so noble Art zu eigen ist, gibt es überall auf der Welt, in allen Schichten. Bei Nomaden in der Wüste habe ich diese Haltung auch beobachten können. Mut, Courage, eine Nähe zum Preußentum mögen Merkmale der Lehndorffs sein, ein alter Stammbaum oder eine adlige Herkunft sind dafür aber keine Garantie.

Sie haben einmal gesagt, Ihre Familie sei mit der halben Welt verwandt, und damit auf die alten Verbindungen europäischer Adelshäuser angespielt. Sie selbst sehen sich als Nomadin, die ungebunden und nirgendwo zu Hause ist. Vermitteln Ihnen dennoch der adlige Stand, die Wertegemeinschaft ein Gefühl von Zugehörigkeit, Parität?
Überhaupt nicht. Ich empfinde gegenüber dieser Welt eine gewisse Distanz. Ich bin in ein Zeitalter hineingeboren worden, in dem andere Werte als die des Adels zählen. Wenn mir jemand aus dem adligen Umkreis sympathisch ist, freut es mich. Aber ich forciere keine Beziehungen. Der Adel an sich hat keine Bedeutung für mich. Ich bevorzuge Wahlverwandtschaften, und die wiederum am liebsten zu Künstlern.

Gleichwohl wird der Nimbus einer elitären, geschlossenen Gesellschaft bis heute gern gepflegt. Pferderennen, Treibjagden, Adelsbälle, Abendgesellschaften, Clubs und Internatserziehung – haben Sie sich dieser Welt bewusst entzogen?
Wann immer ich konnte. Früher bereiteten mir Adlige sogar ein Gefühl des Unbehagens. Wenn ich nur hörte, dass Vertreter dieser Spe-

zies auftauchen sollten, verschwand ich schnell. Adelsbälle waren für mich Horrorerlebnisse. Diese Steifheit, diese unsinnliche Atmosphäre! Die Männer waren konventionell und unerotisch, keiner von ihnen hatte etwas Eigenes, Wildes, tanzte aus der Reihe. Immer ging es nur um standesgemäße Manieren, das war langweilig, geradezu qualvoll für mich. Mag sein, dass nur ich das so empfunden habe, aber die Arroganz, die einige von ihnen – nicht alle – an den Tag legten, irritierte mich schon sehr. Freundschaften habe ich nicht in diesen Kreisen, sondern ganz woanders gefunden. Und die Erotik entdeckte ich erst in den sechziger Jahren in Italien, da war ich schon über zwanzig.

DIE ELTERN

Ihre Eltern, Gottliebe Gräfin von Kalnein und Heinrich Graf von Lehndorff, waren sich erstmals im Sommer 1935 bei einem Pferderennen in Königsberg begegnet. Die Mutter ließ sich vom Vater umwerben – wirklich heiraten wollte sie nicht. Lebenshungrig, ziellos und unkonventionell lebte sie seinerzeit in einer »Wohngemeinschaft« in Berlin, verdiente ihren Unterhalt als Sekretärin. »Ich ging viel aus«, erinnerte sie sich in ihren Aufzeichnungen, »hatte Erfolg bei Männern, was mich nicht sonderlich beeindruckte. Nur die Macht zu spüren fand ich schön.« Ihr Vater hingegen, gerade Erbe eines im fernen Masuren gelegenen Schlosses geworden, drängte auf eine Ehe. »Ich war«, schrieb wiederum Ihre Mutter, »nicht sonderlich in ihn verliebt oder interessiert. Seine Intensität gefiel mir.« Ihre Reserviertheit mochte Ihren Vater in seinem Wunsch, die wilde Gottliebe zu erobern, noch bestärkt haben. Verkannte er ihre Gefühle? Täuschte sie ihn? Seine intensive Verliebtheit erwiderte sie jedenfalls nicht.
Meine Mutter wollte vor allem eines: endlich anfangen, ihr eigenes Leben zu leben. Sie kam 1913 zur Welt und erlebte eine schwierige Kindheit. Als junge Frau wurde sie weggerissen von dem Menschen,

Gottliebe Gräfin von Kalnein,
Kolumbien 1934/35

den sie liebte, weil er ein Jude war. Unfreiwillig hatte sie zwei Jahre in Kolumbien ausharren müssen, ehe ihre dort lebende Mutter und ihr Stiefvater Joachim von Mellenthin bereit waren, sie zurück nach Deutschland zu schicken. Dort kam nun ein Mann auf sie zu, der sie beeindruckte, umwarb und auf einer Heirat insistierte. Sie hatte kaum Zeit gehabt, Gefühle zu entwickeln, geschweige denn sich ihrer selbst zu vergewissern. Man weiß doch, wie das ist, so überrumpelt zu werden. In Berlin wurde sie von vielen Männern umschwärmt, aber einer von ihnen war ganz besonders hinter ihr her: mein Vater.

»Ich war einesteils überrascht und auch ganz stolz, dass er mich heiraten wollte, hatte im Grunde aber gar keine Beziehung«, schrieb Ihre Mutter kurze Zeit später über Ihren Vater.
Die große Liebe entstand zwischen den beiden erst in der Zeit des Widerstands, als sie zusammenhielten und ihre Gefühle Gewicht bekamen. In die Ehe ist meine Mutter am Ende eher hineingeschliddert, denn 1937 war sie von meinem Vater schwanger – und damals musste man in einer solchen Situation heiraten. Es war also keine bewusst von ihr gewählte Verbindung. Meine Mutter war innerlich noch nicht gefestigt – wie auch, angesichts ihres bis dahin eher tragisch verlaufenen Lebens. Noch sehr jung verlor sie ihren Bruder, ließen die leiblichen Eltern sich scheiden. Sie erlebte sich als unge-

liebtes Kind, von Gouvernanten erzogen, ohne die Geborgenheit einer Familie. Als junges, aufsässiges Mädchen kam sie erst in ein deutsches Internat, das Augusta-Stift, das berüchtigt für seine Strenge war. Später dann, als ihre Verbindung zu dem jüdischen Arzt aufflog, musste sie nach Kolumbien, wo mittlerweile ihre Mutter mit ihrem zweiten Ehemann lebte. Als sie nach Deutschland zurückkehrte, wurde es von den Nazis regiert. Sie war sich selbst entfremdet. Diese Vorgeschichte prägte ihr späteres Leben. Solange sie eine behütete Existenz an der Seite meines Vaters in Ostpreußen führen konnte, hatte sie nicht so viele Probleme. Danach jedoch war sie vollkommen traumatisiert, so muss man es wohl sehen. Ihr Leben nach der Ermordung meines Vaters war bestimmt von Ängsten, großen Ängsten. Schon in Ostpreußen flackerten ihre Probleme von Zeit zu Zeit auf – mal war es wunderschön, dann wiederum alles nur schwer für sie. Durch diese Ehe war sie von der Großstadt Berlin mitten aufs Land, in ein uraltes Schloss katapultiert worden. Aber im Laufe der Zeit wuchs sie hinein in das Zusammensein mit meinem Vater in Masuren. Dort, sagte sie später, in Steinort, verbrachte sie die schönsten Jahre ihres Lebens.

Hochzeit von Gottliebe Gräfin von Kalnein und Heinrich Graf von Lehndorff, 1937

Gottliebe und Heinrich

Als sie unerwartet schwanger wurde, wurde schnell die Hochzeit arrangiert. »Ich glaube«, schrieb Ihre Mutter, »dass ich vollkommen gelebt wurde und gar nichts in mein Inneres drang.« Das ist ein trauriger Satz.
Ein anderer trauriger Satz meiner Mutter lautet: »Ich wurde gelebt, von anderen gelebt.« Sie äußerte solche Sätze, auch als sie schon älter war, um damit auszudrücken, dass sie nicht zu ihrem eigenen Leben kam. Von früher Kindheit an wurde immer über sie entschieden, später hat sie dann oft andere über ihr Leben entscheiden lassen.

Warum hat sie es nicht geschafft, sich ihre Freiheit zu nehmen?
Jeder weiß, wie schwer das ist. Wir müssen es auch aus damaliger Perspektive sehen: Bestimmte Dinge tat man einfach nicht in ihren Kreisen – zum Beispiel sich gegen den Willen der Eltern aufzulehnen. Niemals hätte sich meine Mutter, als sie unfreiwillig nach Kolumbien verschifft wurde, dagegen gewehrt. Keinen Pfennig hätte sie sonst von ihrer Mutter bekommen, wäre sie, die damals zwanzigjährige Gottliebe, bei ihrem jüdischen Freund geblieben. Ihr rechtmäßiger Vater Graf Kalnein hätte ihr wahrscheinlich auch nicht geholfen. Gezwungenermaßen gehorchte sie. Was hätte sie auch machen sollen? Für eine junge Frau ihres Standes war es damals noch viel schwieriger als heute, irgendwo unterzukommen. Außerdem war mein Vater nicht irgendjemand, er war überaus faszinierend.

Für meine Mutter war es letztlich unklar, wie es mit ihrem Leben in der Kommune weitergehen sollte, und dieser Mann umwarb sie mit großer Intensität. Von ihrem ersten Besuch in Steinort war sie sichtlich beeindruckt. Dass sie unglücklich in diese Ehe ging, kann ich mir nicht vorstellen – aber in gewisser Weise unbewusst, von äußeren Umständen bestimmt. Übrigens sollen mein Vater und meine Mutter damals das schönste Paar Berlins gewesen sein.

Über Ihren Vater bemerkte Hans Lehndorff: »Mit großer Passion ging er an die Aufgabe heran, das stark vernachlässigte Gut wieder in Ordnung zu bringen. Von Natur aus war er dafür der geeignete Mann. Sein Sinn für das Praktische verband sich mit viel Humor und einer handfesten Lebensfreude. So wirkte er viel unbeschwerter und weniger kritisch als beispielsweise sein erheblich jüngerer Bruder Ahasverus.«

War Ihr Vater voller Tatendrang, wirkte Ihre Mutter einem künftigen Leben an seiner Seite gegenüber verunsichert: »Es war sehr merkwürdig«, schrieb sie, »die ganze Atmosphäre Steinorts kennenzulernen. Heini zeigte mir alles, zwischendurch regierte er … Es wurde beschlossen zu heiraten. Ich glaube, dass ich mir eigentlich kaum vorstellen konnte, was dies bedeutete – noch dazu Herrin auf

Heinrich Graf von Lehndorff

Steinort zu werden ... Eine wirklich echte Beziehung hatte ich zu Heini natürlich nicht.«

Diese Aufzeichnungen aus ihrem Tagebuch stammen aus einer viel späteren Zeit ihres Lebens. Immer wieder hat sie über ihre Vergangenheit reflektiert und ihre Gefühle, ihre innere Einstellung dazu geändert, auch weil ihr Leben – die Menschen um sie herum – sich änderten und ihren Blick auf das, was vergangen war, beeinflussten. Erst Jahrzehnte danach, als sie die Ereignisse noch einmal überdachte, kam sie zu dem Schluss, dass nicht alles so war, wie sie es seinerzeit gesehen haben mochte. Im Nachhinein hatte sie auch eine andere Vorstellung von einer Beziehung. Die geistige Auseinandersetzung, über den Sinn des Lebens nachzudenken, war meiner Mutter immer sehr wichtig. Und darüber gab es anfangs wohl mit meinem Vater keine Verständigung. Er war arglos, authentisch, kein in seiner Seele verletzter Mensch wie sie. Vielleicht hatte auch er eine melancholische Seite – seine Augen auf manchen Fotos lassen es vermuten –, vielleicht gingen ihm aber ganz andere Dinge durch den Kopf. All das kann ich nur schwer beantworten, weil es nicht meine eigenen Eindrücke sind. Meine Mutter aber war eine Verletzte, das weiß ich. Weil sie schon als Kind ein viel problematischeres Leben hatte als mein Vater. Möglicherweise war sie aus dieser Verletztheit heraus die Beziehung mit ihm eingegangen – um zwanzig, dreißig Jahre später festzustellen, dass es eigentlich keine war, weil nichts »Bedeutendes« zwischen ihnen zur Sprache kam, außer während des gemeinsamen Widerstands. Da aber dieser sie zutiefst verbunden hat, bleibt ihre Verbindung für mich eine große Liebe.

Ihre Mutter hatte also von dem Widerstand Ihres Vaters gewusst. Hat sie ihn auch unterstützt?

Gottliebe war in alles eingeweiht. Sie wusste nur nicht von den Dingen, die mein Vater geheim halten musste.

Ihre Eltern wurden im Februar 1937 von Martin Niemöller getraut, der eine Gemeinde in Berlin-Dahlem hatte. Im Juli wurde der Theologe und Vertreter der Bekennenden Kirche verhaftet, im Jahr da-

rauf kam er ins Konzentrationslager Sachsenhausen. Erst 1945 befreiten ihn amerikanische Soldaten während eines Häftlingstransports. Wie kam dieser Kontakt zu Niemöller zustande, der zu jener Zeit ja ein Revolutionär war?
Soviel ich weiß, waren meine Eltern schon vor dem Widerstand mit ihm befreundet gewesen.

Ihre Mutter schilderte die Strukturen auf Steinort einmal als »etwas vollkommen Patriarchalisches«. Sie war nach der Hochzeit, wie sie selbst sagte, plötzlich »Herrin auf Steinort«. Das konnte einem Freigeist, der sie war, doch nur Probleme bereiten.
Zweifellos. Noch dazu, weil in der Umgebung viele alte Familien ihre Güter hatten. Da gab es die Familie Karnitz, die Dohnas, die Dönhoffs. Sie alle bildeten eine sehr geschlossene Clique, die Neulinge kaum duldete. Diese Enge muss für meine Mutter nicht einfach gewesen sein.

Wer zur Zeit Ihrer Mutter jung, weiblich und wild war, konnte sich an Frauen wie Louise Brooks, Erika Mann, Valeska Gert, Annemarie Schwarzenbach oder Marlene Dietrich orientieren. An Frauen, die Weltreisen unternahmen, Flugzeuge flogen, Rennen fuhren, gebildet waren, selbstbewusst in Männerkleidung auftraten. Von diesen Vorbildern, wenn es denn für Ihre Mutter welche waren, musste sie sich als Ehefrau verabschieden.
Es stimmt, meine Mutter hatte gerade angefangen, sich selbst zu entdecken. Ich vermute, dass mein Vater gar nicht ermessen hat, was Gottliebe schon alles erlebt hatte, was sie bewegte. Er war eins mit seiner Welt und konnte sich nicht vorstellen, dass sie traurig darüber war, etwas zu verlassen, was ihr im Grunde viel mehr lag als ein Leben als »Herrin von Steinort«. Mein Vater sagte einfach: »Komm mit in meine Welt, da ist es wunderschön.« Aus seiner Sicht wird es auch gestimmt haben. Doch auch meine Mutter konnte mit der Natur etwas anfangen, fühlte eine Verbindung zu Land und Leuten.

Ihre Mutter hielt zu dieser Zeit in ihrem Tagebuch fest: »Hochzeitsreise nach Dubrovnik, Jugoslawien. Mir war fast nur übel, da ich schon in den dritten Monat kam. Ich erinnere eine Fahrt mit dem Auto in die schwarzen Berge von Montenegro, ein Spaziergang in Dubrovnik (Ragusa), wo wir einen Lehndorffschen Vetter trafen und den ersten Abend im Hotel verbrachten. Ich lag schon im Bett, da mir nicht gut war. Heini kam und kam nicht. Schließlich erschien er sehr spät und sagte ganz naiv, dass eine bildschöne Kanadierin in der Halle gesessen habe, die er habe ansprechen müssen. Für mich war das ein gewisser Schock, bei dem ich mir aber sofort sagte, dass ich um keinen Preis eine Szene machen dürfe. Dies habe ich dann die folgenden sieben Jahre unserer Ehe, wenn Frauengeschichten akut wurden, immer eingehalten.« Wie denken Sie darüber?

Zweifellos interessierte sich mein Vater für schöne Frauen, dafür war er bekannt. Doch er war dabei ganz unbedarft. Wenn er bemerkte, dass meine Mutter sich daran störte, entschuldigte er sich sofort bei ihr. Vielleicht bat er meine Mutter damals im Hotel, ihn zu begleiten, und weil ihr nicht wohl war, ging er allein. Wenn er wirklich mit jener Dame hätte flirten wollen, hätte er ihr davon nichts erzählt. Ich sehe ihn nicht als treulos, denn mein Vater hatte vor allem eine Angst: dass meine Mutter ihn verlassen könne. Sie erzählte einmal, dass er manchmal nach Berlin fuhr und nicht am vereinbarten Tag zurückkehrte. Wenn sie dann verkündete, nun würde sie auch einmal alleine wegfahren, um in die Oper zu gehen oder ins Theater, beschwor er sie: »Ich komme sofort zurück, aber bitte, bitte fahre nicht!«

Und Ihr Vater – war ihm über die Verliebtheit hinaus vielleicht auch daran gelegen, mit einem Stammhalter die Erbfolge Steinorts zu sichern?

Selbstverständlich hat mein Vater daran gedacht. Es ist bekannt, dass er sich bei jeder Schwangerschaft fragte, ob denn dieses Mal endlich der ersehnte Sohn geboren werden würde. Doch zur Welt kamen nur Mädchen, vier insgesamt. Für meine Mutter hatte die Stammhalterfrage keine große Bedeutung, aber sie wusste, wie wichtig sie meinem Vater war. Als ich geboren wurde – ich kam nach meiner Schwester Nona –, eilte er zwischen Krankenhaus und Rennplatz hin und her, weil in Königsberg gerade ein großes Rennen stattfand, bei dem ein wichtiges Lehndorff-Pferd lief. Bei jedem Besuch im Krankenhaus wollte er wissen, wie es denn stünde, und als ich gerade auf die Welt gekommen war, rief er: »Was, kein Junge? Schon wieder ein Mädchen?« Selbst in einem seiner letzten Briefe aus dem Gefängnis, kurz vor seinem Tod, schrieb er: »Ein Junge wäre schön gewesen.« Obwohl er wusste, dass er sterben und die Frage nach dem männlichen Nachkommen keine Bedeutung mehr haben würde, war dieser Wunsch so fest in ihm, dass er ihn nochmals äußern musste.

KLEINE VERA

Kurz vor Ihrer Geburt notierte Ihre Mutter: »Im Frühjahr 1938 machte ich mit Heini eine Reise nach Sizilien und weiter nach Tripolis; im Sommer kurte ich in Bad Wildungen, wohin mich meine Mutter begleitete. Auf unserer Rückfahrt traf uns Heini in Berlin, und ich erinnere genau, dass unser Wiedersehen sehr intensiv war. Da entstand Vera.« Am 14. Mai 1939 verließen Sie mit ausgestrecktem rechten Arm den Mutterleib. Ihrem Vater entfuhr es daraufhin: »Das fängt ja gut an, meine Tochter kommt mit dem Hitlergruß auf die Welt.«
Es kommt mir vor, als hätte sich die Erzählung dieser Begebenheit für lange Zeit in mir eingeschrieben. Lange Zeit sah ich seine entsetzten Augen vor mir. »So ein Kind kann ich nicht akzeptieren.« Die ganze Jugend hindurch hat mich dieser Gedanke beschäftigt – weil ich mich immer so hässlich fand. Es wurde berichtet, mein Vater sei, als er mich zum ersten Mal sah, hinausgerannt und habe ausgerufen: »O Gott! Was ist denn das? Von uns kann das nicht sein!« Als ich davon erfuhr, dachte ich: »Sieh an, schon mein Vater hat mich also hässlich gefunden. Also muss ja etwas dran sein.« Wenn ich später nach den Ursprüngen meiner Probleme suchte, glaubte ich, sie

hätten auch etwas mit dieser Erzählung von meiner Geburt zu tun, mit dem Hitlergruß – was für ein Horrorsymbol! Erst viel später konnte ich darüber lachen. Weshalb ich mit ausgestrecktem Arm geboren wurde? Dafür gibt es einen einfachen Grund: Da ich nicht herauskommen wollte, hatte mich der Arzt an meinem Arm herausgezogen.

Mitunter hielt ich mich für die Inkarnation des Bösen – scheinbar ein Symptom bei vielen Kindern, die im Nachhinein alle Schuld für das Unglück ihrer Väter auf sich laden. Meine Mutter hat mir immer wieder versichert, dass mein Vater mich sehr geliebt habe, dass er eine innige Beziehung zu mir gehabt hätte.

Sie wurden betreut, meist von Gouvernanten, waren aber nicht von Liebe umgeben?

Wer ist das schon – welches Kind ist immer von Liebe umgeben? Meine Mutter war innerlich und äußerlich entwurzelt, wie fast alle in jener Zeit. Sie hatte keine Zärtlichkeit, keine Zuneigung in ihrer Kindheit erfahren und konnte beides daher nicht an ihre Kinder weitergeben. Die Beschäftigung mit uns Mädchen hat sie zudem nicht wirklich interessiert. Gespielt hat sie mit uns nie, auch später mit ihren Enkeln nicht, das war ihr lästig. Sie sah von Zeit zu Zeit nach uns, den Rest überließ sie anderen. So war diese Generation der Adligen erzogen worden. Und weil das Spielen in ihr nicht angelegt war, wusste sie nicht, was es heißt, sich einem Kind zuzuwenden. Ich kann mir sehr gut vorstellen, was es bedeutet, ein Kind zu sein – nicht unbedingt, weil ich mich an meine eigene Kindheit erinnere, sondern durch meine Fantasie. Meine Mutter konnte das nicht, sie wurde im Zusammensein mit uns Mädchen oft sehr unruhig und verließ bald das Zimmer. Sie konnte auch keine Schularbeiten mit uns machen, da wurde sie nervös und ungeduldig, drehte an ihren Haaren, war mit den Gedanken ganz woanders – auch weil es sie langweilte. Das merkte man. Sie plante lieber, entschied, erteilte Order, machte Listen für Aufgaben, die es auszuführen galt. Und sie war viel mit sich selbst und ihren seelischen Problemen beschäftigt.

Wie haben Sie Ihren Vater in Erinnerung?
Ich war drei oder vier Jahre alt, als er mich auf den Arm nahm und mit mir hinunter an den kleinen Steinorter See ging. Der See war so klar, dass ich die Steine auf dem Grund liegen sah, und das Licht im Wasser glitzerte ganz wunderbar – das jedenfalls ist das Bild, das ich noch heute vor Augen habe. Ein anderes Mal erzählte er mir, ich könne einen Vogel fangen, wenn ich dem Vogel Salz auf seinen Schwanz streuen würde. Also ging ich in die Küche, wo ich Salz bekam. Vor dem Haus versuchte ich, dieses dann den Vögeln auf den Schwanz zu streuen, natürlich ohne Erfolg. Eines Tages brachte mein Vater mir einen gelben Kanarienvogel mit und sagte, er habe ihn mit Salz gefangen, noch dazu auf einem Baum. Damit hatte er sich bei mir zum Helden gemacht. Nona, meine ältere Schwester, nannte er »Seidenäffchen«, ihrer schönen weißblonden Haare wegen. In Ostpreußen gab man den Mädchen und Jungen gern Kosenamen. Mausi, Liebchen, Heini – so wurde mein Vater stets genannt. Mich nannte er, warum auch immer, »Töppi«. Natürlich wäre ich lieber ein Seidenäffchen gewesen. Ich habe meinen Vater sehr geliebt. Bei ihm erlebte ich das Gefühl von Zärtlichkeit.

Vera auf dem Arm des Vaters

Erinnern Sie sich noch an Gerüche aus Ihrer Kindheit?
Da ich Frühlingsgerüche so genieße, kann ich mir vorstellen, dass ich sie schon als Kind mochte. Wenn ich heute durch den Park von Steinort gehe, versuche ich in mir wachzurufen, wie ich dort als klei-

nes Mädchen spazieren gegangen bin. An die riesigen, dicken Eichen, die dort noch immer stehen, kann ich mich aber nur vage entsinnen, und daran, dass ich mich hinter ihnen verstecken wollte. Bei diesen Gängen empfinde ich eine gewisse Wehmut, und ich frage mich, woher sie kommt. Vielleicht, weil es das Leben von damals nicht mehr gibt, weil nahezu alle tot sind, die diese Wege beschritten haben. Bei manchen Bildern, die in mir auftauchen, weiß ich nicht, ob ich sie geträumt oder aus Erzählungen beziehungsweise durch Fotos aufgenommen habe: der Sandkasten, der Garten mit den Stiefmütterchen, ihre leuchtenden Farben und ihre Blüten, die wie Gesichter aussahen. Die Bäume, die ich versucht habe zu umarmen.

Eichenallee im Park von Steinort

Compte und Wau-Wau, unsere Hunde. Compte war ein Setter, der wohl starb, nachdem er eine Rasierklinge verschluckt hatte. Ich glaube, ich habe viel und gern auf den Wiesen vor dem Schloss gespielt, allerdings nie mit Puppen. Aber mit was habe ich dann gespielt? Mit Gras, dem Moos und den Insekten? Ich weiß es nicht, ich kann es nur erahnen. Mir sind leider nicht mehr als ein paar Bilderfetzen im Gedächtnis geblieben.

Da sich Hitlers Hauptquartier ›Wolfsschanze‹ und das Oberkommando des Heeres ›Mauerwald‹ in der Nähe des Lehndorff-Sitzes befanden, ließ Reichsaußenminister Joachim von Ribbentrop 1942 den linken Flügel von Schloss Steinort beschlagnahmen und aufwendig renovieren. Nachdem er dort Einzug gehalten hatte, war es unvermeidlich, dass auch Sie ihm begegneten. Erinnern Sie sich?

Übergabe der Ponys, die Joachim von Ribbentrop Vera und Nona schenkte

Ich war etwa vier Jahre alt, als Nona und ich von ihm zwei Ponys, Anton und Lore, geschenkt bekamen. Wir haben uns darüber gefreut, klar. Zu den Anlässen, die zur Propaganda für den blonde Kinder liebenden Ribbentrop stattfanden, wurden wir aufgeputzt, in weiße Kleidchen gesteckt, dazu trugen wir weiße Kniestrümpfe. Man drehte mein Haar zur Tolle und schließlich brachte man uns hinunter in die große Halle. Dort waren wir auf Höhe mit diesen schwarzen Stiefeln, die dann auf uns zumarschierten. Männer beugten sich zu uns herunter, sagten Guten Tag und betätschelten uns mit ihren riesigen, verschwitzten Händen. Man wusste schon: Jetzt kommen wieder diese Hände, die einen halten, in Besitz nehmen wollen, immer in Gegenwart von Fotografen. Zuerst war es noch aufregend, wegen der Aufmerksamkeit, die wir Kinder plötzlich erhielten. Sehr bald wurde das Ganze aber langweilig, wurde zu einer Pflicht, und wir heulten nur noch. Für uns Kinder jedoch war Ribbentrop der nette, liebe Onkel, der uns Geschenke gab.

Vera, Nona und von Ribbentrop im Park von Steinort, 1943

Heinrich Graf von Lehndorff,
von Ribbentrop, Manfred Graf von Lehndorff und Gottliebe vor dem Schloss

Von Ribbentrop und der japanische
Außenminister

Begrüßung von Ribbentrop und Vera

Von Ribbentrop, Nona und Vera,
im Hintergrund Vater und Mutter

Spaziergang mit
von Ribbentrop im Wald

Auf einem dieser Fotos führt Ribbentrop Sie und Ihre Schwester Nona in den Steinorter Wald. Eigentlich ein harmloses Bild, oder was empfinden Sie beim Betrachten dieser Aufnahme mit ihm?
Wer den Hintergrund dieses Fotos nicht kennt, für den wirkt es paradiesisch. Man könnte glauben, da spazierte ein Vater mit seinen Kindern in harmonischer Atmosphäre durch einen lichtdurchfluteten Wald. Wenn man aber weiß, wie es wirklich war, dass hier Ribbentrop die Kinder jenes Menschen an den Händen hält, den seine Männer später jagen und umbringen werden, ist es ein furchtbares Bild. Vielleicht war es der Tag, an dem wir die Ponys geschenkt bekamen.

Ihr Vater war vom Militärdienst weitestgehend freigestellt, weil er sich um seine Liegenschaften kümmern sollte, er war also oft zu Hause. Einmal besuchte ihn Hans Lehndorff, der im Nachhinein diesen Tag so beschrieb: »Ich fand Heini sehr bewegt von einem Ereignis, das sich am Vormittag in Steinort abgespielt hatte. Eine der vielen alten Eichen sollte gefällt werden. Das halbe Dorf hatte sich versammelt, um den Sturz des Baumriesen mitzuerleben. Die Äxte hatten ihr Werk getan, immer tiefer drang das Sägeblatt in das Holz des Stammes ein. Plötzlich sprangen die Männer zurück, denn die Säge hatte den Stamm völlig durchtrennt. Aber o Wunder! Der Baum kippte nicht um, sondern blieb stehen, als sei nichts geschehen … Was meinen Vetter an diesem Ereignis so stark bewegte, war dessen Symbolcharakter. An dem Verhalten des Baumes wurde offenkundig, wie es um Deutschland bestellt war. Von allen Bindungen gelöst, die einmal die Voraussetzungen seiner Existenz gewesen waren, blieb es dennoch stehen und ließ nicht erkennen, dass es dem Untergang schon preisgegeben war. Wenn ich heute danach gefragt werde, wie es möglich sei, dass nur so wenige Menschen geahnt haben, was es mit dem Hitlerreich auf sich hatte und worauf es hinauslief, dann sehe ich im Geist den abgesägten Baum vor mir stehen.«

Den Eindruck des Symbolischen gewinnt man auch, wenn man sich die anderen Fotos mit Ribbentrop ansieht: eine perfekte Inszenierung mit Ponys, Mädchen in weißen Kleidern, lächelnden Menschen. Aber alles war nur gespielt – meine Eltern täuschten Hitler-Treue vor, und Ribbentrop führte sich als großzügiger, kinderliebender Schlossherr auf.

In diesem Zusammenhang fällt mir eine ganz andere Geschichte ein. Als Kind beobachtete ich auf dem Wirtschaftshof von Steinort, wie ein Mann aus einem der Silos gestiegen kam, in denen das gemähte Gras zu einer dunklen Brühe vergoren wurde, die man später

Vera an der Ostsee 1943

an das Vieh verfütterte. Ich sah diesen Mann, er war aus der schwarzen Suppe gekrochen und stand hoch oben auf der Leiter, die er hinunterkletterte. Einige Tage später sah ich ihn vom Fenster aus wieder. Er war immer noch vollkommen schwarz und nass, so ging er den Weg vom Schloss zum Dorf hinunter. Ich erzählte davon, aber alle haben nur gelacht. Ich war sehr beeindruckt von dem schwarzen Mann, er beschäftigte mich, zumal mir niemand glaubte.

Haben Sie als Kind gespürt, dass Sie in unmittelbarer Gefahr waren?
Nein, das denke ich nicht. Doch dieser schwarze Mann ließ mich nicht los, wieder und wieder tauchte er auf, sogar als ich längst nicht mehr in Steinort lebte. Für andere war das bedeutungslos, für mich aber nicht, vielleicht, weil der Feind damals in unserem Haus wohnte, auch wenn ich das als Kind so nicht verstand.

Es gab auch unbeschwerte Momente, mitten im Krieg. Im Sommer 1943 waren Sie mit den Eltern und Ihrer Schwester Nona am Ostseestrand. Es gibt Fotos von dieser Reise. Und dann, 1944, kurz vor der Flucht Ihres Vaters, gibt es eine Aufnahme, auf der er auf einem

Vera mit Nona und Vater am Strand

Vera mit ihrem Vater

Schaukelbrett steht. Sie sitzen zu seinen Füßen, lachend. Es sind Ihre letzten Bilder mit Ihrem Vater.

Die Bilder vom Meer geben eine Familienglückseligkeit wieder – wahrscheinlich war sie nur kurz. Sicher hatten wir eine schöne Zeit, waren zusammen lustig, aber ich kann mich nicht daran erinnern. Auf dem Foto mit der Schaukel liegt ein Strahlen auf meinem Gesicht. Ich bin ganz da, ganz konzentriert. Es scheint ein glücklicher Tag für mich gewesen zu sein – im Gegensatz zu meinem Vater. Er steht aufrecht, formell gekleidet, fast ein wenig steif da. Vielleicht war es mein fünfter Geburtstag. Wahrscheinlicher aber ist, dass dieses Bild einen Monat später entstand, kurz bevor wir Kinder zum Zug gebracht wurden und ins sächsische Graditz fuhren. Wir sollten Steinort nie wiedersehen. Für meinen Vater stand das Attentat unmittelbar bevor. Es steht ihm ins Gesicht geschrieben, er wirkt stark und sehr ernst.

DAS ATTENTAT UND SEINE FOLGEN

Juli 1944. Die russischen Truppen näherten sich Masuren. Für den 15. Juli war wieder einmal ein Attentat auf Hitler vorgesehen, dieses Mal in der ›Wolfsschanze‹. Claus Schenk Graf von Stauffenberg sollte es ausführen. Zuvor wollten Ihre Eltern Sie und die Schwestern in Sicherheit wissen. In Begleitung Ihrer Gouvernante wurden Sie zum Großvater nach Graditz, nahe Torgau, geschickt. »Seit Wochen sprachen wir von dieser Entscheidung«, so Ihre Mutter in ihren Aufzeichnungen. »Nun sollte es geschehen. Fräulein Graeber richtete die Sachen, die Koffer wurden gepackt. Nona, Vera und Gabriele rannten durch Haus, Hof und Garten. Sie wollten ihre Tiere mitnehmen. Den Kanarienvogel Hansi. Die beiden Ponys Anton und Lore. Den ganzen Kaninchenstall. Dazu die vielen Spielsachen. Die Aufregungen und Vorstellungen der Kinder, auf eine Reise zu gehen, verwandelte unsere Wehmut für einige Augenblicke in Fröhlichkeit. Wir wussten sehr wohl, dass sie nicht mehr zu diesem Flecken Erde zurückkehren würden. – Als es langsam Zeit wurde, das Auto zu beladen, waren Nona und Vera verschwunden. Nach langem Suchen fanden wir Nona im Reitstall hinter einem Heuhaufen bei den Ponys versteckt. Schluchzend am Hals von Anton, während Vera weit im Park einen Blumenstrauß pflückte. Sie spürten auf ihre Weise den Abschied. Gabriele war gerade anderthalb Jahre alt. Sie saß im Sandkasten vor dem Haus und backte vergnügt kleine Kuchen. – Nachdem wir alles im Auto verstaut hatten, Heini am Steuer, die Kinder unter Koffern kaum mehr sichtbar, musste endgültig abgefahren werden. In Rastenburg setzte Heini sie in den Militärzug, der täglich zwischen Berlin und dem Führerhauptquartier hin- und herpendelte und in dem mitzufahren unsere Familie die Erlaubnis hatte. Heini kam sehr ernst zurück. Dieser Abschied war sehr bewusst gewesen. Er erzählte mir, wie er immer wieder jedem der Kinder über den Kopf gestrichen habe.« Wie war dieser Abschied für Sie?
Wir saßen bereits im Zug, mein Vater stand draußen vor dem Fenster und schaute zu uns hinein, sein Gesicht ganz nah an der Scheibe. Sein Blick war mir so ungewohnt, so ernst. Ich war von seinen

Augen wie hypnotisiert, als zöge er mich ganz und gar in sich hinein. Sein Gesicht in diesem Augenblick bleibt für mich unvergesslich. In ihm las ich die Worte: »Ich hoffe, wir sehen uns wieder.« Ich weiß nicht mehr, wo meine Schwestern in jenem Moment waren, vermutlich hat er sie genauso angesehen. Nona kann sich jedoch nicht entsinnen, Gabriele war zu klein. Dann fuhr der Zug an, und mein Vater lief noch ein Stück neben ihm her, den Blick auf uns gerichtet. Auf einmal war er weg – ausgelöscht für immer.

Ihr Vater zählte ab 1940 zum Widerstand, zuvor diente er dem Regime als Oberleutnant der Reserve.

Am Anfang war mein Vater sogar Mitglied der NSDAP. 1939 nahm er Kontakt zum Widerstand auf, erst ab 1941 war er dort wirklich aktiv. Er wurde eingezogen, als er gerade geheiratet hatte. Er war dreißig Jahre alt und musste sich um einen heruntergewirtschafteten Besitz kümmern, den er 1936 übernommen hatte. Und seine Frau erwartete ein Kind. Vielleicht hatte er das Unrechtsregime nicht sofort durchschaut, das änderte sich aber schlagartig durch das Massaker von Borrissow, dessen Augenzeuge er wurde. Als Oberleutnant wusste er vielleicht schon vorher von NS-Verbrechen, aber es bedurfte wohl noch einer derartigen Erfahrung für einen radikalen Richtungswechsel. Seitdem beteiligte er sich, von meiner Mutter unterstützt, am Widerstand.

Das für den 15. Juli geplante Attentat konnte nicht ausgeführt werden, das vom 20. Juli in der ›Wolfsschanze‹ misslang. Ihr Vater flüchtete kurz vor seiner Verhaftung aus einem der Fenster des Schlosses und bahnte sich seinen Weg durch die Wildnis Masurens. Drei Tage später, am 23. Juli 1944, wurde Ihre Mutter von Steinort vertrieben. Sie gelangte zunächst nach Preyl, auf das Schloss ihrer Schwiegereltern, dann weiter nach Graditz zu ihrem Vater, um ihre Kinder zu sehen. Dort wurde sie, hochschwanger, verhaftet und inhaftiert. Im Gefängnis brachte sie Catharina zur Welt, ihre vierte Tochter. Am 19. August 1944 entließ man sie überraschend aus der Haft und sie gelangte mit dem Neugeborenen wieder zu ihrem eigenen Vater nach Graditz. Können Sie sich an diese Tage voller Aufruhr und Ungewissheit noch erinnern?

Nur schemenhaft. Noch vor der Festnahme meiner Mutter wurden wir Kinder zusammen mit ihr von Graditz nach Torgau zur Polizei gefahren. Dort wollte man uns festhalten, weil mein Vater ja geflohen war. Wir sollten auf dem Fußboden übernachten. Meine Mutter war außer sich: »Das werden Sie doch einer Hochschwangeren und ihren drei Kindern nicht zumuten!« Kurz darauf brachte man uns zurück nach Graditz, fortan stand auch das Gutshaus unter Bewachung. Als mein Vater dann das zweite Mal flüchtete, kam meine Mutter ins Gefängnis – und wir drei Mädchen kamen in Sippenhaft.

Hat denn Ihre Mutter Ihnen zwischenzeitlich gesagt, was Ihr Vater getan hatte und was mit ihm geschehen war?

Nein, das wäre viel zu gefährlich gewesen, man hätte ja auch uns Kinder verhören können. Ich nahm nur wahr, dass sehr viel Aufregung herrschte. Plötzlich war alles anders. Als Kind fand ich das zunächst interessant. Wir kannten ja nichts Böses. Schlimmes hatten wir noch nicht erlebt; wir waren vollkommen arglos. Bis eines Nachts – es war der 25. August 1944 – im Haus meines Großvaters die Tür aufging und meine Mutter in Begleitung von Fräulein Graeber in unser Zimmer trat, sich über uns beugte und uns aus den Betten hob – Nona, Gabriele und mich. Als die Tür des noch dunklen Zimmers geöffnet und ich wach wurde, war das Licht auf dem Gang so hell, dass ich in der Tür die schwarze Silhouette eines Mannes erkannte. Er stand da wie versteinert, ohne Gesicht. Das war unheimlich. Die Mutter hob uns aus den Betten, es gab einen Wortwechsel, dann wurden wir besagtem Mann und seinem Begleiter in die Arme gegeben. Für meine Mutter war es ein furchtbarer Moment, weil sie nicht wusste, was mit uns geschehen würde. Aber sie zeigte es nicht, sie weinte nicht. Sie nahm sich zusammen, sodass wir glauben mochten, es würde nichts Bedrohliches geschehen.

»Das war der schlimmste Schock in diesen Wochen«, schrieb Ihre Mutter rückblickend. »Fräulein Graeber packte die Sachen in zwei

Koffer. Ich wurde von einem Polizisten überwacht, meine Fragen wurden nicht beantwortet. Ich bat Frl. Graeber mitzufahren; sie hatte aber selbst schon den Entschluss gefasst, ihre Sachen bereitgestellt, auch Wäsche für die Kinder eingepackt. Als ich einen der Polizisten fragte, wohin denn meine Kinder kämen, erhielt ich keine Antwort ... Das Baby hatten sie mir gelassen, dies war für mich in der nächsten Zeit eine große Hoffnung. Es ging alles so schnell, dass ich dann nur noch die Abfahrt vom Fenster aus verfolgen konnte.«

Ja, und dann fuhren diese Männer mit uns durch die Nacht. Gabriele weinte und wimmerte ohne Unterlass. Ich begann zu ahnen, dass etwas Schreckliches vor sich ging.

Sie und Ihre beiden Schwestern wurden in ein NS-Kinderheim in Bad Sachsa im Harz gebracht und dort – wie alle Kinder der Beteiligten des 20. Juli, insgesamt waren es sechsundvierzig – auf sieben im Schwarzwaldstil erbaute Einzelhäuser verteilt. Obwohl viele der Jungen und Mädchen Vettern und Cousinen waren, konnten sie einander nicht gleich zuordnen. Ihre Eltern trugen Namen wie Goerdeler, von Stauffenberg, von Tresckow, von Schwerin. Weil aber die Kinder unter falschem Namen geführt wurden, wussten sie erst nicht, mit wem sie unter einem Dach wohnten. Die sogenannte Sippenhaft wurde von »Reichsführer-SS« Heinrich Himmler neu ins Leben gerufen. Frauen, ältere Kinder, Großeltern und Geschwister von Gegnern des Regimes kamen in Gefängnisse oder Konzentrationslager. Jüngere Kinder wurden von Gestapo-Leuten nach Bad Sachsa verschleppt. Wie weit reicht Ihre Erinnerung an das Geschehen?

Nona wurde gleich zu Beginn von uns getrennt, ich habe sie dann längere Zeit nicht mehr gesehen. Ich kann mich an den Raum entsinnen, in dem Gabriele und ich anfangs gemeinsam untergebracht waren. Ein Saal mit Betten wie im Krankenhaus, die, gemessen an unserer Körpergröße, viel zu groß für uns waren. Jedes Kind bekam eines dieser Betten zugewiesen, selbst Gabriele, dabei war sie darin, in der Mitte liegend, so klein wie ein Pünktchen. Ich wollte nur eins: das Leid meiner kleinen Schwester lindern, ihre Hand nehmen, immer bei ihr sein. Das war das Einzige, was ich ihr geben konnte.

Alles andere war für mich Niemandsland. Eine Erinnerung an die Angestellten habe ich noch vor Augen, wie sie morgens hereinkamen und Gabriele, weil sie immer ein nasses Bett hatte, schlugen. Es war qualvoll auch für mich, weil ich mich so machtlos fühlte. Es war das erste Mal, dass ich Hassgefühle entwickelte, Hassgefühle gegen diese brutalen Frauen. Darum versuchte ich morgens ganz schnell zu verstecken, was Gabriele in der Nacht verursacht hatte, bemühte mich, ein Tuch darüberzulegen. Das Bett war so groß, dass ich es kaum handhaben konnte. Und dann wurde es doch entdeckt. Gabriele verzog ihr Gesicht, ihr feines Haar war aufgerichtet und sie weinte ohne Unterlass. Dabei sagte sie von morgens bis abends immer nur den einen Satz: »Mami rück, Hunger, Angst, Mami rück, Hunger, Angst.« Den ganzen Tag hielt ich sie an meiner Hand, und wir wandelten stundenlang durch die verschiedenen Räume, ganz langsam, denn sie hatte gerade erst gelernt zu gehen. Und dabei wiederholte sie immer diesen Satz: »Mami rück, Hunger, Angst, Mami rück, Hunger, Angst.« Ich wusste, ich war ihr einziger Schutz.

Dann kam der Tag, an dem sie weggebracht wurde, auf die Krankenstation, weil sie, wie Nona, an Typhus erkrankt war. Im zweiten Stock eines anderen Hauses sah ich die beiden dann am Fenster stehen. Nona fiel mir schon wegen ihrer flachsblonden Haare auf, sie trug ein dunkelblaues Samtkleid, das ich noch nie an ihr gesehen hatte. Gabriele hatte weiterhin diesen leidenden, verzerrten Gesichtsausdruck, und ich konnte an den Bewegungen ihrer Lippen erkennen, dass sie immer noch »Mami rück, Hunger, Angst« sagte. Später erzählte mir Nona, dass Gabriele auch beim Essen gequält worden sei. Sie litt an einer Schlucklähmung, und man versuchte gewaltsam, sie mit einem viel zu großen Löffel zu füttern, bis ihre Mundwinkel aufrissen. Nona sah das und kümmerte sich dann um sie, half ihr, wenn das Essen kam, mit einem kleineren Löffel. Ich war damals ein bisschen beruhigt, dass sie wenigstens Nona hatte. Ich war allein, habe in der ganzen Zeit nie ein anderes Kind wahrgenommen, hatte nur den Wunsch, dass wir wieder da rauskommen. Noch heute bekomme ich Panikanfälle, wenn ich das Gefühl habe, irgendwo gefangen zu sein.

Oft bin ich zum anderen Haus gegangen. Ich hoffte jedes Mal, meine Schwestern am Fenster wiederzusehen. So vergingen Wochen. Die Atmosphäre in Bad Sachsa habe ich als kalt in Erinnerung. Ich weiß noch, dass uns jeden Tag jemand sagte, wie wir von nun an hießen. Immer wieder versuchte man, uns einen neuen Namen einzubläuen. Familienfotos hatten sie den größeren Kindern weggenommen, die Namensschildchen aus der Kleidung entfernt. Unsere wahre Identität sollte vernichtet werden. Die Jüngeren unter uns sollten von SS-Familien adoptiert, die Älteren in Nationalpolitischen Erziehungsanstalten, sogenannte Napolas, auf den rechten Weg gebracht werden.

Gab es etwas, das Sie in dieser Zeit tröstete?
Was ich in den drei Monaten fühlte, die wir dort in dem Heim verbrachten, habe ich nie zugelassen. Der Wunsch, der kleinen Schwester zu helfen, überwog das eigene Leid, von den Eltern getrennt zu sein, nicht zu wissen, was passiert war, wo die Mutter steckte, warum man uns gefangen hielt, die kleine Schwester so quälte. Mich selbst ließen sie in Ruhe. Weil ich mich gut betrug, mich nicht bemerkbar machte. Wer keine Probleme bereitete, wurde auch nicht angegriffen. Vermutlich habe ich einfach nur gehorcht – ohne mich zu verweigern oder krank zu werden. Meine Empfindungen waren wie eingefroren, daher kann ich auch von Ängsten nichts berichten.

Während wir in Bad Sachsa festgehalten wurden, hatte man meine Mutter, wenn auch nur für einige Tage, wieder in Gewahrsam genommen. Am 28. August 1944, drei Tage nach unserer Deportation von Graditz nach Bad Sachsa, war sie mit ihrem Baby, Catharina, von zwei SS-Frauen abgeholt worden. Diese brachten sie in ein Frauenarbeitslager, das auf einem Hügel am Fluss Unstrut in Sachsen-Anhalt lag. Dort blieb sie bis zum 8. September.

Meine Mutter berichtete uns später, wie diese Gestapo-Frauen am Flussufer anhielten und auf das Lager am Hügel deutend sagten: »Steigen Sie aus und gehen Sie zu Fuß mit dem Kind da hoch!« Meine Mutter hatte starke Blutungen, sie hatte ja gerade erst entbunden. Sie lag neben dem Auto auf dem Boden mit Catharina im

Arm und war kurz vor der Ohnmacht. Die Aufseherinnen standen neben ihr und reinigten ihre Nägel. Meine Mutter sagte zu ihnen: »Sie haben den Auftrag, mich und mein Kind lebendig im Lager abzuliefern. Also bitte tun Sie das.« Die Frauen waren so beeindruckt von der autoritären Stimme, dass sie meine Mutter wortlos ins Auto zurückhievten. Dann, so erzählte meine Mutter, wurde es nicht ganz so furchtbar, wie sie erwartet hatte. Die Aufseherinnen im Lager waren freundlich zu ihr. Sie musste Kartoffeln schälen und Catharina durfte bei ihr bleiben. Auch vorher im Gefängnis ist ihr einmal etwas zutiefst Menschliches widerfahren: Die Luke ihrer Zelle ging auf und eine Hand, in der eine leuchtend rote Tomate lag, streckte sich durch die Öffnung.

Um die gleiche Zeit erwartete mein Vater im Gefängnis in der Berliner Prinz-Albrecht-Straße sein Urteil. Schwer misshandelt, wurde er nach einer kurzen Aburteilung durch Volksgerichtspräsident Roland Freisler am 4. September 1944 in Plötzensee gehenkt. »Ich sterbe mutig und ohne Todesangst, sehe darin eine Fügung Gottes, habe vollkommen Trost in meinem Glauben gefunden«, das waren seine letzten Worte. Er übereignete sich dem Tod als gläubiger Mensch – nicht zuletzt im Hinblick auf das ungewisse Schicksal seiner Frau und uns Kindern.

Seine Worte habe ich mir damit erklärt: Im Angesicht des Todes fragt sich der Mensch, ob es noch eine Zufluchtsmöglichkeit gibt. Ein Ausweg existiert ja nicht mehr. Mein Vater war nicht religiös. Erst durch die existenzielle Not, in die er geriet, fand er zu einem Glauben. Vermutlich, weil es ihm zu einer Art von Frieden verhalf, um seinem Henker aufrecht und gefasst entgegenzutreten. Nicht wie ein hingezerrtes Tier, sondern bis zuletzt in menschlicher Würde. Diese Ruhe lässt sich nicht vortäuschen, da muss etwas im Inneren geschehen. Ich kann meinen Vater gut verstehen und bin froh, dass er dem grausamen Tod in Ruhe entgegengegangen ist – obwohl ich mir kaum vorstellen kann, dass es menschenmöglich ist. An diesem Punkt seines Lebens entwickelte mein Vater eine innere Kraft, die ich nicht benennen kann.

Klingt aus seinen Worten nicht eine gewisse Abbitte anderen und auch sich selbst gegenüber hinsichtlich Erwartungen, die er nicht erfüllte?

Es war ihm nicht mehr möglich, nicht mehr erlaubt, sich noch anders in diesem Leben zu zeigen. Darum wollte er dem Tod einen Sinn geben und meiner Mutter dies auch vermitteln, denn sonst hatte er nichts weiterzugeben. Zumal ihm bewusst war, dass er großes Leid über meine Mutter und uns gebracht hatte. Wenn meine Mutter gesagt hätte: »Geh nicht in den Widerstand«, dann hätte er es vielleicht nicht getan. Aber wie er hatte auch meine Mutter sich dafür entschieden.

Wie sehen Sie den Richter Freisler, all die Menschen, die das Urteil fällten, das am 4. September 1944 von einem Henker vollstreckt wurde?

Da bin ich sprachlos. Was soll ich sagen? Hassen will ich diese Menschen nicht, das wäre das Sinnloseste, was man tun könnte. Hass ist ein furchtbares Gefühl, das lasse ich bei mir nicht zu. Wenn ich von Menschen höre oder lese, die einen Machtwahn in sich tragen, über andere verfügen wollen, sie foltern und zu Tode quälen, bin ich verzweifelt darüber, dass Verbrechen dieser Art sich ständig wiederholen. Und natürlich denke ich dann an meinen Vater, dem man, weil er zu jenen zählte, die anders dachten, ein solches Schicksal zugefügt hat.

Zwei Tage nach dem Tod Ihres Vaters, am 6. September 1944, reiste Marion Gräfin Dönhoff nach Berlin, ohne zu wissen, dass das Urteil schon vollstreckt worden war. Es gelang ihr, im Volksgerichtshof vorzusprechen, vermutlich auf Vermittlung ihres Bruders Christoph, selbst hochrangiger NS-Jurist. Der zuständige Staatsanwalt konnte aber nur noch den Tod Ihres Vaters vermelden.

Gräfin Dönhoff hielt diese Begegnung in ihrem Buch »Um der Ehre willen. Erinnerungen an die Freunde vom 20. Juli« fest: »Er saß an seinem Schreibtisch, vor sich einen großen Stoß Akten. Als ich nach Lehndorff fragte, begann er in dem Stoß zu suchen. Während er blätterte, murmelte er: ›Dieser Stauffenberg, was für ein Dämon –

jeder hat sich auf ihn bezogen‹, und dann: ›Ah, hier ist Lehndorff ... Ja, den können Sie nicht mehr sehen, der ist vor zwei Tagen hingerichtet worden.‹ «

Wäre es denkbar, dass Gräfin Dönhoff sich bei dieser Gelegenheit nach dem Verbleib der Lehndorff-Töchter erkundigt oder sich an anderer Stelle für sie verwendet haben könnte?

Das wird meine Patentante, die ich nur einige Male in meinem Leben sah, sicher getan haben. Sie wollte bestimmt Informationen bekommen und helfen. Aber sie musste auch selbst aufpassen. Sie hatte ja ebenso dem Widerstand angehört und Kontakt zu Mitgliedern des Kreisauer Kreises gehabt, einer zivilen Widerstandsgruppe um Helmuth Graf von Moltke. Und ich denke, es muss für sie ein Riesenkonflikt gewesen sein, dass ihr eigener Bruder politisch auf der ande-

Letztes Bild von
Heinrich Graf von Lehndorff,
Volksgerichtshof 1944

ren Seite stand. Letztlich kann ich aber wenig darüber sagen. Ich weiß nur, dass die Dönhoffs immer sehr enge Beziehungen untereinander hatten und alles, was von außen in die Familie kam, als problematisch angesehen wurde. Daher nehme ich an, dass sie später über die NS-Vergangenheit ihrer Familie geschwiegen hat. Das war Familie, also verlor man kein Wort darüber. Es ist auch sehr schwierig, die eigenen Geschwister, an denen man sehr hängt, zu verurteilen. Es muss eine sehr ambivalente Angelegenheit für sie gewesen sein.

»Vorbild kann nur sein, wer zuerst von sich fordert und sich härtester Zucht unterwirft.« Das ist ein Ausspruch Fritz-Dietlof von der Schulenburgs, den Marion Dönhoff gern zitierte.

Das klingt sehr unangenehm, geradezu martialisch. Das war die preußische Denkart. Bemerkenswerterweise bringe ich das überhaupt nicht mit meinem Vater in Verbindung. Ich finde auch, wenn man die letzten Briefe der Widerstandskämpfer liest, dass die Zeilen meines Vaters zu den menschlichsten, klarsten, geradlinigsten zählen. Und zwar nicht im Sinne von Disziplin und Perfektseinmüssen. Für meine Mutter war diese Härte, die Marion beweisen konnte, mit der sie sich nach dem Krieg auch durchgesetzt hat, schwer zu ertragen. Marion hatte keine Kinder, war alleinstehend, pflegte ihren Familienclan. Meine Mutter brauchte Wärme für sich und ihre vier Töchter, suchte nach einem Unterschlupf, war sehr angreifbar. Da hatte sie es besonders schwer, mit Marion warm zu werden. Sie wurde in gewisser Weise abgetan, hat das sehr gespürt und darunter gelitten. Meine Mutter hat darüber aber nie gesprochen.

Kommen wir zurück zu den Ereignissen im Frühherbst 1944. Am 7. oder 8. September wurde Ihre Mutter nach etwa zehn Tagen aus der Haft entlassen ...

Danach zog sie sich wieder auf das staatliche Trakehnergestüt Graditz zurück, das ihr Vater Graf Kalnein leitete. Noch im Gefängnis hatte sie vom Tod meines Vaters erfahren, vermutlich durch meine Großmutter, der es zwischenzeitlich gelungen war, Erkundigungen im Gestapo-Hauptquartier in Berlin einzuholen. Meine Mutter schien auch über den Verbleib ihrer Kinder unterrichtet gewesen zu sein. Schloss Steinort war beschlagnahmt, dennoch versuchte sie brieflich, Informationen einzuholen und das zu retten, was zu retten war. Da sie sich weiterhin unter Gestapo-Bewachung wähnte, blieben ihr selbst die Hände gebunden. Mit Sicherheit wusste sie nicht, dass zeitweilig beabsichtigt war, ihre in Bad Sachsa festgehaltenen Kinder ins Konzentrationslager Buchenwald zu verbringen, wo bereits ein Teil der Familienangehörigen der Teilnehmer des 20. Juli inhaftiert war. Mit Ausnahme der Familie Stauffenberg, die geschlossen in Haft blieb, wurde jeder Einzelfall »geprüft«. Wegen der Kriegsentwicklung änderten sie die Sanktionen gegen die Gefangenen. Im Oktober 1944 hatten die Alliierten im Westen bereits Aachen eingenommen, im Osten stand die Armee in Ostpreußen.

Im Dezember 1944 wurden Ihre Schwestern und Sie zur Großmutter Mellenthin, die eine geschiedene Kalnein war, nach Conow in Mecklenburg-Strelitz gebracht. Etwa achtzehn andere Kinder mussten bis zu ihrer Freilassung weitere vier Monate warten. Im Frühjahr 1945 geriet das Heim unter Beschuss der Alliierten, dann, nach letzten Kämpfen, marschierten Mitte April 1945 die Amerikaner in Bad Sachsa ein. Sie hatten besonderes Interesse an diesem Kurort, weil in den leerstehenden Häusern des Kinderheims inzwischen der Stab der geheimen Wehrmachtseinheit um den Raketeningenieur Wernher von Braun einquartiert war. Die Kinder hatten unterdessen in einem der Keller ausgeharrt. Das war Ihnen erspart geblieben. Nur: Wer hatte Sie abgeholt? Marion Gräfin Dönhoff kann es, entgegen bisheriger Vermutungen, kaum gewesen sein. Von Ostpreußen aus gab es zu dieser Zeit kaum ein Durchkommen mehr; sie selbst rettete sich im Januar 1945 nur unter größten Mühen auf einem wochenlangen Ritt zu Pferde in den Westen.

Vielleicht war es meine Großmutter Mellenthin gewesen, sie galt als eine mutige Frau, die in Kolumbien den Angestellten ihren Lohn brachte, durch den Urwald reitend, mit der Pistole im Holster. Vorstellen könnte ich mir das, zumal wir ja anschließend zur Großmutter in die Uckermark gebracht wurden. Ich weiß nur noch, dass wir hinten in einem Auto saßen und über Land fuhren, die Sonne schien, und ich spürte eine gewisse Erleichterung. Neben mir saß meine Schwester Gabriele, die immer noch dieselben Worte vor sich hinsagte: »Mami rück, Hunger, Angst.« Sie sah furchtbar entstellt aus, hatte das ganze Gesicht voller Flechten. Sie war verzweifelt, tief unglücklich.

Können Sie sich an das Wiedersehen mit der Mutter nach Ihrer Entlassung erinnern?
Nein.

Wussten Sie zu dieser Zeit, dass Ihr Vater nicht mehr lebte, Steinort und die Ihnen dort vertrauten Menschen und Tiere für immer verloren waren?

Das wurde mit keinem Wort vor uns Kindern erwähnt. Deutschland, das war ein Land in der Apokalypse, ein Davor gab es nicht mehr. Mein Vater hatte sich in Luft aufgelöst. Keiner redete mehr von ihm, auch ich nicht, er war aus meinem Bewusstsein verschwunden. Möglicherweise war er schon in Bad Sachsa aus meinem Gedächtnis gelöscht worden. Wie unsere Namen, so auch die Vergangenheit. Für die größeren Kinder muss das furchtbar gewesen sein – für mich hatten Namen noch gar keine Bedeutung. Auch das Grauen war mir mit meinen fünf Jahren nicht bewusst. Gut und Böse waren Begriffe, die mir nichts sagten.

KRIEGSENDE | TRAUMA

Mit dem Tod des Vaters, haben Sie einmal gesagt, sei alle Zärtlichkeit aus Ihrem Leben gewichen.

Wie anders sollte es gewesen sein, da es nach seinem Tod keine Zuwendung in Form von Zärtlichkeit mehr gab? Woher sollte sie kommen, die Zärtlichkeit, wenn man nicht auf dem Schoß der Mutter sitzen durfte und auch keine Geschichten erzählt bekam? Wenn man nicht mehr umarmt wurde. Die Generation der Kriegskinder hat Zuwendung nicht erfahren. Meine Mutter hat getan, was sie für uns tun konnte, aber Liebe konnte sie nicht geben. Sie befand sich für Jahre unter Schock. Angst, Verlorenheit, Verlassenheit, das waren die Gefühle, die sie und uns beherrschten. Natürlich konnte ich noch Zärtlichkeit empfinden – für meine Mutter, für meine Geschwister, meinen Vogel Hansi und Seppi, meinen Hund.

Gegen Ende des Krieges fanden also Ihre Mutter, die Schwestern und die Gouvernante nach Monaten des Getrenntseins Zuflucht bei der Großmutter Mellenthin in der Uckermark. Von dort aus flüchteten Sie im Januar 1945 vor den herannahenden russischen Truppen weiter in Richtung Bremen.

Hansi, mein kleiner Kanarienvogel, begleitete mich auf der Flucht. Er musste unbedingt mit, mein Vater hatte ihn mir ja geschenkt. Hansi reiste in einem kleinen, mit Packpapier verschnürten Käfig. Als wir mit dem Zug nach Westen fuhren, fiel der Käfig oft herunter oder stieß hart an. Ich machte kleine Löcher in das Papier, um zu sehen, ob er noch am Leben sei. Als der Zug einen kräftigen Ruck machte und der Käfig abermals vom Gepäcknetz fiel, war Hansi tot.

Sie machten Station in Berlin, wo Ihre Mutter im Hotel Adlon – aus den Händen eines SS-Führers – den Abschiedsbrief des Vaters entgegennahm.

Eigentlich war es unmöglich für sie, dort hineinzugehen, denn das Adlon war ein Gestapo-Nest – da wohnten sie alle. Meine Mutter war von der Gestapo benachrichtigt worden und wurde bereits erwartet, als sie die Treppe hochging. Da stand nun dieser Mann im Gang zu seinem Zimmer und sagte: »Verehrte, liebe Gräfin, darf ich Ihnen eine Tasse Tee anbieten?« Sie aber sah zu Boden und antwortete: »Bitte, geben Sie mir den Brief, nur deswegen bin ich hier.« Das war alles, dann machte sie auf dem Absatz kehrt und ging.

Die Weiterreise erwies sich durch das Chaos des Krieges als schwierig.

Es war ein herrlicher kühler Morgen, ein knallblauer Himmel, als wir Berlin verlassen wollten – und ein großer Bombenangriff auf die Stadt geflogen wurde. Beinahe wären wir alle umgekommen. Die Bahnsteige waren voller Menschen mit Gepäck und zum Brechen überladenen Kinderwagen. Es wurde gedrängelt und geschubst. Wir waren zu siebt. Außer meinen Schwestern Nona, Gabriele und der drei Monate alten Catharina waren da noch meine Mutter, das Kindermädchen Fräulein Graeber und eine strenge, ältere Jungfer, Baroness von der Roepp, die uns bis nach Hamburg begleitete. Kindermädchen gab es bei uns immer, auch wenn meine Mutter sonst nichts hatte. Endlich konnten wir einsteigen und der Zug fuhr aus dem Bahnhof. Nachdem wir ein Stück gefahren waren, ertönten plötzlich Sirenen. Wir hörten Bomber nahen, die Menschen gerieten in Panik. Der Zug hielt an, alles schrie, lief durcheinander, es entstand ein einziges Geschreie und Gezerre. Wir befanden uns auf einem großen Feld außerhalb Berlins, waren schon ein Stück durch Wald gefahren. Nun versuchten alle, sich am Waldrand in Deckung zu bringen. Dabei verloren wir uns vorübergehend. Ich stand auf dem Gleis zwischen zwei Waggons und wusste nicht wohin, bis irgendjemand kam und mich holte. Dann schlug es in den Wald ein. Ich erinnere mich an die silbernen Flecken, die am blauen Himmel aufleuchteten und wie Lametta langsam auf die Stadt niedergingen, dazu der brummende Sound. Wir warfen uns schließlich in einen Graben, in dem etliche Menschen Deckung gesucht hatten. Eine Frau war ausgeflippt, lag schreiend unter einem Leopardenfell, wie ein brüllendes Tier. Bilder wie diese beschäftigen mich manchmal noch heute, sind in meiner künstlerischen Arbeit zu finden. Auch in der Apokalypse liegt Schönheit, so paradox das klingen mag.

Von Hamburg aus ging es weiter nach Bremen-Vegesack. Dort angelangt, fanden Sie Aufnahme im ›Fichtenhof‹ der anverwandten Familie von Alvensleben. Kaum angekommen, erkrankten Sie an Masern und Keuchhusten. Ihre Mutter beschloss, Sie zu einer mehrwöchigen Kur in die Schweiz zu schicken. Nach dem Krieg boten sich Schweizer Familien an, Kinder deutscher Widerstandskämpfer in Pflege zu nehmen.
Leider verstärkten sich durch diese Entscheidung meiner Mutter meine traumatischen Erfahrungen aus den vorangegangenen Monaten. Ein Traum: Ich wache in einem Kinderbett auf, um mich herum nur Gitter, allein in einem Zimmer, das ich noch nie gesehen habe. Irgendjemand hat mich hierhergebracht. Ich denke nur eins: Meine Mutter hat mich verstoßen. Mich im Stich gelassen. Ich weine bitterlich, der Schmerz in mir ist grenzenlos. Ich will nie mehr aufhören zu weinen. Ich bin in diesem Zimmer gefangen, meine Mutter ist weit weg, sie hört mein Weinen nicht. Meine Sehnsucht nach ihr ist unendlich. Doch die Möglichkeit, dass sie kommt und mich holt, ist

immer aussichtsloser. Auch wenn ich das nur träumte, in der Realität war es nicht anders. Ich bin damals, kurz nach meiner Ankunft in der Schweiz, völlig zusammengebrochen in stundenlanges, verzweifeltes Weinen. Kaum aus Bad Sachsa befreit, hatte man mich wieder fortgeschickt. Anfangs wurde ich nur tagsüber von einer Familie betreut und abends in ein Heim gebracht. Das muss so schlimm für mich gewesen sein, dass meine Schweizer Pflegemutter meine Mutter benachrichtigte und mich anschließend ganz bei sich aufnahm. In ihrem Haus war ich dann gern. Dort war ich von liebevollen Menschen umgeben, fühlte mich nicht allein und war auch nicht mehr so traurig. Für den Rest meines Lebens blieb jedoch die Angst vor Heimen, Hospitälern, Behörden, auch vor Uniformen und Wachpersonal in mir zurück. Catharina und Gabriele wurden von meiner Mutter in ein Heim geschickt, in dem man sie sogar quälte. Wenn sie etwas nicht richtig machten, wurden sie von der Erzieherin an den Haaren die Treppe hochgezerrt.

Dabei lag der Sinn dieser Aufenthalte vermutlich darin, Ihnen eine bessere Welt zu zeigen.
Ja, aber genau das war falsch. Lieber ohne Möbel irgendwo in einer Ecke sitzen, aber mit der Mutter sein, als allein in der Fremde. Das wäre das Schönste gewesen, bei der Mutter sein zu dürfen. Stattdessen war ich in Bad Sachsa, danach bei einer unbekannten Familie und in Heimen. Teil einer großen Gruppe von Kindern zu sein war mir unerträglich, ich hatte sogar Angst davor, unglaubliche Angst. Die Kinder schrien, waren gemein, schlugen aufeinander ein. Ich wollte mich nur unter Erwachsenen aufhalten. Die jedoch wollten lieber unter sich sein. So blieb ich am liebsten für mich allein. Die sich wiederholenden Gefängnissituationen während des Krieges und auch danach hatten zur Folge, dass mir das Leben selbst zum Gefängnis wurde.

DAS PARADIES ODER LEBEN AUF DEM ›FICHTENHOF‹

Nach mehreren Wochen in der Schweiz kehrten Sie zur Mutter zurück ...

Wir lebten nun mit ihr bei der Familie von Alvensleben. Ihr ›Fichtenhof‹ stammte aus der Zeit vor dem Ersten Weltkrieg. Als mit Ende des Zweiten Weltkriegs die große Flucht aus den Ostgebieten einsetzte, wurde das geräumige Anwesen zur Anlaufstelle mehrerer, den Alvenslebens nahestehender Familien. Für mich war dieser Ort ganz wunderbar. Der ›Fichtenhof‹ lag sehr versteckt, auf dem Weg dorthin gab es nicht einmal eine Laterne. Zunächst fuhr man auf einer Landstraße über Kopfsteinpflaster, dann gelangte man zu einem hölzernen Tor, das kaum zu finden war. Die Einfahrt führte sehr verwunschen durch einen Wald, vorbei an einem großen Teich. Hatte man diesen Teich halb umrundet, schlängelte sich der Weg, einen Hügel ansteigend, weiter bis zu einer Kastanienallee, die direkt auf das Haus zuführte. Es hatte eine breite Steintreppe mit großen Tonvasen links und rechts. Die Treppe führte auf eine Terrasse und weiter zum Eingang. Innen bildete die große Halle das Zentrum des Gebäudes. Eigentlich ein ziemlich dunkler Raum, das tiefe Strohdach ließ wenig Licht herein. Überall standen Sessel und Sofas, die das riesige Zimmer gemütlich machten. Hier spielte sich alles ab.

Vor dem Haus gab es eine große Wiese, dahinter befanden sich die Obstgärten, linker Hand und rechter Hand Gemüsebeete. Alles, was zum ›Fichtenhof‹ gehörte – sämtliche Steine, Gräser, Bäume

Der ›Fichtenhof‹

Gottliebe mit ihren vier Kindern: Nona, Gabriele, Catharina, Vera und Hund Panschi

und Blumen –, liebte ich. Und ich spielte mit diesen Dingen, nicht mit Spielzeug und nicht mit anderen Kindern. Mein einziger Freund war Bernd von Arnim, der in der Nachbarschaft wohnte und mit mir eingeschult wurde.

Bernd, ungefähr genauso alt wie ich, war oft bei uns. Im Frühsommer fingen wir zusammen Maikäfer, von denen es damals nur so wimmelte, und setzten sie in kleine Schachteln. Die Kastanienallee mit den vielen Maikäfern – das war herrlich für uns. Am liebsten war ich aber von allen ungestört, allein unterwegs. Ich liebte die schmalen, versteckten Pfade durch den Garten. Sie wurden zu meinen Vertrauten.

Das Anwesen war groß genug, um sich dort zu verlieren. Nona habe ich damals kaum gesehen. Sie heckte mit ihrem Freund Michael wilde Streiche aus, kletterte auf Bäume, fiel herunter, kam zu spät zum Essen – und wurde dafür von Fräulein Graeber bestraft. Für mich war es die schönste Zeit meiner Kindheit. Sie war kurz, sehr kurz, aber geradezu paradiesisch, auch weil die Menschen auf dem

›Fichtenhof‹ so heiter waren. Ab und zu wurde auch geweint, aber das hielt nie lange an, denn ständig passierte etwas. Immer wieder trafen Wagen ein, Trecks mit Neuankömmlingen, mit Menschen, die wir kannten. Und mittendrin in der Euphorie des Wiedersehens waren wir Kinder.

Eines Abends hielt der Bruder meiner Großmutter Lehndorff, Haubold von Einsiedel, eine Rede, die mich sehr beschäftigte. Soweit ich mich erinnere, ging es um Krieg und Tod. Während er sprach, schluchzte er immerzu. Die Erwachsenen hörte ich sagen, er weine nur über seine eigenen Worte. Das verstand ich nicht. Vielleicht war es sein Abschiedsabend gewesen, es blieben ja alle nur vorübergehend auf dem ›Fichtenhof‹. So auch meine Großeltern, die – wie die Dönhoffs – nach kurzer Zeit weiter in Richtung Rheinland zogen.

Die von Dönhoffs boten Ihrer Mutter an mitzugehen. Sie lehnte ab. Warum?

Sie war sehr gern im ›Fichtenhof‹. Hier war sie nicht allein, fühlte sich geborgen, ihre Kinder waren außer Gefahr und wirkten den Umständen entsprechend glücklich. Später sagte sie oft, dass sie die Zeit auf dem ›Fichtenhof‹ so schön gefunden habe, weil die Menschen füreinander da waren und sich gegenseitig halfen. Sie fühlte sich aufgehoben im Kreis von Freunden und Verwandten. In den ersten Wochen herrschte ja noch Krieg, es wurde noch bombardiert, und ringsum waren Amerikaner stationiert.

Gottliebe, Nona und Vera

Bis heute ist kaum bekannt, dass auch die Alvenslebens – damals Eigentümer des ›Fichtenhofs‹ – in den Widerstand verwickelt waren. Werner von Alvensleben zählte zum Kreis des 20. Juli; er wurde wegen Landesverrats in vier Konzentrationslagern interniert. Seiner Tochter, Anna Alexandra von Alvensleben, war es mit größtem Geschick gelungen, ihn vor der Vollstreckung des Todesurteils zu bewahren. Auch ihren Ehemann, Wilhelm Roloff, rettete sie aus der Haft. Anderen Inhaftierten war sie durch Kurierdienste behilflich. Eine überaus couragierte Person: Ernst, zurückgezogen, stets elegant, mit langen schmalen Händen, blauen Augen, blondem Haar und einer kleinen grauen Strähne – so wurde sie einmal beschrieben. Wie haben Sie »Lexi« in Erinnerung, zu der Sie eine besondere Zuneigung entwickelten?

Sie war sehr herzlich, hatte eine freundliche, heitere Stimme, ging stets lächelnd auf uns Kinder zu. Lexis Eleganz, ihre unglaubliche Klugheit und Wachheit, ihr Mut in einer Zeit, da andere die Waffen streckten – all das war außergewöhnlich. In meinen Augen haftete Lexi und meiner Mutter etwas Märchenhaftes an; beide erschienen mir als groß, stark und strahlend schön. Eine tiefere Beziehung habe ich zu Lexi aber erst als junge Frau entwickeln können; damals auf dem ›Fichtenhof‹ blieben die Erwachsenen unter sich. Viel später erfuhr ich, dass sie auch meinen Vater im Gefängnis in Berlin besucht hatte. Leider habe ich mit ihr nie über die Zeit im Widerstand gesprochen. Sie starb 1968 mit nur achtundfünfzig Jahren an Krebs, nach einem ziemlich traurigen Leben.

Auf dem ›Fichtenhof‹ hatte sie sich in einen Amerikaner, einen GI, verliebt. Sie trennte sich von allem, was sie besaß, und zog mit ihm nach New York. Dort habe ich dann in den sechziger Jahren Kontakt zu ihr aufgenommen. Sie wohnte damals in einer Hochhaussiedlung, einem der sogenannten Projects. Ich war entsetzt, als ich sie dort sah. Vor mir saß der einst strahlende GI als zusammengefallener Mensch, der zu viel trank. Lexi war immer noch bezaubernd, aber dieses Leben passte nicht zu ihr. Am Ende saß sie ganz erloschen da mit diesem Mann, der nur noch rauchte und trank und schlecht gelaunt war. Sie wirkte sehr verloren in dieser Umgebung.

Nach dem Krieg gelang es Lexi auf dem ›Fichtenhof‹, zeitweilig eine ganze Schar von Flüchtlingen durchzubringen. Wovon lebten all diese Menschen?

In dem großen Garten wuchs sehr viel, davon ernährten wir uns. Und dann natürlich: Tauschgeschäfte. Das war gang und gäbe. Manchmal durfte ich mitgehen. Ich erinnere mich noch, wie wir für Catharinas Kinderwagen Kaffee erhielten. Diese Schwarzmarktgeschäfte wurden in einem der umliegenden Orte vorgenommen. Wie auf einem Straßenflohmarkt gab es dort die herrlichsten Dinge. Tücher, Seife, Kleider, schönste Möbel. Man suchte, was man brauchte – und legte hin, was man bieten konnte. Was uns sonst noch fehlte, wurde von Lexi und ihrem Offizier organisiert. Alkohol, Zigaretten und Lebensmittel, die nicht im Garten wuchsen – wir waren gut versorgt.

Wir wohnten unter dem Dach. Über eine Leiter und durch eine improvisierte Tür, die einmal ein Fenster war, gelangten wir in unsere Wohnung. Wir hatten eine eigene Küche und zwei große Zimmer. In einem der beiden schliefen Gabriele und Catharina, im anderen Nona und ich. Wo meine Mutter schlief, weiß ich nicht mehr. Zwischen unseren Zimmern gab es eine Verbindungstür, dort wurde von den Erwachsenen ab und zu Kasperletheater für uns gespielt. Das war herrlich, wir freuten uns riesig, wenn etwas aufgeführt wurde, und wollten dann nie zu Bett.

Der ›Fichtenhof‹ stand damals unter dem Schutz der Alliierten. Britische und amerikanische Offiziere gingen dort ein und aus. Erinnern Sie sich?

Eines verstanden wir Kinder: Die Amerikaner waren die Helden, unsere Retter, sie wurden gefeiert. Sie trugen Uniformen, waren freundlich zu uns – wie zuvor Ribbentrop –, nur waren sie heller gekleidet und kauten unentwegt Kaugummi. Auch wir bekamen Kaugummi, schmissen es, nachdem der süße Geschmack weg war, in eine Ecke oder klebten es, wenn es keiner sah, unter den Tisch. Wir verstanden die Sprache dieser Männer nicht und sie nicht die unsere. Die Frauen in unserer Umgebung trugen auf einmal schöne Kleider und Schmuck, hatten rote Lippen, lachten laut, rauchten viel, flirteten und amüsierten sich. Schwarze Offiziere habe ich nicht gesehen, dafür aber schwarze Soldaten, die im Wald lagerten. Einer von ihnen schenkte mir eine Apfelsine. Ich biss hinein – und war enttäuscht, denn sie schmeckte bitter. Ich verzog das Gesicht und alle lachten. Fast hätte ich geweint, weil ich mich von dem Soldaten hereingelegt fühlte. Dann aber zeigte er mir, dass es eine Schale gab, die man zuvor abpellen musste. Seine Herzlichkeit war so umwerfend, dass ich selbst in diesem düsteren Fichtenwald vor diesem riesigen schwarzen Mann keine Angst hatte. Einmal hörten wir davon, dass schwarze Soldaten einen Deutschen verprügelt hatten, weil er in ihrer Gegenwart: »Guck mal, ein Neger« gesagt hatte.

Von Nina von Stauffenberg ist bekannt, dass sie nach dem 20. Juli 1944 in schwere Depressionen verfiel. »Wer hätte damals schon an so etwas wie psychologischen Beistand gedacht?«, schrieb Konstanze von Schulthess rückblickend über ihre Mutter in ihrem Buch »Nina Schenk Gräfin von Stauffenberg«: »Gefühle waren ein Luxus, den sich kaum jemand zugestand, viel wichtiger schien erst einmal, die Existenzsorgen der Nachkriegszeit zu bewältigen.« Auch Ihre Mutter versank nach dem Krieg in Depressionen, allerdings währte ihre Leidenszeit ein Leben lang. Wie muss man sich in Anbetracht dessen das beengte Zusammenleben mit ihr vorstellen? Wer kümmerte sich um Sie und Ihre Schwestern, wenn sie in Schwermut verfiel?
Unsere Gouvernante, Fräulein Graeber. Sie war aus Steinort mit uns gegangen, sie war nicht nur unsere Erzieherin, sie sorgte sich um alles. In dieser Zeit ging es meiner Mutter aber noch nicht so schlecht. Noch war alles zugedeckt von der Freude, gemeinsam mit anderen überlebt und sich gefunden zu haben. Unter dieser Schicht jedoch war nichts – sie hatte ihren Mann, ihr Zuhause, alles verloren. Mit Lexi sprach sie ganze Nächte über das, was vorgefallen war. Der Schmerz darüber kam aber erst später. Wenn jemand stirbt, glaubt man in den ersten Wochen nicht, dass es den Menschen nicht mehr gibt und er nie wiederkommen wird.
Nicht zu vergessen: Ein ganzes Volk hat jahrzehntelang wie betäubt geschwiegen, bis Einzelne bereit waren, nachzufragen, was da-

Vera mit Dackel Seppi, 1946

mals geschehen war. Und so erging es meiner Mutter. Erst als sich allgemein das Leben normalisierte, kam der Schmerz. Die anderen wandten sich von ihr ab, um wieder ihrem eigenen Alltag nachzugehen. Meine Mutter fiel plötzlich ins Nichts.

Aber es gab auch Menschen, die ihr zu Hilfe kamen: die Frankfurter Bankiersfamilie Hauck, der Geistliche Thomas Michels, der Hamburger Philanthrop Eric Warburg, »einer der ganz wenigen Helfer nach dem Krieg und dann zeit seines Lebens«, wie meine Mutter später schrieb. Pater Michels schickte Care-Pakete, Eric Warburg und die Familie Hauck sorgten für finanzielle Unterstützung.

Leider ist mir über die Hintergründe dieser Beziehungen nichts Näheres bekannt. Warburg, auch ein enger Freund Marion Dönhoffs, stand meiner Mutter wohl zur Seite, als es um Fragen der sogenannten Wiedergutmachung ging.

Wenn es nötig war, trat meine Mutter immer sofort in Aktion, um den äußeren Zusammenbruch unseres Lebens zu verhindern. Wir litten keinen Hunger, wohnten nie wie Ausgebombte, waren umsorgt von Kindermädchen. Und selbstverständlich erhielt meine Mutter aus ihren Kreisen Unterstützung. Die Adligen im Westen jedoch, die ihren Besitz nicht verloren hatten, wollten nichts mit uns zu tun haben. Die Bismarcks zum Beispiel. Als meine Mutter sie anrief, rührten sie sich nicht. Sie hatten große Besitzungen, es wäre ihnen ein Leichtes gewesen, uns zu helfen. Doch die Vorbehalte überwogen. Meine Mutter wurde gemieden, weil man ihren Mann als Verräter betrachtete. Bei den meisten wagte sie erst gar nicht anzurufen, die hätten gleich wieder aufgelegt.

Auf dem ›Fichtenhof‹ lebten Sie vom fünften bis zum neunten Lebensjahr. Wie würden Sie heute diese Jahre beurteilen?
Einerseits waren es wirklich schöne Jahre, andererseits blieb das Trauma. Innerlich fühlte ich mich oft wie ein Fisch, gefangen in einem Netz. Ich sehe das offene Maul, wie der Fisch nach Luft schnappt. Ich selbst brauchte die Luft, lebte aber wie weggetaucht. Kam ich an die Wasseroberfläche und sah die Welt, war mir, als müsste ich ersticken. Alles, was um mich war, kam mir unheimlich vor. In Bad Sachsa ging es um das Überleben meiner Schwester. Ein Kind hat offenbar schon die Fähigkeit, in einer existenziellen Situation wie ein Erwachsener sämtliche ihm verfügbaren Kräfte zu mobilisieren. Meine Empfindungen waren damals nicht altersgerecht, sondern altersunabhängig und dabei überfordernd: Ich fühlte mich verantwortlich. Dieser traumatisierende Lebensabschnitt war aber auf dem ›Fichtenhof‹ erst einmal vergessen – oder besser gesagt verdrängt. Die Verantwortung für meine Schwester war von mir genommen, und ich hätte auch wieder Kind sein können, sein dürfen. Doch keiner fragte damals nach seelischen Nöten, bei niemandem, und schon gar nicht bei einem Kind. Das Leben musste weitergehen, für Erwachsene wie für Kinder.

»Ich war«, wie Sie sich später in einem Interview erinnerten, »ein trauriger Mensch. So viele Ängste plagten mich.« Waren Sie ein trauriges Kind?

Der Wunsch, am nächsten Tag nicht mehr zu sein, den kannte ich schon als Kind. Ich liebte die Nacht. Nachts, im Bett, war endlich Frieden, Stille. Oft habe ich die ersten Stunden wach gelegen, um sie wie eine Auszeit zu genießen. Am frühen Morgen fing die Angst wieder an. Nicht mehr sein zu müssen – das war sicher eine Sehnsucht von mir.

Wie erging es Ihren Schwestern?

Nona war ganz anders als ich. Sie hatte keine Angst, so jedenfalls erschien es mir damals. Ich bewunderte sie, weil sie mir so kraftvoll vorkam. Wenn ihr etwas nicht passte, widersprach sie, wurde wütend, bäumte sich auf. Morgens, wenn sie in die Schule ging, sich nochmals im Spiegel betrachtete, dachte ich: ›Wie schön sie ist.‹ Und: ›Sie kennt keine Furcht.‹ Aber auf Nona hatten es auch alle abgesehen. Die Erwachsenen wollten ihre Ruhe, sie versuchten, Nona zu brechen, weil sie ihnen zu rebellisch war. Ein Junge konnte sich das vielleicht erlauben, ein Mädchen nicht. Später lehnte sie sich gegen meine Mutter auf, weil sie wie ich darunter gelitten hatte, keine Zärtlichkeit, keine Zuneigung von ihr erhalten zu haben. Nona und ich schliefen oft zusammen in einem Bett, vielleicht gab uns die körperliche Nähe Geborgenheit.

Gabriele und Catharina – wir nannten sie die Kleinen – bahnten sich tapfer ihren Weg. Gabriele war lange Zeit schweigsam, ein blasses Kind mit zusammengepressten Lippen. Sie war tapfer und äußerte ihr Leid nicht. Letztlich war jede von uns allein mit dem Geschehen, mit den eigenen Vorstellungen und Befürchtungen, auch weil nie etwas ausgesprochen wurde. Deutschland nach dem Krieg war eine emotionale Wüste. Jeder war mit sich selbst beschäftigt. Zum Trauern war keine Zeit.

Mit dem Krieg, dem Untergang Ostpreußens, dem Verlust des Besitzes in Masuren und damit der seit Jahrhunderten angestammten

Heimat der Lehndorffs war eine Welt, in der Sie hätten aufwachsen sollen, verloren. Ihre Großeltern, vor 1900 auf Schlössern und Gütern geboren und aufgewachsen, kamen aus den Häusern Lehndorff und Einsiedel (väterlicherseits), Kalnein und Boddien (mütterlicherseits). Waren Unterschiede familiärer Prägung für Sie spürbar?

Natürlich. Mein Großvater Manfred Lehndorff war für mich eine Respektsperson. Sein Tagesablauf war bestimmt von den Pferden – vor dem Krieg und auch danach, dann allerdings als Angestellter auf Röttgen, einem großen Gestüt im Südosten von Köln. Da sich für ihn alles nur um Pferde drehte, hatte er wenig Präsenz in meinem Leben. Ich sah ihn nur selten.

Meinen Großvater mütterlicherseits, Hans Georg Kalnein, habe ich sehr geliebt, er war warmherzig, sehr weich. Selbst als er schon fast blind war, machten wir gemeinsame Spaziergänge, während derer ich so frech war, ihn, wenn es regnete, durch Pfützen zu führen. Da mussten wir dann immer furchtbar lachen und er rief vergnügt: »Also, du bist ja ein ganz böses Kind!« Dass er meine Späße mitmachte, fand ich sehr lustig. Und so freute ich mich jedes Mal, wenn es regnete, weil ich wusste, ich würde ihn wieder durch Pfützen führen.

Seine erste Frau, meine Großmutter Sophie (sie lebte ja mittlerweile mit ihrem zweiten Ehemann in Kolumbien, wo sie sich eine Vieh- und Kaffee-Hazienda gekauft hatten), war dagegen streng, manchmal hartherzig. Sie gab sich würdevoll, ging stets kerzengerade, beurteilte die Menschen und das Leben oft nur nach Form und Disziplin. Ich empfand sie als unsinnig. Ich konnte auch nicht vergessen, dass meine Mutter in der Kindheit sehr unter ihr gelitten hatte.

Aber auch meine andere Großmutter, Harriet Lehndorff, geborene Einsiedel, konnte sehr streng sein. Ich erinnere mich noch, wie sie mir beibringen wollte, bei Tisch ein Messer weiterzureichen. »So musst du das machen«, sagte sie, gab mir den Messerkolben und wollte, dass ich es wiederholte. Wir übten es mehrmals, aber jedes Mal reichte ich ihr das Messer falsch herum, mit der Schneide nach vorn. Schließlich wurde sie wütend und beschimpfte mich: »Himmel, bist du dumm!« Ich war sehr verletzt. Jeden Tag versuchten wir es von neuem, nie machte ich es richtig. Natürlich war die Großmutter verzweifelt und am Ende so ratlos wie ich. Sie konnte aber auch witzig, sogar schnoddrig sein. Einmal fragte die Gestütsbesitzerin, der auch die Parfum-Firma 4711 gehörte, meine Großmutter vor einem Derby: »Liebe Gräfin, wie finden Sie mich?« Die Dame trug ein Pariser Couture-Kleid. Meine Großmutter antwortete: »Wenn Sie mich fragen: Schaaauerlich!« Im Allgemeinen hatte ich vor den Lehndorffschen Großeltern ein bisschen Angst. Ich fürchtete stets, etwas falsch zu machen. Leider erzählten unsere Großeltern nicht von früher. Aber wir Kinder fragten auch nicht nach der Vergangenheit. Meine Mutter hatte uns sogar eingeschärft, vor Fremden nie das Gespräch auf den Vater zu bringen.

Dieses Schweigen innerhalb der Familie ebenso wie die Strenge und Beziehungslosigkeit haben Sie vermutlich sehr geprägt?
Sicher war das keine hilfreiche Vorbereitung auf das Leben. Menschen zu finden, Kontakte aufzubauen, Probleme zu lösen – all das scheute ich. Später habe ich es lernen müssen. Wir Kinder haben unseren Weg allein gesucht, jedes auf seine Weise. Gleichzeitig habe ich als Kind gespürt, dass meine Mutter der Außenwelt gegenüber eine starke Kraft ausstrahlte. Das gab mir, allen Nöten zum Trotz, eine gewisse Sicherheit und das Gefühl, bei ihr in guter Obhut zu sein.

ENTTÄUSCHUNGEN

»Vera war immer sehr scheu und ängstlich der Umwelt gegenüber«, notierte Ihre Mutter. »Sehr warm und gefühlsbetont in ihrer Ausstrahlung, erstaunlich offen schon im Kindesalter für Farben und Formen, für die Schönheiten der Natur. Intellektuell hatte sie große Schwierigkeiten.« Mit der Einschulung in die unweit des ›Fichtenhofs‹ gelegene Dorfschule begann für Sie ein Schulmarathon, der Ihnen systematisches Lernen für immer verleiden sollte.

Auf meine Schulzeit hatte ich mich sehr gefreut. Doch das änderte sich schnell. Ich war Linkshänderin, aber die Lehrerin verbot mir, mit der linken Hand zu schreiben. Ich war nicht nur enttäuscht, der Links-rechts-Konflikt wurde zum Auslöser all meiner – unüberbrückbaren – Schulprobleme. Ein Neurologe sagte mir einmal, entweder man wird darüber wahnsinnig oder ein Genie. Weil eine vollkommene Umstellung des Gehirns mit dieser Umorientierung einhergeht. Als ich sah, mit welchem Elan mein Freund Bernd neben mir zu schreiben anfing, während ich noch immer versuchte, überhaupt den Bleistift in der rechten Hand zu halten, spürte ich, dass alles ein einziger Misserfolg für mich werden würde. Als sei ich mit einer Lähmung im Kopf geboren worden. Von da an verstand ich gar nichts mehr. In dieser schwierigen Zeit wünschte ich mir, schweben zu können, und glaubte, dass dies möglich sei, wenn ich links und rechts die Arme in den Türrahmen stützen, die Beine heben und dann die Arme loslassen würde. Ich probierte es immer wieder – und war verzweifelt, als ich jedes Mal auf den Boden fiel. Alles geriet durcheinander, und ich merkte, dass irgendetwas nicht stimmte, dass keiner außer mir derartige Schwierigkeiten hatte. In meiner Panik weigerte ich mich, weiter in die Schule zu gehen. Ich verstand die Welt nicht mehr. Heute male ich mit links und rechts, esse mit links und schreibe ausschließlich mit der rechten Hand.

Im Sommer 1948 – Lexi von Alvensleben hatte sich in den GI verliebt und das Land verlassen – wurde der ›Fichtenhof‹ verkauft. Somit stand Ihnen der Umzug bevor. Damals erkrankten Sie an einer leichten Meningitis.
Es könnte sein, dass diese Erkrankung vorgetäuscht war, ein letzter Ausweg, um nicht weiter in die Schule gehen zu müssen. Ich legte mich ins Bett und tat, als könne ich Kopf und Rücken nicht mehr bewegen. Der herbeigerufene Arzt attestierte eine Hirnhautreizung, man brachte mich ins Krankenhaus. Darüber war ich sehr erleichtert, obwohl ich Heime und Krankenhäuser so hasste. Ich tat alles, damit man mich dort behielt. Als mein Rückenmark punktiert wurde, ließ ich es über mich ergehen, die Schmerzen waren erträg-

licher als die Tage in der Schule. Wollte der Arzt meinen Blick kontrollieren, sah ich einfach an ihm vorbei. Wochenlang konnte ich in der Klinik ausharren, ich hätte auch eine Zwangsjacke ertragen. Ich nahm alles auf mich, nur um nicht in die Schule zu müssen.

Unmittelbar nach meiner Entlassung wurde ich erneut in ein Kinderheim gebracht, zur Erholung. Meine Mutter begleitete mich auf der Fahrt dorthin. Viele Stunden saßen wir im Zug. Ich freute mich, einmal mit ihr allein sein zu können. Dann kamen wir an, in Garmisch-Partenkirchen, fuhren zu einem großen Haus mit Blick auf die Zugspitze. Dort, in Gegenwart des Personals, verabschiedete sich meine Mutter sehr schnell, ging zur Tür und kam nicht wieder. Als ich nach ihr fragte, war sie abgereist. Plötzlich saß ich da, umgeben von unzähligen fremden Kindern. Hinzu kam, dass in diesem Heim nicht nur der Unterricht, sondern auch die Schreibtortur weiterging. Zwar konnte ich schon ein wenig mit rechts schreiben, aber der Konflikt war noch immer sehr groß, die nächtliche Angst vor jedem neuen Tag überwältigend.

Ich beschloss, nicht mehr zu essen. Das war sehr anstrengend, fortwährend plagte mich Hunger. Aber ich wollte glaubhaft wirken, wenn ich sagte: »Ich hab so Bauchweh, ich habe keinen Hunger. Ich hab so Kopfweh, ich kann nichts denken.« Bald darauf fand ich mich auf der Terrasse wieder, ganz allein, warm zugedeckt auf einer Liege mit Blick auf die Zugspitze. Anfangs fühlte ich mich wie im siebten Himmel. Nur wusste ich, es würde nicht so bleiben; ich würde wieder zurück in den Unterricht müssen, außer meine Krankheit verschlimmerte sich. Zudem war ich durch meinen Aufenthalt auf der Terrasse völlig isoliert, hatte mit niemandem Kontakt. Schließlich schrieb ich meiner Mutter einen Brief, in dem ich sie anflehte, mich heimzuholen. Als ich daraufhin zur Schulleiterin zitiert und mit Vorwürfen überhäuft wurde, befürchtete ich, meine Mutter würde nie erfahren, wie es mir erging. Es war bekannt, dass die Direktorin des Heims die Briefe der Kinder las, bevor man sie verschickte. Aber dann kam meine Mutter doch und nahm mich mit.

Während Ihrer Abwesenheit war der Umzug nach Bremen erfolgt. Im zweiten Stock eines in der Parkstraße gelegenen Miethauses teilten Sie sich fortan zu fünft drei kleine Zimmer.

Die Gegend war eigentlich ganz schön. Nur stand unser Haus, ein typischer Nachkriegsbau, schnell hochgezogen, hundert Meter von einem Bahnübergang entfernt. Es war scheußlich laut. Man betrat das Treppenhaus – und dachte augenblicklich an ein Krankenhaus. Durch die hässliche Wohnungstür gelangte man in einen kleinen, fensterlosen Raum, der zu den Zimmern führte. Ich teilte mir eines mit den Kleinen, Nona hatte ein winziges Zimmer für sich. Ein größerer Raum diente als Wohn-, aber auch als Schlafzimmer meiner Mutter. Was mir besonders fehlte, war die Natur. Vom Balkon aus sahen wir auf den Hinterhof, ein kleiner ummauerter Flecken Gras. Dort wurde die Wäsche getrocknet. Jeden Tag habe ich mir dieses bisschen Grün angeschaut und mich nach dem ›Fichtenhof‹ gesehnt.

In Bremen war Ihre Mutter nun ganz auf sich gestellt. »Ich hatte keine Ahnung«, schrieb sie rückblickend, »dass meine Psyche derart auf diesen Umzug reagieren würde. Ich erinnere, an einem geliehenen Schreibtisch zu sitzen, links das Fenster zur Bahn, vor mir viele Rechnungen, von denen ich die Zahlkarten ausfüllen musste. Mit meinen Kindern konnte ich mich kaum beschäftigen. Ich organisierte ihre Bekleidung, das Essen, Internat oder Schulen, beaufsichtigte ein wenig ihre Hausaufgaben. Ich glaube, dass es die ersten Monate gut ging, weil es viel zu tun gab, um die Einrichtung leihweise zu beschaffen, die Schulen herauszufinden. Als diese Organisationsarbeit getan war, begann sich eine Glasglocke über mich zu stülpen.«
Meine Mutter ließ sich kaum noch blicken. Ab und zu gingen wir in ihr Zimmer und fanden sie dort liegend, mit diesem grenzenlos verzweifelten, absolut leeren Blick. Sie lag einfach da und drehte an ihren Haaren, an einigen Stellen waren sie schon ganz brüchig geworden. Meist wurden wir von unserem neuen Kindermädchen gleich wieder hinausgeführt.

Meine Angst vor der Schule war in Bremen stärker denn je. Morgens um vier wurde ich wach und begann die Stunden zu zählen, und je heller es wurde, desto näher rückte der Moment, in dem ich die Welt mit dem laut hallenden Kindergeschrei betreten musste. Um zur Schule zu gelangen, musste ich einen unheimlichen dunklen Weg unterhalb der Bahntrasse entlanggehen. Die Schule selbst war ein Backsteinbau mit unzähligen Fenstern. Auf dem Hinweg wurde ich gebracht, meist von dem Kindermädchen, manchmal auch von meiner Mutter. Sie redete dann aber nicht, sondern war ganz in sich versunken. Mir war das egal, Hauptsache ich war bei ihr. Eines Tages, nach etwa zwei Monaten in unserer neuen Umgebung, sagte meine Lehrerin: »Heute habe ich euch etwas Interessantes zu erzählen. In dieser Klasse, mitten unter euch, befindet sich die Tochter eines Mörders!« Wir drehten uns alle um, um einander anzusehen. Wer sollte dieses Mädchen sein? Und wie wir wieder nach vorne blickten, zeigte die Lehrerin mit dem Finger auf mich: »Du da, du bist es!« Das war ein furchtbarer Schock. Alle hielten den Atem an und starrten mich an. Ich rannte hinaus, die Kinder hinter mir her. Ich lief so schnell ich konnte über den Hof, dann weinend nach Hause. Als ich meiner Mutter erzählte, was vorgefallen war, sagte sie: »Es ist ganz anders. Dein Vater ist ein Held, aber das ist eine lange Geschichte, die ich dir erst erzählen kann, wenn du größer bist. Ich verspreche dir, du musst nie wieder diese Schule betreten.«

Spürten Sie, dass Ihnen Unrecht widerfahren war?
Nein. Unrecht? Ich wusste damals mit neun Jahren überhaupt nicht, was das ist. Ich wusste, dass da etwas Dunkles war, das nicht angesprochen werden durfte. Ich verstand, dass meine Lehrerin mich bestraft hatte für das, was ich bin. Und dass meine Mutter ganz anders über alles dachte. Das Schöne und das Hässliche, das Gute und das Böse, das alles sollte in einer Person – in meinem Vater? – liegen, der doch seit Jahren verschwunden war? Es schien mir unbegreiflich.

Jahre sollten vergehen, ehe am 20. Juli 1954 der damalige Bundespräsident Theodor Heuss erstmalig den Widerstand gegen Hitler würdigte. Doch jenes »andere Deutschland«, von dem er sprach, rief auch Ablehnung und Misstrauen hervor. Für die einen galten die

Hitlerattentäter weiterhin als Vaterlandsverräter, andere verachteten sie als nationalistisch und elitär eingestellte Junker, die nach dem geplanten Umsturz keine Demokratie gewollt hätten. Als Vorbilder oder gar Helden sah man sie noch längst nicht. Ihre Mutter drohte unter dieser Last zu zerbrechen.

Mit ihren siebenunddreißig Jahren war sie eine auffallend schöne Frau, aber sie zweifelte am Sinn des Lebens. Für uns Kinder schien sie kaum noch da zu sein. Von Zeit zu Zeit kamen Verwandte – meine Großmutter Lehndorff, Sissi Dönhoff, die Schwester meines Vaters, auch Marion –, um nach ihr zu sehen. Wenn Besuch da war, durften wir nicht ins Zimmer. Wir hörten nur, dass viel geredet wurde. Und spürten, dass allen missfiel, was sie sahen. Es ging das Gerücht, dass meine Mutter in eine Klinik gebracht werden müsse. Wieder hatten wir Kinder große Furcht, sie zu verlieren.

Unterdessen wechselte ich zum dritten Mal die Schule. Ich kam auf eine Waldorfschule. Eine sehr freie Schule, in der man nicht sitzen bleiben konnte. Und den Lehrern ging es besonders darum, unser Vorstellungsvermögen und unsere Kreativität zu fördern. Einmal wurde uns die Aufgabe gestellt, einen Baum so zu malen, wie wir ihn uns dachten. Mein Baum war nicht nur in der Erde verwurzelt, er war die Erde selbst, die in Gestalt eines Baumes emporwuchs. Der Lehrer lobte mich für das Bild. In meiner vorherigen Schule wäre ich dafür getadelt worden, dafür dass ich etwas zeichnete, das nicht der Realität entsprach.

Ich wuchs sehr schnell, in der Nacht hatte ich Wachstumsschmerzen. Beim Spielen auf dem Schulhof fiel ich häufig hin, noch heute habe ich Kieselsteinchen unter der Haut meiner Knie. Aber ich klagte nicht; auf keinen Fall wollte ich von den anderen Kindern ausgelacht werden. Die beiden kleinen Geschwister, Gabriele und Catharina, waren mittlerweile auch eingeschult worden, und Nona lebte in einem hessischen Internat, auf Burg Hohenfels. Sie kam nur noch in den Ferien zu Besuch. Sie ging ihren Weg allein. Sie hatte die Kraft dazu, so empfand ich es damals.

NIEMANDSLAND

Zu den Menschen, die Ihre Mutter besuchten, zählte eine Freundin aus Berliner Tagen, Ursula Gräfin Plettenberg. Jüdischer Herkunft, von Beruf Schauspielerin, war sie vor den Nazis nach Amsterdam geflüchtet, wo sie Franziskus Graf Plettenberg begegnete. Durch seine politischen Verbindungen konnte er ihr helfen zu überleben. Sie heirateten, nachdem sie zum Katholizismus konvertiert war. Nach dem Krieg ließ sich das Paar mit seinen vier Kindern im westfälischen Lohe nieder. Dorthin wollte »Ursel« Ihre Mutter locken, um mit ihr zusammenzuleben. »Diese Entscheidung«, schrieb sie rückblickend, »konnte ich kaum fassen, es entstand ein wochenlanges Hin und Her, bis es dann doch dazu kam. Die Depression nahm ich mit, wurde jedoch durch Ursel sehr erleichtert, indem sie mir die Kinder abnahm.« Ab Sommer 1951 erfolgte schrittweise der Umzug aus der Bremer Wohnung in einen ausgebauten Schweinestall mitten auf dem flachen Land, wo man fortan Tür an Tür wie in einer Kommune lebte: ein Mann, zwei Frauen und eine Schar Kinder, die sich auf ein gemeinsames Leben einließen.

Ich wurde zum vierten Mal umgeschult, dieses Mal in ein Waldorfinternat, Schloss Hamborn bei Paderborn. Von dort schrieb ich meiner Mutter, meinen Schwestern und meinem ehemaligen Kindermädchen lange Briefe.

Vera, 1951

Bleistiftzeichnung, 1952

Liebe Mami! Eben, als ich aus der Schule kam, lag auf meinem Bett Dein so süßer Brief. Ich habe mich so gefreut, dass ich es gar nicht sagen kann. Nun weißt Du ja auch unseren Tagesablauf und was ich gerade mache. Manchmal habe ich etwas Heimweh, aber dann denke ich an Dich und daran, dass ich bald wieder Ferien habe. Wir wohnen ja nicht weit voneinander weg. Bitte hole mich auch einmal ab, wenn ich zwei Wochen hier und ganz eingelebt bin.

Gestern war ich bei Frau Doktor, und sie sagte, ich wäre viel zu groß und zu dünn. Deswegen bekomme ich jeden Mittag und jeden Abend Medizin, damit ich dicker werde. – Gestern und heute hatten wir Musikstunde. Ich sollte vorsingen und mir ein Lied ausdenken, aber ich habe so gezittert, dass mein Stuhl wackelte. Von Rösi (Kindermädchen) bekam ich auch einen Brief und ein Päckchen mit einem Tagebuch. Sie brachte es nicht fertig, jeden Tag etwas hineinzuschreiben. Nun soll ich mein Glück versuchen. – Nona geht es, wie mir scheint, ganz gut. Ich möchte sie sehr gerne sehen … Schicke mir bitte ein Bild von Papi … (29. Januar 1952)

An den Wochenenden fuhren Sie nach Lohe. Wie muss man sich das Haus, die ganze Umgebung vorstellen?

Es war ein Niemandsland. Da waren ein paar frisch gepflanzte Bäumchen, eine Hecke, dahinter lagen Felder. Über eine Asphaltstraße fuhr man auf den Hof. Dort stand, in grauem Beton errichtet, das kleine Gebäude. In einem Zwinger lebten zwei Schäferhunde. Neben dem Haupthaus befand sich ein umgebauter Schweinestall, darin ein Zimmer neben dem anderen. Die Decke war sehr tief, ganz

Vera, 1952

dicht über dem Kopf, und so stümperhaft verputzt, dass sie mir bei einem Besuch mitten in der Nacht fast auf den Kopf gefallen wäre. Ich lag im Bett, als es plötzlich seltsam knisterte. Ich sprang auf, lief aus dem Zimmer, dann kam die ganze Decke herunter, und überall lagen riesige Brocken von Putz verstreut. Neben dem ausgebauten Schweinestall gab es noch eine Scheune, in der zwei Autos standen. Mit einem der Wagen drehte Nona, als sie einmal in den Ferien zu Besuch war, heimlich eine Runde auf dem Hof – und raste prompt ins Scheunentor.

Wie kamen die drei Erwachsenen miteinander zurecht?
Eigentlich waren sie ein gutes Gespann. Sie redeten unentwegt, besonders Ursel, das hatte ich schon in Bremen bemerkt. Ursel war auf ihre Weise faszinierend – eine aparte Person mit eng stehenden dunklen Augen und pechschwarzem Haar. Sie war immer sehr präsent, sehr intensiv, auch mit uns Kindern. In Berlin hatte sie ein aufregendes Leben gehabt, nun saß sie mit Mann und vier Kindern auf dem platten Land, wurde zu einer Art Bauersfrau und war frustriert. Als sie vom Befinden meiner Mutter hörte, wollte sie sicher helfen, aber sie hoffte wohl auch, durch sie ihr Leben verändern zu können. Franziskus war etwas älter als die beiden Frauen, vielleicht Anfang vierzig. Er war sehr autoritär. »Vorwärts!«, herrschte er uns Kinder

immer an und verteilte Ohrfeigen. Er machte mir Angst – allen eigentlich. Die Plettenbergs besaßen diverse Schlösser in Westfalen, das war westfälischer Adel. Franziskus aber hatte nach dem Krieg nur ein Pferd, und er pflügte die Felder selbst. Die Familie lebte in ihrem Häuschen und wir nebenan im umgebauten Schweinestall.

Ursel Plettenberg mochte mich – ich mochte sie auch, weil ich Ballettstunden von ihr bekam. In einem Buch hatte ich Bilder von dem Ballett »Der Feuervogel« gesehen, getanzt von der britischen Ballerina Moira Shearer. Ursel hatte mir das Buch gegeben, denn mein größter Wunsch war es damals, Tänzerin zu werden. Und so improvisierte sie eine Ballettstange, gab mir ihr rotes Trikot und begann, mit mir zu trainieren. Damit hatte sie mein Herz gewonnen. Ich war viel zu groß für Ballett, was ich aber erst später einsah. In Hamburg, wohin wir dann zogen, führte sie Theaterstücke mit uns auf. Einmal war ich der Tod, ein anderes Mal die kleine Meerjungfrau. Ursel machte das gern mit uns. Und wir Jugendlichen liebten sie dafür.

Meine Mutter war fortwährend mit ihr zusammen, aber ich sah nie Zärtlichkeiten zwischen ihnen, aus denen man eine Liebesgeschichte hätte schließen können. Nona hatte mir erst im Nachhinein davon erzählt, weil sie es so mitbekommen hatte.

Eines Tages rief meine Mutter uns zusammen und sagte: »Ich möchte euch einen Brief vorlesen, den letzten Brief von eurem Vater.« Zum ersten Mal erzählte sie uns von ihm. Doch bald wurde es zu einem einzigen Geschluchze. Sie weinte, und wir weinten mit ihr. Die Zusammenhänge verstanden wir nicht. Hingerichtet? Es war alles viel zu viel. Sie schaffte es nicht, den Brief zu Ende zu lesen. Es war ein trauriger Nachmittag voller Tränen und Hilflosigkeit – und danach legte sich über alles wieder das Schweigen.

Ballettposen, 1952

Vera als Meerjungfrau in einem Theaterstück, Hamburg 1954

Dem letzten Willen ihres Mannes folgend, beschloss Ihre Mutter, »eine gute Christin« zu werden. 1953 wurde sie katholisch. Was erhoffte sie sich davon?

Erlösung von ihren Depressionen. Auch wir Kinder mussten konvertieren, mit der Folge, dass ich als Vierzehnjährige nach Lippstadt in eine von Nonnen geführte Ordensschule geschickt wurde. Ich wurde nicht gefragt, ob ich lieber auf dem Waldorfinternat bleiben wollte. Aber ich wehrte mich nicht, denn der Katholizismus erschien mir interessant – Weihrauch, Musik, Gesang, Rituale, sogar Wunder. Das gefiel mir. Nona verweigerte sich alledem und ließ sich konfirmieren. Für mich bedeutete der Wechsel auf die Nonnenschule, dass ich von nun an zu Hause wohnen konnte, wenn ich auch jeden Tag mit dem Fahrrad und dem Zug unterwegs war.

HAMBURG

Sie waren jetzt ein Teenager, mit einer Körpergröße von einem Meter dreiundachtzig und Schuhgröße fünfundvierzig. Einfach war das bestimmt nicht?

Ich hielt mich für ein Scheusal, seit mein Vater mich bei der Geburt als hässlich angesehen hatte. Arme, Beine, Hände, Füße – alles war disproportioniert, ein einziges Desaster. Außerdem hatte ich einen Stecker als Nase und einen viel zu großen Mund. Meine Kleidung suchte ich nicht selbst aus, ich trug, was meine Mutter mir hinlegte. Irgendeinen Faltenrock, dazu eine Bluse oder einen Pullover. Ich hätte so gern anders ausgesehen, wie Nona oder meine Mutter – klassisch, elegant. In den fünfziger Jahren war das Schönheitsideal noch das der feinen Dame, hergerichtet im Kostüm, im Tages- oder Abendkleid, mit Perlenkette, tadellos frisiert. Eigene Vorstellungen von meinem Aussehen hatte ich noch nicht. Ich wünschte mir nur, mein Äußeres ändern zu können.

Wenn ich zu Bällen gehen musste, wollte ich schön sein. Auf keinen Fall wollte ich eine von diesen Adelstrudschen sein. Da man sich auf diesen Bällen außer Floskeln nichts zu sagen hatte, wollte ich wenigstens Eindruck machen. Meine Erscheinung war mir das Allerwichtigste. Mehr noch als ein schönes Kleid fehlte mir ein passendes Paar Schuhe. Meine Füße waren einfach zu lang. »Gut«, sagte meine Mutter eines Tages, »dann lassen wir ein paar Schuhe für dich anfertigen.« Wir gingen zu einem Schuhmacher, es wurde Maß genommen, und fortan wartete ich jeden Tag voller Ungeduld auf das Paket mit den Schuhen. Dann war es da. Der Karton wurde aufgerissen und heraus kamen: zwei Boote! Beigefarbene Verlängerungen meiner Füße, ohne jede Form, übermäßig groß, unmöglich geschnürt. Ich war total entsetzt und begann sofort zu weinen: »Nie werde ich die anziehen, nie im Leben!« Meine Mutter erwiderte genervt: »Wenn du so eitel bist, gehst du eben nicht mit.« Und so geschah es dann auch. Die anderen fuhren zum Ball im Wasserschloss der Grafen Galen, und ich blieb alleine zurück. Ich machte mir eine Eierspeise, legte mich damit ins Bett und war zufrieden. Ich hätte den Abend eh langweilig gefunden. Die Wahl der Schuhe blieb ein großes Problem, bis ich herausfand, dass es Ballerinaschuhe für Männer gab, die mir passten. Das war eine ermutigende Entdeckung.

Der nächste Umzug stand bevor. Noch 1953 beschloss Ihre Mutter, an den Stadtrand von Hamburg zu ziehen, nach Volksdorf, in eine

Vera, 1954

repräsentative Villa aus dem Besitz der Großmutter Mellenthin. Die Plettenbergs zogen mit. Sie blieben vorübergehend in der Klosterschule.

In dieser Zeit wurde ich in Lippstadt bei einer mir fremden Familie einquartiert – in einem Haus ohne jede Atmosphäre. Morgens und abends bekam ich die Mahlzeiten in mein Zimmer gestellt, mittags aß ich bei einer Schulfreundin. Erst fand ich es ganz aufregend, meinte, nun selbständig zu sein. Dann aber kam ich mit diesem Leben nicht zurecht. Ich zog zu meiner Freundin, bis ich dort, wieder scheinkrank, in einem Bett unter einer riesigen Daunendecke versank und meine Mutter erschien, um mich nach Hause zu holen.

Fühlten Sie sich von Ihrer Mutter geliebt?
Dass sie mich liebte, daran habe ich nie gezweifelt. Es fiel ihr nur schwer, traumatisiert wie sie war, diese Liebe umzusetzen und uns zu unterstützen, sodass wir Kinder für eine spätere eigenständige Existenz gewappnet gewesen wären. Sie suchte noch immer den großen Bogen ihres eigenen Lebens, und ihre Erkenntnisse und Einstellungen änderten sich mit den Menschen, mit denen sie zusammen war. Wir Kinder wurden aber nie in ihre sprunghaften Entscheidungen mit einbezogen. Meist wurden wir vor vollendete Tatsachen gestellt.

Weihnachten 1953 verbrachten Sie erstmalig in Hamburg. »Als ich in Volksdorf durch die Haustür schritt«, schrieben Sie in Ihr Tagebuch, »wünschte ich mir sehnsüchtig: Bitte, lieber Gott, lass mich hier glücklich sein!« Auch in der Hansestadt wurden Sie und die Schwestern wieder einer Erzieherin übergeben, kurzzeitig besuchten Sie eine Technische Oberschule. Bald weigerten Sie sich aber, überhaupt aus dem Haus zu gehen. Sie erhielten Privatunterricht ...

... und zwar von einem netten Lehrer. Während dieser Stunden ließ ich mich vollkommen fallen, hörte, wenn er etwas sagte, überhaupt nicht hin. Es war derselbe Stoff wie in der Schule, und ich war genauso desinteressiert. Dann lud er mich zu einer Party ein. Das wiederum fand ich spannend. Am Ende des Abends war ich betrunken und hatte einen Mann geküsst – mein erster körperlicher Kontakt zum anderen Geschlecht. Es waren nur Küsse, aber ich fand es herrlich und wollte gar nicht mehr nach Hause. Sonntags sah ich ihn in der Kirche wieder. Als herauskam, dass dieser Mann nicht nur ein Lehrer für mich war, durften wir uns nicht mehr sehen.

Zu diesem Unglück kam hinzu, dass die Verstrickungen meiner Mutter mit den Plettenbergs langsam auch für mich problematisch wurden. Ursel hatte mich zu einer Art Freundin gemacht, als meine Mutter nun mit Franziskus eine Affäre begann. Auseinandersetzungen folgten unweigerlich, und Ursel benutzte mich in diesen Streitereien. Sie kam zu mir, klagte mir ihr Leid, klagte, wie furchtbar meine Mutter sei, was sie ihr angetan habe und dergleichen mehr. Ursel saß dabei auf meinem Bett und redete unaufhörlich, bis spät in die Nacht. Sie wollte immer, dass ich ihr zustimme, mich gegen meine Mutter stelle, und damit quälte sie mich. Sie war so verzwei-

Haus Volksdorf

felt wegen dieser Affäre, dass es zu sehr dramatischen Momenten kam. Einmal stürzte sie sich aus dem Fenster und musste ins Krankenhaus eingeliefert werden. Zum Glück war das Fenster nicht sehr hoch gelegen. Am Ende hatte Ursel auch ihre Kinder gegen uns aufgebracht, sodass meine Mutter Hals über Kopf beschloss, das Haus in Volksdorf zu verkaufen – in der Eile weit unter dem Wert, das es damals hatte. Wir zogen nach Hamburg-Othmarschen, und meine Mutter war wieder in dem Zustand, den ich aus Bremen von ihr kannte – sehr verstört und weggetreten. Sie konnte sich nicht mehr um uns kümmern, aber irgendwie musste trotzdem alles weitergehen. Die Plettenbergs und ihre Kinder sahen wir nicht wieder.

ENTDECKUNG

Noch vor dem Umzug nach Othmarschen verbrachten Sie die Ferien 1954 allein in London. Erinnern Sie sich?

Es war meine erste Reise ins Ausland. Ich wohnte bei Freunden meiner Mutter. Das Paar lebte in einem der typischen englischen Reihenhäuser. Der Mann war Künstler, und ein bisschen wirkte er mit seinen schwarzen, lockigen Haaren und dem stechenden Blick wie der Schweizer Bildhauer Alberto Giacometti. Er war erotisiert von mir, scharwenzelte um mich herum, skizzierte mich andauernd. Fast fühlte ich mich überrumpelt von so viel Interesse. Einerseits war ich geschmeichelt, andererseits wusste ich überhaupt nicht, wie ich damit umgehen sollte. Gleichzeitig nahm ich aber auch wahr, dass der Horror meiner Kindheit, hässlich zu sein, langsam nachließ. Ich war fünfzehn und spürte zum ersten Mal, dass sich so etwas wie eine Kraft in mir bemerkbar machte. Wenn ich manchmal alleine durch die Straßen der Stadt ging oder ein Café besuchte, entdeckte ich ein neues Interessensgebiet: Würde es mir gelingen, die Blicke Fremder auf mich zu ziehen? Ich suchte nach einem Menschen, der mir gefiel, Mann oder Frau. Es war nicht immer leicht, jemanden, der aus der Menge der Menschen herausstach, zu finden. Der Reiz an dem Ganzen war, eine unsichtbare Verbindung herzustellen, ohne Augenkontakt, ohne physische Nähe. Die fremde Person sollte immer Distanz zu mir wahren. Auf keinen Fall wollte ich dem anderen Anlass geben, mir auf irgendeine Weise nähertreten zu können. Dazu war ich viel zu schüchtern, ich wäre sofort geflohen. Schließlich war ich keine Sexbombe, keine besondere Attraktion, sondern nur ein hochgeschossenes dünnes Mädchen. Mein Spiel war der Versuch, über eine Art von Körpersprache – wie ich schaute, wie ich mich bewegte – die Aufmerksamkeit des anderen auf mich zu ziehen. Der andere durfte zu mir blicken, ich ihn aber nur betrachten, wenn er es nicht bemerkte. Dass mir das ab und zu gelang, war eine Entdeckung. Mein London-Experiment war ein Schlüsselerlebnis, das in meinem späteren Leben immer wieder eine Rolle spielen sollte – ich wusste nun, dass es mir gelang, anziehend zu sein. Eines Tages entdeckte ich Brigitte Bardot auf dem Cover eines Magazins. So ein Gesicht hatte ich noch nie gesehen. Diese blonde Mähne, ungekämmt, wild durcheinander, der große Schmollmund – ich habe lange auf dieses Foto von ihr gestarrt, es ließ mich nicht mehr los. Diesen Frauentyp hatte es bis dahin nicht gegeben. Ein Jahr darauf sah ich Hunderte von Bardot-Imitationen. Ich wunderte mich, woher denn auf einmal bloß die vielen Bardot-Gesichter, -Nasen und -Münder kamen.

Wieder zurück in Hamburg, besuchten Sie nach bestandener Aufnahmeprüfung die dortige Modeschule, die Fachschule für Gestaltung. Es begann ein neues Leben für mich, der Druck der Schule war plötzlich vorbei. Schneidern, Nähen, all das war zwar nicht meine Sache, dafür aber die Malerei. Zu Beginn zeichnete ich ein Semester lang einen einzigen Stein. Im weißen Kittel, das Zeichenbrett vor mir, saß ich jeden Tag von morgens um neun bis in den Nachmittag hinein vor diesem Stein und entdeckte immer neue Details, die ich zuvor nicht wahrgenommen hatte. Ich lernte das Sehen. Zum ersten Mal in meinem Leben hörte ich auch eine positive Bemerkung über mich: »Toll, wie groß du bist, deine langen Beine!« Ich ließ mir eine sehr enge, grau-weiß gestreifte Hose aus Jersey anfertigen, zu der ich

Tuschezeichnung, 1954/55

meine Männerballerinas trug. Ich fiel auf, die Leute auf der Straße lachten über mich, denn kein Mensch lief in einem solchen Aufzug herum, aber es störte mich nicht. Ab und zu schwänzte ich sogar die Schule, fuhr in die Stadt, nur um mir Schaufenster von Schuhgeschäften anzusehen. Ich wollte die Modelle unbedingt ganz aus der Nähe sehen; manchmal war ich dabei so selbstvergessen, dass ich mit dem Kopf gegen die Schaufensterscheibe knallte.

Ostern 1956. Kurz vor Ihrem siebzehnten Geburtstag entstanden die ersten Modefotos für ›Die Hamburger Kinderstube‹, eines der ältesten Kindermodenlabels in Deutschland. Auf diesen Bildern sind Sie in Kleidern und Kostümen zu sehen. Wer hatte Sie auf die Idee gebracht, Modell zu stehen?
Darauf bin ich selbst gekommen, geholfen hatte mir dabei Lexis Schwester, Annali von Alvensleben. Als ich vor der Kamera stand, fühlte ich mich wie verändert. Plötzlich war ich nicht mehr das hässliche Entlein. Früher hatten sie mich »Pippi Langstrumpf«, »langer

Lulatsch« oder »Storch im Salat« genannt. Nun hieß es: »Du bist hübsch.« Wie lange hatte ich mir gewünscht, eine andere zu sein. Und auf einmal genügte ein schönes Kleid – und die Hässlichkeit war verflogen. Alles schien so leicht.

Doch das änderte sich schnell, als ich mich an der Modeschule spezialisieren musste. Ich wählte Stoffentwurf, weil ich dachte, das sei der Malerei am nächsten. Doch mich interessierten keine Muster, sondern Raum, Perspektive, Dimensionen. Nun sollte ich Muster für Tischdecken und Gardinen entwerfen. Auch das noch – Gardinen mochte ich überhaupt nicht. Es war der Abstieg vom freien Malen in einen zukünftigen Beruf. Die Ideen für Stoffmuster gingen mir sehr bald aus. Wieder wurde alles Zwang. Ich wollte mich aber nicht verpflichten, irgendwann einen für mich langweiligen Job zu übernehmen. Der Traum von einem freien Leben schien also wieder ausgeträumt. Nur: Wie sollte ich dann überhaupt das Leben meistern? Ich liebte die Verwandlung, bei mir und im Leben. Ich hatte bemerkt, dass die anderen auf mich reagierten. Wie ich auftrat, was ich sagte, was ich tat – es wurde meistens bestätigt, sogar bewundert und nicht kritisiert. Das empfand ich als Wohltat, da wollte ich weitermachen.

Erste Modeaufnahmen, 1956

Während einer orthopädischen Untersuchung erzählte Ihnen ein Arzt, er könne Ihre Zehen mittels einer Operation um einen Zentimeter verkürzen.

Im ersten Moment dachte ich: das ist ein Märchen, das kann nicht wahr sein. Meine Mutter war gegen einen solchen Eingriff. Auch der Hausarzt warnte, eine solche Operation sei äußerst gefährlich; wenn sie misslänge, könne ich vielleicht nie wieder richtig gehen. Der Zeh sei wichtig zum Abrollen des Fußes. Doch ich hatte mich bereits entschieden.

Wie verlief die Operation?

Sie brachte mir die schlimmsten Schmerzen, vor allem nachts, denn in den Zehen sitzen viele Nerven. Der große Zehenknochen war durchtrennt und gekürzt worden, danach hatte man die Knochenhälften wieder aneinandergefügt. Unglücklicherweise hatte der Arzt in einem der Füße eine Sehne durchschnitten. Daher musste zusätzlich ein langer Schnitt vorgenommen werden, um die Sehne zurückzuholen. Die Schmerzen waren höllisch, zumal es in den fünfziger Jahren noch keine so guten Betäubungsmittel gab wie heute. Nach der Operation griff ich zu einer Stricknadel, die ich extra mitgenommen hatte, um Maß zu nehmen. Ich wollte wissen, wo unter dem Verband meine Zehen endeten. Danach hielt ich meinen alten Schuh daneben und war überglücklich, als ich sah, dass dieser viel länger war. Fast ein halbes Jahr verging, bis ich wieder richtig gehen konnte. Ich musste Gehübungen machen, um die Füße wieder bewegen zu können. Insgesamt gesehen war der Eingriff ein Misserfolg. Doch ich habe die Entscheidung nicht bereut.

Wie haben Sie das Problem später vor der Kamera gelöst?

Ich hatte keine verkrüppelten Füße, wenn Sie das meinen! Wenn man mich barfuß fotografierte, achtete ich darauf, die Füße in die richtige Position zu bringen. Häufig habe ich Briefe, auch Anrufe, von Fußfetischisten bekommen, die meiner Füße wegen total ausgeflippt sind. Sie waren von ihrer Schönheit geradezu hingerissen.

Im Herbst 1957 heiratete Nona, kaum zwanzigjährig, Jan van Haeften, den Sohn des Widerstandskämpfers Hans Bernd von Haeften. Haben Sie je über eine Heirat nachgedacht?

Nein. Als Nona heiratete, hat mich das sehr bedrückt. Weil ich wusste, sie ging fort in ein neues Leben, in ein Ehe-, Familien- und Gesellschaftsleben, zu dem ich vielleicht nie fähig sein würde. Mit einem Porsche sauste sie ins Glück – so schien es. Sie war in diese Ehe sehr jung hineingestürzt. Für mich war die Hochzeit ein Abschied von der Kindheit.

War es Zufall, dass Nona den Sohn eines Widerstandskämpfers heiratete?

Zu Begegnungen zwischen den Kindern der Männer des 20. Juli kam es bei den jährlichen Treffen. Auch wir sind mehrmals hingefahren. Bei einem solchen Treffen haben Nona und Jan sich kennengelernt.

Erinnern Sie sich an einige der Kinder, die Sie damals trafen?

Sie waren alle da: die Hofackers, Trotts, Stauffenbergs, Haeftens und viele mehr. Für mich waren diese Veranstaltungen immer etwas befremdlich, da wir zu Hause auch weiterhin nicht über das Thema sprachen, auch nach den Treffen nicht. Sie gehörten zum Ablauf eines Jahres wie die Schulferien. Jedes Jahr saßen wir plötzlich zusammen, wurden zwei Tage lang mit Geschichte, Vorträgen und Kennenlernen konfrontiert. Danach gingen wir wieder auseinander.

Mit achtzehn ließ Ihre anfängliche Begeisterung für die Modeschule sehr nach. Dafür wurde der Wunsch, schön zu werden, in Ihnen stärker. Ihre Bewunderung galt dem Fotomodell Ivy Nicholson, einer amerikanischen Illustriertenschönheit.

Irgendwann hatte ich sie in der damaligen Modezeitschrift Constanze entdeckt. Ivy Nicholson war hochgewachsen, hatte dunkles Haar und Augen wie eine Katze. Im Vergleich zu deutschen Models wirkte sie sehr apart und exotisch.

Begannen Sie zu erkunden, wie man Aufträge als Modell akquiriert?

Berufliche Ambitionen hatte ich zu dieser Zeit noch nicht. Mein Wunsch war es, mich zu verwandeln. Annali von Alvensleben machte mir Mut, telefonierte mit der Fotografin Charlotte March und arrangierte Probeaufnahmen für mich. Vor dem Termin packte ich ein paar eigene Kleidungsstücke ein, ging in ihr Studio, schminkte mich und ließ mich fotografieren. Auch bei dem Fotografen F. C. Gundlach hatte ich einen Termin. Aber die Testfotos fanden so wenig Anklang bei seinen Kunden, dass er das Material vernichtete.

Als im darauffolgenden Jahr, 1958, eine Mitschülerin ein Reisestipendium für Italien erhielt, beschlossen Sie kurzerhand, sich ihr anzuschließen – ein Schritt, der Ihr Leben ändern sollte.
Weil ich mich beim Entwerfen der Stoffmuster so unglücklich fühlte, wollte ich nur noch eins: fort aus der Schule, fort aus Hamburg, fort aus Deutschland, aus meinem alten Leben. Ich packte meine Koffer und reiste Joy hinterher. Die Zugfahrt nach Florenz dauerte endlos lange, aber von Stunde zu Stunde wurde die Umgebung schöner. Damals gab es noch keine Hochhäuser, kaum Industriegelände,

Testfotos der Fotografin
Charlotte March, 1958

und ich entdeckte wunderbare Landschaften. Es war Spätnachmittag, als ich ankam, die Luft der Toskana war schon sommerlich warm. Joy holte mich am Bahnhof ab, und ich war überwältigt von allem, was ich sah. Gemeinsam fuhren wir mit dem Bus in einen Vorort, wo meine Freundin ihr Quartier hatte. Mit Einbruch der Dämmerung wurde der Himmel indigoblau, auf den Straßen war Leben, die Menschen saßen in Cafés und die Häuser leuchteten ocker-golden im Abendlicht. Ich war hingerissen und überglücklich. So etwas hatte ich noch nie gesehen. Und dann gab es so viel Entgegenkommen, sogar Bewunderung für mich: »Que bella ragazza!«, hieß es, und: »Bella bambola bionda!« Ich zog mir schöne Kleider an, schminkte mich ein bisschen, bewegte mich wie eine Tänzerin, wurde angestrahlt von den jungen Männern. Gleich am ersten Abend gingen Joy und ich in ein Restaurant. Unter den Gästen war Giuseppe, ein besonders gut aussehender Mann. Er schaute mich an, machte mir ein Kompliment. Joy übersetzte es für mich und sagte, ich müsse mich unbedingt dafür bedanken. Ich wunderte mich, weil ich aber dachte, dass es in Italien vielleicht so üblich sei, tat ich dann auch, was meine Freundin mir gesagt hatte. Giuseppe begegnete ich immer wieder, und ich verliebte mich in ihn. Da er kein Englisch sprach, lernte ich Italienisch. Jede Woche kam er aus Venedig nach Florenz, um sein Klavierstudium fortzusetzen; er wollte Pianist werden. In Florenz hatte er eine Wohnung an der Piazza del Vecchio, mit Blick auf den »David« von Michelangelo. Die Wohnung teilte er sich mit einem amerikanischen Studenten, der sich ebenfalls zum Klavierstudium in Florenz aufhielt. Bald sahen Giuseppe und ich uns

Vera, 1958

auch alleine. In Venedig hatte er eine Verlobte; sie wollten bald heiraten. Das machte mich traurig. Wenn er nicht da war, ging ich durch die Straßen der Stadt und sammelte Impressionen für meine Aquarelle, die ich dann zu Hause malte.

Bald stand für Sie fest, dass Sie Ihre Ausbildung nicht beenden würden. Es war nur eine Frage der Zeit, ehe Sie andere Wege gingen. Von Charlotte March wurden Sie, zurück aus Italien, für Sommer- und Bademodenaufnahmen verpflichtet.

Alles war ganz mühelos für mich, es war, als sei es mir längst bekannt. Ich mochte es sofort, das Licht auf mir zu spüren. Damals wurde weniger mit Blitz, sondern mehr mit Scheinwerfern gearbeitet. Ich achtete von Anbeginn darauf, wie das Licht gesetzt wurde. Noch wichtiger war, die richtige Pose zu finden und in dieser stillzuhalten, mal auf dem einen, mal auf dem anderen Bein. Charlotte

Erste Veröffentlichung in der ›Brigitte‹, ausgeschnitten für Veras Tagebuch

March fotografierte oft für deutsche Modezeitschriften wie ›Constanze‹ oder ›Film und Frau‹. In Deutschland hatte sie einen Namen. Einige Monate später bot sie mir an, probeweise für ein Constanze-Cover zu posieren, an einem Wintertag im Schnee. So kam ich am 21. Januar 1959 mit neunzehn Jahren zu meinem ersten Titelbild.

ITALIENISCHES LICHT

Im Frühling 1959 fuhren Sie ein zweites Mal nach Florenz. Sie hatten kein klares Ziel vor Augen, aber die Hoffnung auf Karriere, ob als Mannequin oder in der Kunst.
Vor allem hoffte ich darauf, Giuseppe wiederzusehen. Kurz vor meiner Abreise aus Hamburg rief mich ein Freund von ihm an, um mir zu sagen, dass mich Giuseppe am Bahnhof in Florenz abholen würde. Später stellte sich heraus, dass dieser Freund sich einen

Das erste Titelbild,
›Constanze‹, 1959

Scherz erlaubt hatte. Ich war bitter enttäuscht und traurig, als ich dort alleine stand und lange wartete. Giuseppe sah ich dann seltener. Einmal waren wir noch gemeinsam in Venedig, auch meine Freundin Joy war dabei, und er zeigte uns die Stadt. Danach trennten wir uns. Es war nicht leicht für mich, diese Liebe aufzugeben. Aber dann half mir ein anderes Ereignis, meine Traurigkeit zu überwinden. Ich spazierte durch Florenz, es war mittags, ein gleißendes Licht fiel auf Menschen und Straßen. Ein kleiner Mann mit freundlichem Gesicht, einem umwerfenden Lächeln und strahlenden Augen ging direkt auf mich zu und fragte, ob er mich fotografieren dürfe: Ugo Mulas. Die Art und Weise, wie er fragte, war so angenehm, dass ich ihm sofort vertraute. Er schlug dann vor, gemeinsam zum Palazzo Strozzi zu gehen, da man dort gerade die Winterkollektionen zeige, und wenn die Gelegenheit sich böte, könne er mich vielleicht sogar den Couturiers vorstellen.

Als wir in einen großen Innenhof mit mächtigen Steintreppen gelangten, kamen uns zwei Models entgegen, in wunderschönen Abendkleidern aus schwerem Satin und mit überlangen Röcken, die sie hinter sich her schleiften – fantastische Gestalten mit perfektem Make-up, wie ich sie in Deutschland noch auf keinem Foto gesehen hatte. Dann betraten wir den Palazzo. Der Eindruck war überwältigend. Im ersten Stock war es ganz still, nur ein leichtes Raunen war zu hören. Überall standen Kabinen, abgetrennt mit Vorhängen. Schaute man hinein, waren darin Kleider aufgehängt und Couturiers und Models geschäftig am Werk. Von Zeit zu Zeit bat ein Fotograf zu einer Aufnahme, dann traten die Models hervor. Alles war sehr elegant, sehr diskret. Und die Models waren keine Mädchen, sondern junge Frauen. Die ganze Szenerie stand im größtmöglichen Kontrast zu der Stimmung bei den Shows, wie wir sie heute kennen. Unter den Mannequins, die ich an jenem Nachmittag sah, war auch eine Deutsche. Sie blieb stehen, schaute mich aus der Ferne an und brach plötzlich in schallendes Gelächter aus. Ich war tief beschämt. Warum lachte diese Blondine nur, war ich denn lächerlich? Später erfuhr ich, das es Nico war, Christa Päffgen, die erst als Model, dann als Leadsängerin von Andy Warhols Rockband ›Velvet Underground‹ berühmt wurde und später tragisch endete.

Ugo Mulas, besagter Fotograf, der mich mitgenommen hatte, stellte mich nun Denise Sarrault, einem französischen Topmodel vor, das für den Couturier Hubert de Givenchy lief. Sie war um die dreißig, sehr feminin, mit einem Gesicht wie Greta Garbo – ich war hingerissen von ihr. Denise schlug mir vor, nach Paris zu kommen, nannte mir das Hotel, in dem sie dort lebte. So kam ich quasi von der Straße in eine Welt, die mir wie ein Märchen erschien.

Nachdem wir den Palazzo verlassen hatten, führte er mich zu einer jungen Designerin, die ihr Atelier in einem anderen Stadtteil hatte. Gabriela Giusti war Russin – eine kleine, dicke Frau mit roten Haaren und einem riesigen Mund. Wenn sie lachte, sah man nichts als Zähne. Mit energischem Schritt durchmaß sie ihren Laden, suchte einige Kleider aus, die ich anprobierte und sehr schön fand und in denen Ugo Mulas mich dann auf der Straße fotografierte. Diese Fotos gibt es noch, darauf imitiere ich, was ich bis dahin in Zeitungen gesehen hatte.

Gabi Giusti und ihr italienischer Mann lebten in San Miniato, hinter der gleichnamigen Kirche oberhalb von Florenz. Sie bot mir an, bei ihnen zu bleiben. Das war mein Glück, denn sie wohnten in einem Gutshaus mit vielen Zimmern und weitem Blick über die Hügel – wunderschön. Manchmal, wenn ich alleine war, weil sie in Mailand zu tun hatte, nahm ich den Bus hinunter in die Stadt. Dort traf ich auch Ugo Mulas noch öfter, der mich ab und zu fotografierte. Eines Tages, ich hatte mich nicht richtig vor der heißen Sonne geschützt, bekam ich, während wir Aufnahmen machten, einen Sonnenstich. Der Arzt, den ich aufsuchte, empfahl mir, gekochte Zucchini mit Olivenöl zu essen, und ansonsten nur im Dunklen zu liegen. In jener Zeit war ich wieder einmal allein im Haus der Giustis. Die tagelange Dunkelheit und die Untätigkeit taten mir aber nicht gut. Immer wieder fuhr ich hinunter in die Stadt, ging herum, wusste nicht, wohin mit mir. Ich wurde sehr traurig, magerte rapide ab und wollte niemanden mehr sehen. Ich konnte nicht mehr entscheiden, wie es weitergehen sollte. Nach Deutschland wollte ich nicht zurück, aber in Florenz fühlte ich mich auch verloren. Irgendwann rief ich meine Mutter an. Sie schlug vor, mich auf halbem Wege in Wien zu treffen. Dort lebte Nona inzwischen, mit Mann und Kind. Ich reiste ab, und kurze Zeit später fuhren wir gemeinsam von Wien zurück nach Hamburg.

Nicht lange nach Ihrer gemeinsamen Rückkehr, im Spätsommer 1959, erlitt Ihre Mutter eine schwere Depression.
Nachts konnte sie nicht mehr schlafen, tagsüber kam sie nicht mehr aus dem Bett. Mein eigener Zustand hatte sich seit Florenz ebenfalls verschlechtert, und so saßen wir beide irgendwann nur noch stumm herum. Ich wusch, völlig sinnlos, pausenlos Pullover in zu heißem Wasser, die ich dann völlig verfilzt und auf die Hälfte geschrumpft

Florenz 1960, Foto Ugo Mulas

aus der Maschine holte. Aus Verzweiflung – weil uns nichts mehr gelang – lachten wir häufig über uns. Schließlich ging meine Mutter in eine Klinik, wo sie mit Medikamenten behandelt wurde. Alles wurde trostlos; Catharina, die jeden Tag tapfer zur Schule ging, und ich waren auf einmal nur noch zu zweit. Ich suchte Rat und Hilfe eines Arztes, dem ich einige Monate zuvor auf einem Fest begegnet war. Er war Neurologe und an der psychiatrischen Abteilung der Hamburger Uniklinik tätig. Als er merkte, dass er mir nicht helfen konnte, meinte er, dass es mir sicher gut täte, mich wieder einmal zu verlieben. Eines Nachmittags, es war schon dunkel, bot er sich an, mich nach einem Klinikbesuch nach Hause zu fahren. Im Auto legte er seinen Arm um mich und versuchte mich mit Gewalt an sich zu ziehen. Das gefiel mir gar nicht, ich sah ihn nicht wieder.

Um mir zu helfen, brachten nun Nona und ihr Mann Jan mich zu einer ihnen nahestehenden Familie. Heinrich Trott, der Bruder von Adam Trott, der wie mein Vater wegen des Attentats auf Hitler hingerichtet worden war, wohnte tief im Wald in einem Holzhaus. Es waren wunderbare Menschen, Heinrich und seine Frau, es war schön und verwunschen bei ihnen, aber ich hielt es dort trotzdem nicht sehr lange aus. Ich fühlte mich als Kranke abgestellt.

Ihre nächste Station – im Frühjahr 1960 – war Bad Tölz, Sie konsultierten die dort ansässige Stimm- und Atemtherapeutin Margarete Mhe. Sie war Ihnen von Freunden empfohlen worden. Die alte Dame ließ Sie Bilder malen, Ihre Träume analysieren, half Ihnen, sich langsam zu stabilisieren.

Traumzeichnungen

Die Wochen dort waren eine sehr wichtige Zeit für mich. Ich war nach Bayern gereist und lebte in den Bergen auf einem Bauernhof, der in eine Pension umfunktioniert worden war – fünfzehn Gehminuten von der Praxis von Frau Mhe entfernt. In der Pension hatte ich ein hübsches, kleines Zimmer. Bayern und die Menschen dort, ihr Dialekt und ihr Umgangston, wirkten anfangs jedoch einschüchternd auf mich: Daran musste ich mich erst gewöhnen. Frau Mhe riet mir, nicht lange mit den anderen Gästen zu reden, sondern mich lieber mit mir selbst und meinen Träumen zu beschäftigen, sie zu malen oder spazieren zu gehen. Ihr Ratschlag kam mir sehr recht, so konnte ich, ohne das Gefühl zu haben, unhöflich zu sein, einfach vom Esstisch aufstehen und verschwinden.

Margarete Mhe war Atemtherapeutin und Schülerin des Schweizer Psychiaters C. G. Jung. Wir sahen uns täglich. In ihrer Behandlung lernte ich nach und nach, ruhig und tief in alle Bereiche des Körpers zu atmen: Während der ersten Stunden bei ihr wurde kaum gesprochen. Das war sehr wohltuend. Nach sechs, acht Wochen malte ich ein erstes Bild.

Die alte Dame war klein und rund wie eine Kugel, ihr weißes krauses Haar stand wild in alle Richtungen. Mit kleinen Schritten und leicht nach außen gestellten Füßen stapfte sie zu ihrem gemütlichen kleinen Holzhüttchen, das im Garten eines Bauernhofs stand. Erzählte man ihr etwas, saß sie da wie ein Buddha und sagte: »So, so … – Ach! – Ja? – Ah, wie interessant!« Dabei rieb sie sich sehr eifrig ihre Knie, und ihre kleinen, blitzblauen und wachen Augen blickten dabei munter hin und her. Sie selbst sagte wenig, war jedoch immer konzentriert bei der Sache. Das Befreiende war – sie kannte keine Konventionen. Im Gegensatz zu manchen anderen, die gemeint hatten, ich könne nur im Adel glücklich werden, machte sie mir Mut, nach Frankreich und Italien zu gehen, um mit dem Modeln zu beginnen. Meine Mutter hatte zunächst Bedenken, als sie davon hörte, dies änderte sich aber bald, nachdem sie selbst Margarete Mhe kennengelernt hatte. Die beiden Frauen freundeten sich sogar an, und schließlich beschloss meine Mutter, mit Catharina nach München zu ziehen. Gabriele besuchte unterdessen eine Haushaltsschule, sie lebte nun bei ihrem Großvater Lehndorff auf Röttgen.

Langsam unternahm ich selbst kleine Ausflüge nach München. Es kam der Karneval, und alle redeten davon. Ich dachte nur: Karneval, da ist sie wieder, die andere Welt. Im Haus der Kunst in der bayerischen Landeshauptstadt wurde ein Ball gegeben. Ich beschloss hinzugehen. Ich schminkte mich, trug ein durchgehendes blaues Balletttrikot und setzte mir einen Mob auf den Kopf, so einen langfaserigen Feudel, den ich in einem Haushaltsgeschäft gekauft und anschließend blau gefärbt hatte. Mein Aufzug war ein großer Erfolg. Dieser Verwandlungsakt katapultierte mich zudem ein großes Stück aus meiner desolaten seelischen Lage heraus.

AUFBRUCH

Im Mai 1960 nahmen Sie sich in München ein Zimmer. Sie genossen in den Straßencafés den Frühling, auch eine Liebelei – wieder mit einem Italiener.

Im Gegensatz zu Giuseppe war er ein kleiner Playboy, der einen schnellen Wagen fuhr und ständig um die Häuser zog. Vollkommen oberflächlich. Irgendwie fand ich ihn trotzdem toll. Meist suchten wir abends einen Musikkeller auf, der gerade angesagt war. Es war dort unglaublich laut; riesige Verstärker schepperten einem den gewaltigen Sound entgegen. Ich ging da gern hin, auch allein, um für Stunden wie in Trance zu tanzen und verrückt gekleidet auszuflippen. Einmal wurde ich von einer reichen jungen Frau aus guter Gesellschaft auf der Straße abgefangen und zur Rede gestellt: »Hör mal, wie du dich benimmst, ist einfach unmöglich, das kannst du deiner Familie nicht antun. Es kann auf keinen Fall so weitergehen!« Und ich dachte nur: Von wegen! Und ob das weitergeht, von dir lass ich mir nichts sagen. Ich mache, was ich will. In meinem Zimmer hatte ich die Fenster bunt mit Blumen bemalt, so konnte ich auf die von mir ja gehassten Gardinen verzichten. Bald nach meinem Einzug freundete ich mich mit einer Nachbarin an, einer ehemaligen Burlesque-Tänzerin mit schwarz geschminkten Augen und feuerrotem Haar, die ich wegen ihres exotischen Looks und ihren fünf

Kollektion, Florenz 1963

Vera mit Jetty (links)

Afghanen-Hunden auf der Straße ansprach. Ich mochte die Tiere sofort. So einen Hund wollte ich auch. Eines Tages, als wieder Nachwuchs kam, überreichte mir meine Nachbarin Jade, die ich Jetty nannte. Ich war selig mit ihr. Als meine Mutter nach München kam, zog ich mit Jetty zu ihr. Beruflich hatte ich kein Ziel. Noch nicht. Nona war verheiratet, hatte zwei Kinder, Gabriele machte nach ihrer Ausbildung auf der Haushaltsschule eine Schwesternausbildung, Catharina wurde Goldschmiedin – und was machte ich? Ich entwarf Kostüme für eine Fernsehsendung, versuchte auf diesem Wege eine Anstellung zu finden, aber man nahm mich nicht. Im Grunde wusste ich, dass ich es ohnehin nie ausgehalten hätte, ein Angestelltenleben zu führen. Ich wollte mich selbst darstellen. So gesehen war die Mode die beste Möglichkeit, so wie Margarete Mhe es mir geraten hatte. Ich begann zu verstehen, dass ich meine eigene Widersprüchlichkeit aushalten musste. Wenn ich mich verwandelte, war ich ganz in die Verwandlung versunken.

17. April 1961. Bald zweiundzwanzigjährig, fuhren Sie, die Fotos von Charlotte March im Gepäck, mit dem Zug von München nach Paris. Dort angekommen, setzten Sie sich gleich am nächsten Morgen mit der Model-Agentin Dorian Leigh in Verbindung.

Arrangiert hatte diese Begegnung ein guter Freund meiner Mutter, er kannte sie. Als ich Dorian Leigh zum ersten Mal begegnete, bereitete sie mir zunächst einen etwas kühlen Empfang. Sie erwähnte sofort, der besagte Freund habe ihr angekündigt, das Mädchen – also ich – sei zwar sehr hübsch, aber seiner Mutter könne es nicht das Wasser reichen, die sei nämlich bildschön. So viel zur Begrüßung. Ich glaube, wir trafen uns zunächst in einem Café, dann wurde ich in die Agentur bestellt. Dort wurden Termine mit Fotografen und Zeitschriften gemacht, die zum Teil erfolgreich verliefen.

Dorian Leigh Parker stammte aus den USA und hatte sich wie ihre Schwester Suzy Parker als Model einen Namen gemacht, bevor sie Agentin wurde. Sie hatte etwas Einschüchterndes, auch Zickiges an sich. Als ich sie kennenlernte, war sie nicht mehr jung, die frühere Schönheit war ihr nicht mehr so anzusehen. Im Job wirkte sie auf

Testfoto von Ica Vilander, Paris 1962

mich wie eine Lehrerin. Sie konnte einen mit Bemerkungen sehr angehen, konnte kritisieren, kontrollieren. Aber sie hatte auch viel Humor, einen etwas bissigen Humor. Dorian Leigh war durch und durch Amerikanerin, sehr geschäftig in ihrer Art zu reden. Ich war dagegen ein bisschen langsam; wenn ich zu ihr ging, war dies immer mit Ängsten verbunden.

Kaum zehn Tage nach Ihrer Ankunft in Paris wurden Sie Helmut Newton vorgestellt. »Er war sehr begeistert von mir, möchte viel mit mir arbeiten«, schrieben Sie in einem Brief. Dennoch sollten Jahre vergehen, ehe Sie erneut vor seine Kamera traten.

Bei diesem ersten Zusammentreffen handelte es sich um einen Auftrag für die ›Vogue‹ – Bilder, auf denen ich vor Seidentüchern posiere, ich wirke darauf sehr entspannt. Wir redeten nicht viel, alles lief gut. Helmuts Witwe June Newton, selbst eine Fotografin, erzählte mir vor nicht langer Zeit, ihr Mann sei an jenem Abend nach Hause gekommen und habe gesagt: »Heute habe ich ein ganz besonders schönes Mädchen fotografiert.« Sie sagte, er habe sehr von mir geschwärmt. Damals war von dieser Begeisterung jedoch nichts zu merken. Einige Zeit später organisierte er mir einen Werbejob für ein Haarspray. Ich schrieb meiner Mutter, wie sehr ich mich darauf freute, ich war so stolz, einmal richtig Geld zu verdienen und nicht nur das lächerliche Honorar von ›Vogue‹. Als der Tag gekommen war, ging ich aufgeregt ins Studio, richtete mein Make-up, dann das Haar, hielt jedoch vor Aufregung die Spraydose verkehrt herum und sprühte mir ins Auge. Da war alles hin, das Make-up verlaufen, mein Auge knallrot. Helmut war entsetzt und wütend: »Himmel, bist du blöd!« Dann ging er zum Telefon, rief die Agentur an und sagte: »Die ist zu dumm! Einfach zu dumm! Schickt mir jemand anderes!« Ich musste gehen, konnte den Job nicht machen. Das war ein Schock. Ungeachtet dieser kleinen Niederlagen gelang mir in Paris dennoch ein beruflicher Start. Das habe ich Denise Sarrault zu verdanken, die ich zwei Jahre zuvor in Florenz getroffen hatte. »Ein bezaubernder Mensch, eine große Freundin«, schrieb ich meiner Mutter »Sie liebt mich über alles und tut alles für mich.«

Denise war in meinen Augen eine unglaubliche Schönheit – dieses edle, schmale Gesicht, mit einer perfekten Nase, grünen Augen, einem fein gezeichneten Mund. Sie war intelligent und hatte viel Humor. Ich bewunderte sie sehr. Gleich nach meiner Ankunft nahm ich Kontakt mit ihr auf, zog sehr bald in das von ihr empfohlene Hotel de la Tremoille. Da wohnten wir dann im *chambre de bonne,* sie und ich auf demselben Flur. Oft ging ich zu ihr hinüber. Denise hatte ein großes Zimmer, meines war klein und zum Hof gelegen. Das Bad war für alle draußen auf dem Korridor. Aber es war ein elegantes Hotel, mit livriertem Personal an der Tür und an der Rezeption. Denise kümmerte sich rührend um mich. Normalerweise hilft ein Model dem anderen nicht unbedingt, jedenfalls habe ich es nie wieder so erlebt. In der Modewelt herrscht Konkurrenz. Denise war da anders – vielleicht, weil sie mich mochte und dieses Konkurrenzdenken nicht hatte.

Sie machte mich auch auf den amerikanischen Fotografen Richard Avedon aufmerksam, von dem ich schon gehört hatte. Im Frühjahr 1961 war dieser in Paris, um China Machado, eine sehr schöne Asiatin, abzulichten. Denise war mit China befreundet und bat sie, ein Treffen mit Avedon für mich zu arrangieren. »Wieso?«, sagte China. »Die ist doch hübsch genug, das kann sie alleine machen.« Sie tat mir trotzdem den Gefallen. So erhielt ich die Gelegenheit, ihn zu sehen. Es wurde nur eine kurze Begegnung, er war überhaupt nicht an mir interessiert. Ich war für damalige Verhältnisse zu hochgewachsen, schüchtern und hatte ein Kindergesicht. Avedon war einfach eine Nummer zu groß für mich. Noch. Trotzdem war ich entschlossen, es zu schaffen. Ich lernte viele Leute kennen – Agenten, Schauspieler, Regisseure, Künstler, Couturiers –, und gewann an Sicherheit, lernte schnell mich zu bewegen. Aber ich hatte es nicht leicht. Vor allem meiner Größe wegen. Für die Haute Couture hätte ich kleiner, zarter, dünner sein müssen, und immer gab es das Problem mit den Schuhen.

Im Juni 1961 reisten Sie gemeinsam mit Denise Sarrault nach Saint-Tropez. Kaum angekommen, fuhr Ivy Nicholson an Ihnen vorüber.

Wir saßen in einem Café, und plötzlich sagten alle: »Da fährt Ivy Nicholson!« Sie saß in einem offenen Volkswagen, neben sich am Steuer einen jungen Mann. Sie war ein bisschen schlampig angezogen. Das gefiel mir. Danach begegneten wir Gunter Sachs und Roger Vadim, in den ich mich sehr verliebte. Schon in Paris hatte Denise mir eingeredet, wie gut Vadim und ich zueinander passen würden. Sie liebte es, sich Verbindungen auszumalen. Kaum angekommen in Saint-Tropez, hoffte ich daher, ihm bald zu begegnen. Catherine Deneuve, damals noch dunkelhaarig, hatte ich bereits gesehen; man munkelte, die beiden wären ein Paar. Dann, an einem extrem heißen Tag, bei einem Fest in den Bergen, traf ich tatsächlich Vadim. Er kam allein und setzte sich gleich neben mich. Seine Stimme betörte mich, was er zu mir sagte, klang so poetisch. Ich mochte seine geschmeidige Art, sich zu bewegen, wie eine Katze. Nie zuvor hatte ich eine so starke, so unmittelbare Anziehung empfunden, nie einen Menschen derart sinnlich sprechen gehört. Ich war vollkommen erotisiert und betrank mich, um meine Hemmungen zu verlieren. Nur war ich das Trinken nicht gewohnt, war sehr schnell berauscht und warf ein Glas um, was mir vor ihm sehr peinlich war. Nach dem Mittagessen nahm er meine Hand, ganz ruhig und fest, und zog mich fort. Wir gingen durch einen nahe gelegenen Pinienwald, umgeben vom schweren Duft der Pinien und dem lauten Zirpen der Zikaden in der Hitze. Es hätte erotischer kaum sein können. Wir lagen auf dem weichen Waldboden, und er flüsterte mir mit seiner wunderbar sanften Stimme Zärtlichkeiten ins Ohr. Dann war es abrupt zu Ende, mir schwirrte der Kopf. Ich wünschte mir, dass wir zusammen blieben, aber das Fest war vorüber und wir gingen auseinander. Wir sahen uns in Saint-Tropez nicht wieder, auch nicht in Paris. Oft träumte ich von ihm, er ging mir lange Zeit nicht aus dem Sinn. Es sollte Jahre dauern, bis wir uns wiedersahen. Noch heute kann ich meine Gefühle gut nachvollziehen – Männer wie Roger Vadim sind selten zu finden. Wir fühlten uns voneinander angezogen, aber es sollten nicht mehr als ein paar romantische Momente sein, die wir zusammen verbrachten.

ERSTE REISE NACH NEW YORK

Im Juli 1961, nur drei Monate nach Ihrer Ankunft in Paris, wurden in der französischen ›Vogue‹ Ihre ersten Fotos veröffentlicht. Damit begann für Sie ein rastloses Leben zwischen Flughäfen und Hotelzimmern. Bald wurde Eileen Ford, die damalige mächtigste New Yorker Model-Agentin, auf Sie aufmerksam. Sie sagte Ihnen den Erfolg in Amerika voraus – »we love tall blonds in America«, und Sie glaubten ihr und freundeten sich mit dem Gedanken an, in die USA zu gehen. In Paris fühlten Sie sich unterfordert, es ging Ihnen mit der Karriere nicht schnell genug. Auch schienen die Aufstiegschancen im Gegensatz zu Amerika begrenzt. Wie ließ sich so viel Eifer erklären? Immerhin waren Sie ein Jahr zuvor noch in tiefsten Depressionen gewesen.

So war es immer und wird es wahrscheinlich immer sein: Nach einem Tief, einem völligen Zusammenbruch, bin ich innerhalb kurzer Zeit getrieben, voller Energie, dann nehme ich jede Gelegenheit wahr, um mein Leben wieder in Gang zu bringen. Damals war ich am Start, bereit, nach vorne zu preschen. Ich spürte, dass ich anders war, nicht so recht in die Zeit passte, dass die Fotografen auf mich aufmerksam wurden. Ich ahnte: Eines Tages würde ich stark sein; aber ich stand erst am Anfang. Ausdruck, Make-up, Bewegung, Körpersprache – das alles manifestierte sich noch nicht. Aber ich hatte eine Nische gefunden, in der ich leben konnte. Das Modeln war eine angenehme Art der Flucht.

Am 18. September 1961 erreichten Sie New York. Sie schienen sich entweder auf den Zufall oder Ihr Glück zu verlassen, denn bei Ihrer Ankunft hatten Sie weder einen festen Job noch eine Unterkunft.
Heute kann ich kaum glauben, dass ich einfach so ins Blaue flog. Erst im Flugzeug erkundigte ich mich bei der Stewardess nach einer Unterkunft. Sie nannte mir das Hotel Taft am Broadway in Midtown Manhattan, dort bezog ich dann im sechzehnten Stock ein kleines Zimmer. Viel Geld hatte ich nicht in der Tasche und auch nur eine einzige Telefonnummer – die der Agentur von Eileen Ford. Der Portier des Hotels fragte mich, was ich in der Stadt denn wolle. Als ich

ihm sagte, dass ich Model werden möchte, meinte er lapidar: »You better put make-up on.« Ich schaute mich um und sah, dass alle Frauen ringsum dick mit Make-up zugeschmiert waren.

Noch am Tag meiner Ankunft stellte ich mich bei Eileen Ford vor. Diese warf einen kurzen Blick auf mich und behauptete, mich nie zuvor gesehen zu haben. Doch dann fuhr sie fort: »Aber da du nun mal hier bist – lass dir die Haare dunkel färben. Und zwar schnell.« Wie bitte, dachte ich. In Paris hatte sie doch gesagt, die großen Blonden wären in Amerika erfolgreich. Sie schickte mich zu einem der teuersten Friseure in New York. Hinterher erkannte ich mich kaum wieder: Mein Haar war nun kastanienbraun. Kaum hatte ich mein Geld für einen Friseur zum Fenster hinausgeworfen, gab sie mir den Rat, keine Taxis mehr zu nehmen: »Geh zu Fuß, das ist die beste Art, um abzunehmen.« Sie sagte auch: »You are too fat.« Schließlich schickte sie mich zu einem Anwalt, der mir ein Arbeitsvisum beschaffen sollte. Nachdem ich dann jede Woche zu ihm gegangen war und nach dem Visum gefragt hatte, gestand er mir, Eileen Ford habe nie gewollt, dass ich eine Arbeitserlaubnis erhalte. Von New York war ich begeistert: Die Stadt war verrückt und inspirierend!

Liebe Mami! Ich rase herum wie eine Irre, um Leute zu sehen. Hoffentlich arbeite ich bald!!! Ich mache jetzt schon eine Menge Testfotos. Du kannst Dir diese Menschenmassen nicht vorstellen, die durch die Straßen von New York eilen, manchmal bekomme ich richtig Angst vor diesem Rasen und Hasten der Millionen. Mir geht es aber gut, außer dass ich manchmal verzweifelt bin, dass nicht alles schneller geht. Aber ich weiß, dass ein Unterschied besteht zwischen den Mädchen, die bereits als bekannte Mannequins herüberkommen, und mir, die ich mir erst den Weg durch harte Arbeit erringen muss. Die Fotografen und Magazine sind interessiert an mir, aber nicht an den Fotos, die europäische Fotografen gemacht haben. Sie haben recht! Der Qualitätsunterschied ist enorm! Die neuen Fotos sind unwahrscheinlich gut!!! Eileen ist nun sehr nett zu mir. Einen Abend lud sie mich zum Essen ein. Sie ist unbeschreiblich anstrengend, weil sie ohne Unterlass redet. Sonst geht es mir sehr gut; natürlich ist es im Moment hart für mich, aber ich habe keine Angst, im Gegenteil, es macht mich immer stärker.
(21. September 1961)

Vor allem wollte ich das amerikanische Modelsystem verstehen. In New York war alles anders als in Europa, die Amerikaner hatten ein völlig anderes Schönheitsideal. Es gab viel zu lernen, um den großen Sprung zu schaffen. International berühmte Supermodels, die jeder kannte, gab es seinerzeit noch nicht. Eher Insider-Berühmtheiten, die ich in den Zeitschriften sah oder manchmal in der Agentur. Ich selbst war davon weit entfernt, ich hatte gerade ein paar Test-Shootings hinter mir.

Wie muss man sich diese Test-Shootings vorstellen?
Es gab eine Liste von Geschäften, die Kleider für Testfotos herausgaben. Man holte sich ein Outfit, fuhr damit im Taxi zu einem Studio, zog es an und wurde darin fotografiert. Anschließend brachte man das Kleid zur Reinigung und schließlich wieder zurück in die Boutique. Danach fuhr man erneut los, um das nächste Kleid zu besorgen. Das alles in der Sommerhitze, pausenlos. Am späten Nachmittag musste ich dann in der Agentur auftauchen, um meine Termine für den nächsten Tag zu erfahren. Ich hatte ja kein Telefon in der Wohnung, die ich mir nun – nach meinem Auszug aus dem Hotel – mit zwei anderen Ford-Models teilte. Deshalb musste man persönlich in der Agentur vorbeikommen. Alles ging dort wahnsinnig schnell. Eileen war falsch, ihre Freundlichkeit nur vorgetäuscht. Den Bookern sagte sie: »Am Freitag schmeißt ihr Vera, diese große Deutsche raus, die wollen wir nicht mehr.« Aber eine der Mitarbeiterinnen mochte mich und meinte, man solle mir doch wenigstens ein schönes Wochenende lassen, bevor man mich feuerte. Eileen hatte mich dann erst einmal vergessen, und so gewann ich wieder eine Woche.

Einmal sollte ich mich im Studio von Melvin Sokolsky vorstellen. Sokolsky machte zu dieser Zeit aufregende Bilder. Als ich eintrat, kam mir Ali McGraw entgegen, die damals dort als Empfangsmädchen arbeitete. Sie sagte: »Komm, ich bring dich zu Melvin.« Eigentlich gab man zuerst seine Setcard ab, die Visitenkarte eines Models, die dem Fotografen gezeigt wurde. Danach entschied er, ob er sich das Mädchen genauer anschauen wollte oder nicht. Aber Ali ging zu

Erste Testfotos in New York, 1961/62

Melvin hinein und winkte mir zu, ich solle ihr folgen. Das Studio war unglaublich groß; überall Windmaschinen. Sokolsky fotografierte Badeanzüge vor Sanddünen zu dem Thema ›Laurence von Arabien‹. Der gleichnamige Film mit Peter O'Toole war gerade ein Kino-Hit und beeinflusste die Mode. Als Sokolsky mich sah, fragte er, ob ich Lust habe, beim Shooting mitzumachen. Ich sagte ja, bekam einen Badeanzug und zog vor dem Studioteam eine Show ab. Ich bewegte mich, als würde ich gegen einen Sandsturm kämpfen. Alle amüsierten sich, und mir wurde gleich ein neuer Badeanzug fürs nächste Foto in die Hände gedrückt.

Wie lief es sonst mit den amerikanischen Fotografen?
Sie mochten mich, und sie machten Aufnahmen, die viel besser waren als meine früheren. Aber ich erhielt kein Arbeitsvisum. Ich hatte verstanden, Eileen Ford wollte mich einfach nicht. Aber sie traute sich nicht, es mir ins Gesicht zu sagen. Sie ließ mich weiter zu Testaufnahmen gehen, verschaffte mir aber kein Arbeitsvisum. So kam ich lediglich zu ein paar Abzügen für mein Portfolio. Und obendrein störte mich ihre Forderung, nur sechzig Kilogramm zu wiegen. Ich hatte fünf Kilo mehr.

Da waren Sie bei Ihrer Größe ja klapperdürr ...
Eileen sagte ständig: »Iss hartgekochte Eier, dann hast du keinen Hunger!« Eines Tages wurde es mir zu viel. Da wurde zu allem Überfluss in unser Apartment eingebrochen. Es befand sich im Jewelry District in der 47. Straße, zwischen Fifth und Sixth Avenue – dort, wo New Yorker Juden ihre Schmuckgeschäfte hatten. Die Wohnung lag in einem kleinen, alten und sehr heruntergekommenen Haus. Die Eingangstür war nicht verriegelt. Über eine schmale Treppe gelangte man in unsere Dachwohnung im zweiten Stock. Das Dach war verglast wie ein Atelier, durch die Scheiben waren die Diebe eingebrochen. Als ich eines Mittags zurückkam, sah ich die Tür zu unserer Wohnung einen Spaltbreit offen stehen. Alles war übersät mit Glas, alles war durchwühlt, an den Wänden entdeckte ich schwarze Abdrücke von Händen. Ich machte augenblicklich auf

dem Absatz kehrt und ging hinunter zu einer Telefonzelle, um die Agentur anzurufen. Aber Eileen meinte nur: »Das ist normal hier, das passiert andauernd.« Danach klopfte ich bei den Nachbarn, ein nettes Ehepaar, die die Polizei anriefen. Neues Glas wurde eingesetzt, aber ich konnte in dem Apartment nicht mehr schlafen, hatte wahnsinnige Angst. Immer wieder glaubte ich, Einbrecher zu hören. Es war unerträglich. Schließlich rief ich meine Mutter an und fragte sie, ob sie eine Verwandte oder Bekannte in New York wüsste, bei der ich unterkommen könne.

Im November 1961 zog ich zu einer Freundin von Marion Dönhoff, die auch meinem Vater sehr nahe gestanden hatte. Christa Armstrong, geborene von Tippelskirch, seit 1951 mit dem amerikanischen Verleger Hamilton Fish Armstrong verheiratet. Die beiden besaßen ein Stadthaus, und sobald ich bei ihnen war, fühlte ich mich wie im Paradies. Mitten im Winter gab es Erdbeeren, die ich schon zum Frühstück im Bett mit Schlagsahne verspeiste.

Dort blieb ich aber nur kurze Zeit; da ich nur ein Touristenvisum hatte, musste ich zurück nach Europa. In München besuchte ich meine Mutter, und während der Kollektionen arbeitete ich in Paris, Mailand oder Rom. Mein Hund Jetty begleitete mich.

AGENTUREN

»Ich habe großes Verlangen, an meinen Träumen zu arbeiten«, schrieben Sie am 26. September 1962 in Paris in Ihr Tagebuch. »Es ist der einzige Halt im Meer, den ich habe. Mein Leben geht mir im Großen und Ganzen gegen das, was ich mir eigentlich vorstelle, und ich bin mit Menschen zusammen, die ich nicht für die richtigen halte, aber es ist nun einmal so, und ich muss weiter durch den Schlamm; wenn ich stehen bleibe, versinke ich. Wo ich einmal eingestiegen bin, kann ich nicht wieder aussteigen. Außerdem stelle ich mehr und mehr fest, dass wir selbst nichts machen können, von irgendwoher werden wir gesteuert. Ich kann nur hoffen, nicht nur durch das Dunkel.« Sie hatten in Bayern das Dunkel mit Traumarbeit gebannt. Was bedeuteten die Träume für Sie?

Irgendwie ging es in diesen Traumbildern um Liebe. Damals galt mein Interesse dem italienischen Regisseur Gualtiero Jacopetti, den ich in Rom auf einer Party kennengelernt hatte. Jacopetti hatte etwas sehr Melancholisches an sich – schwarzes Haar, mit hellen Augen und traurigem Blick. Immer wieder erzählte er mir von seiner Liebesgeschichte mit der englischen Schauspielerin Belinda Lee, die 1961 bei einem Autounfall ums Leben gekommen war und die er sehr vermisste. Ich hörte mir das geduldig an, weil ich mir wünschte, dass er sich mir zuwenden würde. Aber er konnte Belinda nicht vergessen. Wir sahen uns öfter, aber es blieb bei meiner Vorstellung von einer Beziehung.

Liebe Mami! Ich weiß auch nicht, was mit mir los ist! Ich fühle mich immer müde, habe keinen Hunger und sehe aus wie hundert. Ringe unter den Augen. Völlig erloschen!! ... Ich werde nach Amerika gehen, nicht zu Eileen Ford, sondern zu Plaza Five, ebenfalls eine sehr gute Agentur. Ich habe mit dem Fotografen gesprochen, der mich schon voriges Jahr dorthin bringen wollte. Damals habe ich wegen der Komplikationen, die Dorian mir machte, nein gesagt. Diesmal ist es mir egal, was Dorian denkt, wenn ich nicht mehr zu ihrer Freundin Eileen gehe. Der Fotograf hat schon alle Fotos von mir abgeschickt, sie kennen mich schon, und er meint, sie werden mich sofort nehmen und gleich in Arbeit bringen ... Domarchi will mir einen Brief für Elia Kazan nach New York mitgeben; er soll sich meiner Karriere annehmen. (12. November 1962)

Wie kam es zu Ihrem Kontakt mit dem französischen Filmkritiker Jean Domarchi?

An unsere erste Begegnung kann ich mich nicht mehr erinnern. Wir trafen uns von Zeit zu Zeit zum Essen. Er schien sehr interessiert an mir und meiner Karriere. Eigentlich verwunderlich, weil ich damals mit Film gar nichts zu tun hatte. Aber er bot an, für mich Kontakte zu den großen Regisseuren – so auch Kazan – herzustellen. Domarchi wollte mich wohl dadurch für sich gewinnen, er war ein sehr einsamer Mensch. Ich mochte unsere anregenden Treffen. Er war sehr intelligent, nur sein kompliziertes Reden über Philosophie verstand ich nicht immer, und das lag sicher nicht nur daran, dass mein Französisch nicht perfekt war. Er war sehr höflich, wahrte die Distanz. Domarchi war kein sehr schöner Mann, ein Intellektueller mit dicken Brillengläsern, leicht verschroben; aber er konnte, obwohl er kein Wort Deutsch sprach, Nietzsche im Original lesen.

Schrieb er Elia Kazan tatsächlich einen Brief?
Ja, und dann traf ich ihn auch, bei einer Produktion in einem New Yorker Büro. Er war sehr freundlich, entgegenkommend, wie die Amerikaner so sind. Allerdings wusste er nicht so recht, was er mit mir anfangen sollte, ich war ja keine Schauspielerin. Kazan schlug vor, mich mit Warren Beatty bekannt zu machen, den ich dann später kennenlernte. Warren war intelligent, äußerst charmant, ein Frauenheld. Wir sahen uns hin und wieder, ein Flirt, mehr war es nicht. Nur weil man ein paar Prominente aus dem Filmgeschäft kennt, bekommt man noch lange keine Rollen.

Wussten Sie, dass Kazan in den McCarthy-Prozessen, im Komitee für unamerikanische Umtriebe, gegen mehrere Künstler ausgesagt, sie denunziert hatte?
Nein, davon hatte ich keine Ahnung. Hätte ich von Kazans Verhalten gewusst, wäre mir das sicher sehr unsympathisch und suspekt gewesen. Kurz nach dem Treffen mit ihm erhielt ich – vielmehr meine neue Agentur – einen Brief von Billy Wilder. Dieser hatte im ›Look Magazine‹ ein Foto von mir gesehen. Marilyn Monroe war gerade gestorben, Wilder hatte ein Filmprojekt mit ihr vorbereitet und suchte nach einer neuen Besetzung. Er schrieb, er wolle sich mit mir in Verbindung setzen. Aber mein deutscher Akzent bereitete dem Ganzen schnell ein Ende.

Erste Modelkarte, 1963

VERUSCHKA – EINE ERFINDUNG

Lief es nun besser für Sie, als Sie das zweite Mal in New York waren?.
Während meines ersten Aufenthalts hatte ich genügend Erfahrungen gesammelt und wusste, was mich erwartete. Dieses Mal hatte ich mir etwas ausgedacht. Ich wollte als eine vollkommen neue Persönlichkeit auftauchen, und zwar mit dem Namen Veruschka, was kleine Vera auf Russisch heißt. Von Anfang an fand ich diese Aktion aufregend – wie ein Theaterstück, das ich selbst geschrieben hatte und nun inszenieren wollte. Es war die Zeit des Kalten Krieges, und Models aus dem Osten gab es fast nicht. Ich dachte darüber nach, wie sich meine Gestalt kleiden, bewegen und artikulieren würde. Ich beschloss, sie ganz in Schwarz auftreten zu lassen, in der billigen Kopie eines Givenchy-Mantels, den ich im Kaufhaus Macy's gefunden hatte, mit schwarzem Filzhut und schwarzen, weichen Wildlederboots, in denen ich zeitlupenartig durch die Straßen von New York zu den Fotostudios schlich. Und natürlich wieder blond.

Woher rührte Ihr Impuls, sich neu zu erfinden?
Ich hatte verstanden: Wenn ich aus der Masse der Models herausstechen wollte, musste ich mich beim Vorstellen oder bei einem Fototermin unvergesslich machen. Ich wollte auftreten wie keine andere, aussehen wie keine aussah. Bevor ich die Tür zum Studio öffnete, sagte ich mir: ›Hat mich der Fotograf einmal gesehen, darf er mich nie mehr vergessen.‹ »Veruschka« war eine Frau, die auftrat, als habe sie Zeit und sei auf Jobs nicht angewiesen. Sie wünschte sich lediglich, mit den besten Fotografen der Stadt zu arbeiten. Wenn nun Fotografen meine Bilder sehen wollten, gab ich daher zu verstehen: »Ich trage meine Aufnahmen nicht mit mir herum – wozu? Ich möchte sehen, wie Sie mich fotografieren!« – Natürlich hatte ich mit meinem Auftritt nicht überall Glück, es gab auch Fotografen, bei denen es nicht funktionierte. Aber bei vielen – Irving Penn zum Beispiel – klappte es. »Würde es Ihnen etwas ausmachen, bei der ›Vogue‹ ein paar Kleider anzuprobieren?«, fragte er. Worauf ich so lässig wie ich nur konnte erwiderte: »That's okay!« Und tatsächlich,

er griff zum Telefon: »Vor mir sitzt ein interessantes Mädchen, ihr solltet sie unbedingt noch heute sehen.«

Im Laufe der kommenden Jahre sollten Sie mehrfach mit Irving Penn zusammenarbeiten. Welcher Eindruck ist Ihnen aus diesen Jahren von ihm geblieben?
Er war ein Typus Mann, wie ich ihn bis dahin nicht kannte. Penn erinnerte mich an den Maler Fernand Leger, beide hatten etwas von einem intellektuellen Truckdriver. Man konnte kaum sagen, dass er besonders entgegenkommend war, eher zurückgenommen, vorsichtig. Wenn er jemanden mochte, zeigte er dies nur verhalten, mit wenigen Worten oder kleinen Gesten. Machte er mir ein Kompliment, wusste ich, dass er gut gelaunt war und sich freute, mich zu fotografieren.

Sehr beeindruckend war sein Wissen über Drucktechniken. Immer wieder kam einer seiner Assistenten mit einem Abzug aus der Dunkelkammer zu ihm, immer wieder gingen die Prints hin und her, immer wieder übte Penn Kritik. Bis zur Vollendung eines Prints war es daher stets ein langer Weg. Penn war der unangefochtene Meister – ein absoluter Perfektionist mit unverwechselbarem Stil und einer starken Autorität. Der engere Kontakt entstand erst später, als Holger Trülzsch und ich ihm unsere Körperbemalungsfotos aus der Serie »Oxydationen« zeigten. Von denen war er so begeistert, dass er einen Termin mit der New Yorker Malborough-Galerie für uns arrangierte.

Als Sie im Winter 1962/1963 für die Agentur ›Plaza Five‹ tätig wurden, verdienten Sie mit Modeaufnahmen 60 Dollar pro Stunde. Zeitschriften zahlten das jeweils verlagsübliche Honorar. Im Falle von ›Vogue‹ waren es zwölf Dollar stündlich. Angesichts der hohen Lebenshaltungskosten in New York waren Sie auf die Hilfe Ihrer Mutter angewiesen. In einem Brief schrieben Sie ihr im Dezember 1962:
Du weißt, es ist mir sehr unangenehm, Dich noch einmal um Geld zu bitten, aber mir ist es noch unangenehmer, jemanden anderen zu bitten. Ich werde wahrscheinlich bald sehr viel verdienen, nur muss ich noch auf meine

Arbeitserlaubnis warten, bevor ich irgendwelches Geld anrühren kann. Das Dumme ist, ich musste mir einen Mantel kaufen, und der kostete 125 Dollar. Ich habe wirklich nach etwas Billigem gesucht, aber etwas anständig Warmes kostet eben so viel. Vom ersten Tag an wusste ich, dass ich hier diesmal Erfolg haben werde. Aber ich gebe zu, ich habe kaum noch etwas in meinem Portemonnaie. Ich weiß nicht, was ich machen soll, wenn Du mir nicht ganz schnell etwas schickst.

Sie sollten tatsächlich bald so viel verdienen, dass Sie sich um Geld nicht mehr zu sorgen brauchten. Noch in diesem Dezember trafen Sie Bert Stern, den modernsten Fotografen von New York – jenen Mann, der wenige Monate zuvor die letzten Bilder von Marilyn Monroe gemacht hatte. Nun ließ Bert Stern Sie im Look der Marilyn Monroe aufreizend lasziv im engen Kostüm, mit Netzschleier, Pillbox-Hut und Glasperlenkette posieren.

Im Rückblick auf die Zusammenarbeit mit Stern notierte ich ein Jahr später in meinem Tagebuch: »In meinem Beruf sehe ich mich als Blonde. Ich spiele diese Rolle gern, es ist ein großer Teil von mir. Blonde Mädchen, die etwas Geheimnisvolles an sich haben, ziehen auch mich sehr an. In New York habe ich Erfolg mit meinem blond gefärbten Haar gehabt. Bert Stern, der in dieser Zeit sehr wichtig für mich war, liebt blonde Mädchen. Ich habe unbewusst versucht, mich ihnen gleichzustellen, um ihm zu gefallen. Oft sagen mir die Fotografen auch, wenn sie mich das erste Mal durch die Kamera sehen, ich habe Ähn-

Erste Kontaktbilder in NY, 1962/63

lichkeit mit Marilyn Monroe. Das Kindlich-Weibliche, das Blonde, das ihr und Brigitte Bardot eigen ist, habe auch ich. Und doch habe ich diese Rolle immer nur gespielt.« Diese Gedanken zeigen, dass ich, auf dem Weg zum gewünschten Erfolg, die richtige Richtung eingeschlagen hatte. Wenn ich vor der Kamera stand und Bert mir Komplimente machte, war ich geschmeichelt. Dass er all diese schönen Frauen fotografiert hatte und nun mich fotografierte, empfand ich als Kompliment. Zudem fand ich ihn als Person sehr anziehend; es war immer aufregend, mit ihm zu arbeiten, die Luft war erotisch geladen. Aber nie geschah, was ich mir wünschte: dass er einmal blieb und sich mit mir unterhielt. Vielmehr eilte er meist mit kleinen, schnellen Schritten nervös umher. Wie die meisten fotografierte er mit Musik. Er arbeitete gern nachts, das fand ich am schönsten. Was mir sehr gefiel, war das Leben in seinem Studio, die vielen Künstler, die dort ein- und ausgingen und die Bert mir vorstellte. Zu ihnen zählte Saul Steinberg, der berühmte Zeichner und Karikaturist. Steinberg war sehr herzlich. Er sah mich an und meinte: »Ich muss Ihnen sagen – ich habe nie zuvor einen so kleinen Kopf, einen Kinderkopf, auf einem so langen Körper gesehen.« Daraufhin lief ich zum Spiegel, betrachtete mich darin und dachte: Er hat recht!

Verwechselten Sie während des Fotografierens nicht Rolle und Realität?
Ich war ein Mensch, der vor der Kamera stand und einen Kontakt zum Fotografen via Kamera entstehen ließ. Eine solche Arbeitsbeziehung kann sehr sinnlich sein. Verwechselt habe ich da aber nichts. Man muss sich nicht vorstellen, dass man dabei am Ende mit dem Fotografen wie selbstverständlich auf dem Boden landet – so wie in Michelangelo Antonionis Film »Blow-Up«. Natürlich ist das möglich, warum auch nicht. Mir selbst ist das nie passiert – eigentlich schade. Wenn die Scheinwerfer ausgehen, bleibt ein Gemisch von dem zurück, was man vor der Kamera kreiert hat. Ein Schauspieler ist nur gut, wenn er seine eigene Persönlichkeit in die Rolle einbringt. Das lernt jeder in einer guten Schauspielschule. Für ein Model ist dies in der Zusammenarbeit mit einem Fotografen sehr ähnlich.

Marilyn Monroe sagt man nach, sie hätte zu leuchten begonnen, wenn sie Scheinwerferlicht auf sich spürte. War das bei Ihnen ähnlich?

Mit dem Licht beginnt eine Performance – und sie endet, sobald es wieder verlöscht und die Realität einen zurückgewinnt. Nur das Foto oder der Film bleibt. Damals bewegte ich mich auf dünnem Eis. Die hellen und dunklen Momente kamen und gingen. Nur in meinen Zeichnungen und Aquarellen zeigte sich, wie ich wirklich empfand. Im Unterschied zu heute war ich in dieser Zeit ausschließlich mit mir selbst beschäftigt und damit, mich aufrechtzuhalten. Doch sosehr ich auch aufpasste, ich stürzte immer wieder ab. Kaum zu Erfolg gelangt, sackte ich wieder ab, schlug auf, landete im Nichts. Ein Psychotherapeut sagte mir einmal: »Sie sind gleich in den obersten Stock gefahren und nicht erst mühsam hinaufgestiegen. Nun sind Sie tief gefallen und müssen den ganzen Weg noch einmal auf beschwerlichere Art hinter sich bringen.« Der Gedanke, es mir leichter gemacht zu haben als andere, belastete mich, es schien mir ungerecht. Alles, was ich wollte, war, frei zu sein. Allein das Gefühl von Freiheit hat mich schon beflügelt. So gesehen war der Modelberuf auch gut für mich, weil er mir die Freiheit – wenigstens die äußere – ließ. Ich konnte mich entziehen, wenn es eng wurde, die Zelte abbrechen und weiterziehen. Hinzu kam, dass man als Model keine Verantwortung trägt. Die Tage sind durch die Agentur vorgeplant, die Reisen und Hotels von den Magazinen organisiert und gebucht. Und Geld zum Leben ist meist auch da. Ich musste mich nur melden – und alles wurde von anderen erledigt. Ein Bankkonto? Ich kann mich gar nicht erinnern, wie ich das damals mit dem Geld gemacht habe. An eine spezielle Bank kann ich mich nicht entsinnen, doch werde ich sicher ein Konto bei einer New Yorker Bank gehabt haben. Jedenfalls hatte ich auf einmal immer genügend Geld in der Tasche, um mich unabhängig zu fühlen.

AUFSTIEG

Was dachten Sie beim Anblick Ihres erstes ›Vogue‹-Titelbilds? Waren Sie euphorisiert, endlich von der ganzen Welt gesehen zu werden? Darum ging es mir nie. Aber ich kann mich noch sehr genau an den Tag erinnern, als ich die ›Vogue‹ in Händen hielt. Ich saß im Taxi, fuhr den Broadway hinunter und dachte an meine Mutter. Wie sie sich freuen würde, dass ich es aufs Cover geschafft hatte! Es war ja nicht irgendeine Zeitschrift. Wer das Business kennt, weiß, was das für ein Model bedeutet.

Nicht viel später kam ein ›Vogue‹-Cover heraus, auf dem ich aussah wie die kleine Vera mit Make-up. Ich trug die gleiche Frisur wie als Vierjährige: eine Haartolle mitten auf dem Kopf.

Ihr Erfolg brachte aber auch eine enorme Arbeitsbelastung mit sich. Zunehmend stellten sich Ermüdungserscheinungen ein. Sie notierten in Ihren Aufzeichnungen: »Jede Minute, die ich für mich allein sein kann, bin ich glücklich. Ich brauche das Alleinsein sehr. Morgen werde ich malen. Ich merke, dass ich kaum mehr leben kann ohne Kontakt zu meinen Träumen.« Mitte März 1963 litten Sie erstmals unter starken Kopfschmerzen. Einige Wochen später zogen Sie sich nach München zurück und begaben sich für längere Zeit in die mütterliche Obhut.

Wenn ich heute versuche, mich an damals zu erinnern, nehme ich eine Erschöpfung wahr und ein Gefühl der Sinnlosigkeit und Leere angesichts all dessen, was ich tat. Von morgens bis abends hatte ich mich an- und ausgezogen, war hunderttausendfach fotografiert worden. Meine Arbeit führte langsam zum Selbstverlust; ich fühlte mich damals immer mehr wie eine Hülle ohne Empfindungen. Dann zweifelte ich an allem und fühlte eine bleierne Schwere. Das Schlimmste aber war die eigene Machtlosigkeit über mich selbst.

Meine Krisen beginnen damit, dass ich mich zurückziehe – alles wird diffus. Die Kontakte nach außen werden mühsam, überhaupt jede Form von Kommunikation. Alles wirkt erdrückend. Der Bezug zur Realität geht verloren. In diesem Zustand blieb mir nur eins: er-

Cover der ›Vogue‹ vom 15. Oktober 1964. Foto Irving Penn ©1964 (Renewed 1992) Condé Nast Publications

neut zu fliehen, zurück nach Deutschland, zu meiner Mutter, mit der ich mich innerlich sehr verbunden fühlte. Sie fing mich auf, setzte alles Mögliche in Bewegung. Sie wandte sich auch an den Psychiater Paul Matussek vom Max-Planck-Institut in München. Er ließ mich mit meiner Zustimmung in eine psychiatrische Klinik einweisen und verordnete mir eine Schlafkur. Zunächst dachte ich: eine Schlafkur? Wie herrlich, das mache ich gern, dann bin ich weg und merke nichts mehr. Bei dieser Kur wird man künstlich in Schlaf versetzt. Therapieziel war, dass ich meine mich quälenden Gedanken vergaß. Nur waren diese, als ich wieder erwachte, genauso da wie zuvor. Ich war völlig benommen vom vielen Schlafen und den Medikamenten. Ich wollte zurück nach Hause, doch das durfte ich nicht. Dann fand ich mich in der geschlossenen Abteilung wieder. Ich begriff: Um freizukommen, musste ich spielen, musste sagen, dass es mir jeden Tag besser ging. Das stimmte zwar nicht, aber dafür war ich erst einmal draußen.

Im Spätsommer 1964 flogen Sie trotz schlechten Befindens nach Indien. Warum?

Diana Vreeland, die Chefredakteurin der ›Vogue‹, und der amerikanische Modefotograf Henry Clarke versuchten mich zu überreden. Und da Wilhelmina auch mitkommen sollte und ich wusste, dass sie mir helfen würde, beschloss ich zu fliegen. Und das war gut so, dadurch kam ich, wenn auch nur vorübergehend, aus der Krise heraus.

Insgesamt waren wir zwei Wochen in Indien. Die Stylistin hatte Unmengen von Kleidern im Gepäck, zum Teil sehr aufwendige Outfits. Wir machten Aufnahmen in Bombay, Jaipur, Jodhpur, Udaipur und im Taj Mahal. Überall auf den Straßen der indischen Städte herrschte größte Armut. Trat man aus dem Hotel, stolperte man geradezu über all die Halbtoten. Die Passanten gingen wie selbstverständlich an ihnen vorüber. Für uns wurde ein Taxi herangewunken, obwohl da einer vor uns auf der Erde saß, ein Wesen aus Haut und Knochen, und bettelte. Wir stiegen ein und sausten davon. Diese Diskrepanz war schockierend. Indien war geprägt von diesem Elend, andererseits war es ein schönes Land, erfüllt von Düften und

Gerüchen, von unglaublicher Farbigkeit – die Schönheit der Menschen in ihren Gewändern, die Stoffe, der schöne Schmuck, alles war eine einzige Pracht. In Jaipur wohnten wir in einem ehemaligen Königspalast. Jede Nacht kamen dort Schlangen die Fassaden hochgekrochen. Wir hörten, wie unten Männer um das Haus gingen, die unaufhörlich die Schlangen von den Mauern schlugen, damit sie nicht in unsere Zimmer gelangten. Wir schliefen dort bei offenem Fenster.

Wilhelmina stand mir zur Seite. Sie hatte alles dabei: Bügeleisen, Stecknadeln, Schuhcreme. Sie war nicht nur hochprofessionell, sie war zudem sehr liebenswert und humorvoll. Aber sie konnte auch rotzfrech sein. Wenn wir wollten, dass man uns nicht verstand, unterhielten wir uns auf Deutsch. Auf Wilhelmina war Verlass.

Trotz Ihres freundschaftlichen Umgangs mit Fotografen und Kolleginnen scheint es sich in erster Linie um Arbeitsbeziehungen gehandelt zu haben. Oder haben sich diese Kontakte später fortgesetzt?

Freundschaften entstanden – und versandeten wieder. Das hatte etwas mit meinem Nomadenleben zu tun. Im Laufe der Jahre habe ich ja nicht nur die Städte gewechselt, sondern auch die Leben. Wann immer ich in einem neuen Umkreis auftauchte, versank leider auch etwas aus der Vergangenheit. Da, wo es eine starke Bindung gab, blieb der Kontakt, auch wenn man nicht ständig miteinander kommunizierte. Freundschaften entwickelten sich bei mir meistens durch die Arbeit an einem gemeinsamen Projekt. Das Model Denise etwa oder Massimiliano, meinen italienischen Freund, habe ich zum Beispiel immer sehr vermisst.

KRISE

Aus Indien kehrten Sie nach München zurück. Die Fotos der Reise waren gelungen und wurden veröffentlicht. Ihr Zustand aber verschlechterte sich, Sie wurden, wie zuvor, von Ängsten und Schlaflosigkeit heimgesucht, der nächste seelische Zusammenbruch kündigte sich an. Ihre Mutter war überfordert.

Im Nachhinein kann ich es ihr nicht verübeln. Menschen in solchen depressiven Phasen sind schwer auszuhalten. Sie sind für diejenigen, die sie begleiten, fast so anstrengend wie für den, der sie erleidet. Meine Mutter konnte, auch wenn sie diese Zustände selbst kannte, damit manchmal nicht umgehen. Sie wollte ihr Leben leben und nicht schon wieder gestört werden. Einmal wurde sie wütend, als ich nachts zu ihr ans Bett kam. »Schlaf jetzt endlich!«, sagte sie genervt. Sie wollte ihre Ruhe, es wurde ihr zu viel.

Und so landeten Sie wieder bei Paul Matussek.
Ich saß ihm wieder gegenüber, er bekam seinen Kaffee serviert, rauchte Pfeife und sagte: »Bitte, fangen Sie an, erzählen Sie.« In dem Moment konnte ich nichts mehr sagen. Solche Gespräche mit Ärzten empfand ich wie ein Verhör. »Wissen Sie«, meinte er schließlich, »Ihre Problematik kommt auch daher, dass Sie nicht in Ihren familiären Adelskreisen verkehren. Sie umgeben sich mit den falschen Menschen. Sie müssen dorthin zurück, wo Sie hergekommen sind.« Da hatte er sich verraten. Das konnte und sollte er nicht mit mir machen. Ich war verzweifelt. An einem Tag, an dem ich allein war, unternahm ich einen Selbstmordversuch, der missglückte. In der Sprechstunde entdeckte Matussek mein verbundenes Handgelenk. Ich hätte es bedecken können, aber vielleicht wollte ich auch, dass er es sah. »Was haben Sie da angestellt?«, fragte er. Und als ich es ihm erzählt hatte, fuhr er fort: »Warum haben Sie es gemacht, als niemand zu Hause war?« »Weil niemand mich daran hindern sollte.« »Dann müssen Sie zurück in die Klinik.« Meine Mutter brachte mich hin. Auf der Fahrt flehte ich sie an, doch bitte umzukehren. Ich ahnte, dass ich dieses Mal länger in der Klinik würde bleiben müssen. Erfahrungen dieser Art sind mit nichts vergleichbar. Ich bestand nur noch aus Panik und Wahnvorstellungen. In späteren Jahren habe ich meine Tagebücher vernichtet, in denen stand, was ich damals fühlte. Einige habe ich in einen Mülleimer der Pariser Métro geworfen, bei anderen Seiten herausgerissen und verbrannt.

Als es mir während dieses Klinikaufenthalts etwas besser ging, kam mich ein Cousin besuchen. Wir gingen zusammen spazieren. Er war sehr aufgeregt und sagte: »Komm, wir unternehmen etwas ganz Verrücktes. Wenn du sterben willst, sterbe ich mit dir. Wir machen das einfach – ist doch gar kein Problem. Wir fahren ein paar Tage weg, nehmen ein Gewehr mit und ziehen das durch. Aber schön sollte es schon sein. Wie wär's am Lago Maggiore?« Gesagt, getan. Kurz darauf holte er mich ab, ich hatte von der Klinik die Genehmigung erhalten, ein paar Tage vereisen zu dürfen. Gemeinsam fuhren wir, ein Gewehr im Gepäck, Richtung Italien. Allein die Idee genügte, um mich befreit zu fühlen. Dass er mit mir aus dem Leben gehen wollte, fand ich total gut. Ich dachte nur: Es will jemand mit mir sterben, und das auch noch an einem wunderschönen Ort. Es kam mir fast wie ein Abenteuer vor. Und so genoss ich sogar auf einmal wieder das Leben.

Wir kamen zum Lago Maggiore; mein Cousin hatte eine Wohnung in Ufernähe gemietet. Aber bis an den See sind wir nie gekommen. Stattdessen saßen wir in dem Apartment, redeten stundenlang, tranken Wein und hatten die schönsten Gespräche. Am Ende fuhren wir wieder ab – ohne dass ein Schuss gefallen war.

Nach Ihrer Entlassung aus der Klinik kehrten Sie zunächst zu Ihrer Mutter zurück.
Wir hatten im Nebenhaus noch eine zweite Wohnung angemietet, in der ich vorübergehend mit meinen Schwestern Gabriele und Catharina lebte. Übers Wochenende waren wir häufig in den Bergen, meine Mutter hatte eine Etage in einem alten Bauernhof gemietet. Auch Lexi kam aus New York zu Besuch, und wir unternahmen viele Ausflüge. Sie wertete und maßregelte nicht, sie war einfach da, das wirkte wohltuend auf mich. Ich begann mich zu erholen.

In den Bergen entstanden auch Traumbilder. Am 7. November 1963 folgendes:
Links auf der unbewussten Seite ein Mann, Bert Stern. Er schaut in den Fotoapparat. Rechts, auf einem Podium, ein schlangenartiges, blondes Mädchen (ich). Ich bin sehr glücklich, dass das Unbewusste zeigt, dass wir wie-

Traumbild

der zusammenarbeiten. Ich brauche sein männlich Schöpferisches in meinem Beruf, um weiblich zu sein. Zu Bert Stern habe ich vielleicht – ohne eine äußere Berührung – den stärksten Kontakt gehabt, den ich zu einem Mann hatte. Er hat mein Schöpferisches ganz hervorgebracht. Ohne Bert Stern wäre ich nie zu dem Erfolg gekommen, den ich in New York gehabt habe.

Es begann eine neue Phase im Leben meiner Mutter; sie hatte nun einen Lebensgefährten, Fritz Schranz. Er war, als er meine Mutter kennenlernte, Mathematiklehrer an einer Schule in München und sehr viel jünger als sie. Diese Tätigkeit gab er dann aber sehr bald auf, um sich intensiv, zusammen mit meiner Mutter, mit Philosophie zu beschäftigen, besonders mit Martin Heidegger. Zusammen mit einigen Künstlern kauften sie den alten Pfarrhof in Peterskirchen, ein uriges, uraltes Haus mit meterdicken Mauern. Dort bereiteten Gottliebe und Fritz die »kunstphilosophischen Aktionen« vor, die jedes Jahr an verschiedenen, stets schönen Orten wie Scala Dei oder Delos mit Studenten stattfanden. Dann sah man sie abfahren, Gottliebe winkend, kaum sichtbar im voll beladenen Wagen. Ich habe sie bewundert, Jahr für Jahr nahm sie diese strapaziösen Reisen auf sich, schlief im Zelt auf Campingplätzen oder einfach im Wald. Und das alles auch noch, als sie weit über 70 war. Der alte Pfarrhof hatte so viel Atmosphäre, dass er Menschen von überall her anzog.

Auf einmal lebte meine Mutter, damals immerhin Anfang sechzig, mit vielen jungen Leuten ein Kommunenleben, sehr zum Verdruss der älteren Familienmitglieder. Dass meine Mutter trotzdem »die Gräfin« auf dem Pfarrhof blieb, war für sie und die Kommunar-

David Bailey, New York 1963, Foto Bert Stern

den selbstverständlich. Das haben die Leute auch an ihr geliebt, denn sie machte das auf eine sympathische Weise. Mit dem bisschen, was sie aus Steinort gerettet hatte – ein paar Kerzenleuchter, Gobelins und das Silber –, schuf sie in den großzügigen Räumen des Pfarrhofs eine besondere Atmosphäre. Sie richtete sich mit von Fritz gebauten Möbeln und einer Bibliothek mit Hunderten von Büchern ein. Durch die Präsenz meiner Mutter wirkte alles perfekt, aber sah man genauer hin, war das meiste billig, alles zusammengewürfelt.

Meine Mutter genoss das Zusammenleben mit Fritz und den anderen jungen Menschen sehr, auch weil es ihr half, sich von Konventionen zu befreien. An manchen Tagen konnte sie sehr heiter und humorvoll sein. Sie ließ sich vollkommen vorurteilsfrei auf andere Menschen ein. Auf dem alten Pfarrhof nannten sie alle nur Gottliebe.

Die Bewohner des kleinen Dorfes Peterskirchen staunten bestimmt, wenn sie Sie zu Gesicht bekamen?

In dem Ort gab es zwei Läden, eine Post, einen Gasthof, eine Bank und die Kirche, damit hatte es sich. Den Gasthof ohne Begleitung zu betreten ging gar nicht. Da saßen die Bier trinkenden Männer. Wenn die mich sahen, machten sie gleich ihre bayrischen Witze über mich, auch wenn ich ganz normal bekleidet war. Für die Dorfbewohner war ich wie von einem anderen Stern. Manchmal kamen Leute und fragten: »Wo ist denn hier der Puff?« Die Leute waren auf diese Idee gekommen, weil Fritz und meine Mutter ihre Fenster von innen mit rosarotem Stoff bespannt hatten, sodass sie abends, bei Beleuchtung, schimmerten wie im Rotlichtbezirk. Auf dem Pfarrhof wohnten Leute wie Paul und Limpe Fuchs – er war bildender Künstler, sie Musiklehrerin –, die laut und ekstatisch Musik machten, oft mit freiem Oberkörper trommelten und sich ›Anima Sound‹, den Namen ihrer Musikgruppe, auf ihre nackten Oberkörper schrieben.

Für mich war der Pfarrhof ein Zufluchtsort, man konnte mich dort nur per Telegramm erreichen. Trotz der Abgeschiedenheit traf ich mit Menschen zusammen, die ich mochte und anregend fand, die auf ganz andere Art und Weise verrückt waren als jene, denen ich in meinem Beruf begegnete.

DALÍ UND DER RASIERSCHAUM

Im Spätherbst 1964 hatten Sie Ihre Krise überwunden. Sie flogen zurück nach New York, unterschrieben einen Vertrag mit einer neuen Agentur, ›Stone Models‹, und nahmen Ihre Arbeit wieder auf. Gleichzeitig hofften Sie, ein ruhigeres, geregelteres Leben zu führen, wie in einem Brief zum Ausdruck kommt, den Sie der Mutter an einem Sonntagnachmittag schrieben:

Habe nachmittags zwei Stunden geschlafen, einen Spaziergang durch den Central Park zum Metropolitan Museum gemacht und mir ägyptische Kunst angesehen, dann gebadet, Nägel gemacht, mir ein kleines Abendbrot zubereitet. Ich bin wieder sehr glücklich in New York, da ich hier viel friedlicher und geregelter leben kann als irgendwo sonst. In der Woche habe ich meine tägliche Arbeit von 10 Uhr bis 19 Uhr, die zwar anstrengend ist, aber mir doch große Freude macht. Abends komme ich dann in mein Apartment, mache die Tür hinter mir zu und bin ganz für mich. Ich habe meine Ruhe und meinen Frieden, den ich mir durch nichts und niemanden nehmen lassen darf. Denn nur so, indem ich das exzentrische Leben mit dem ganz normalen Für-mich-Sein verbinde, kann ich es aushalten und bin bei mir.
(31. Oktober 1964)

Diesmal waren Sie nach Uptown Manhattan gezogen, in ein altes Hotel, das Alden. Dort konnte man sich auf längere Zeit einmieten. Mit einer der Bewohnerinnen, einer deutsch-jüdischen Emigrantin, schlossen Sie Freundschaft.
Hertha Vogelstein war eine ältere Dame und therapeutisch geschult. Sie kannte Gefühle wie Einsamkeit, Heimatlosigkeit, Zerrissenheit. Sie war mir eine treue Zuhörerin und Ratgeberin. »Herta«, so notierte ich einmal, »ist eine ganz besondere Person. Ich sehe sie jeden Abend, wenn ich nach Hause komme. Wir essen dann bei ihr, und ich kann alles mit ihr bereden. Sie ist klug, und es ist angenehm, dass sie mich nicht völlig in Anspruch nimmt, aber doch immer da ist, wenn ich etwas mit ihr bereden möchte. Sie ist vielleicht ein kleines bisschen tandaradei, aber sie ist so sensibel, intelligent und hat so viel Herz, dass mir das ganz egal ist.«

Heute scheint mir an diesem Eintrag bemerkenswert, dass es mir damals offenbar nur um mich ging. Kein einziger Gedanke daran, welche Gefühle Hertha hatte. Sich für das Leben anderer Menschen zu interessieren, dafür hatte ich zu dieser Zeit wohl keine Kapazitäten – ich war ganz und gar damit beschäftigt, meinen eigenen Weg zu finden. Damals hatte ich oft das Gefühl, noch in einer Fruchtblase zu stecken. Ich musste sehr kämpfen, um sicher und selbstständig in der Welt zu stehen.

Doch ich fasste auch Vertrauen, jedenfalls kann ich das aus meinen damaligen Aufzeichnungen herauslesen: »Ich fing gleich am Mittwoch mit ›Vogue‹ an und habe die ganze Woche mit ihnen gearbeitet. Sie sind wirklich alle selig, dass ich wieder hier bin, und ich werde sehr gut von ihnen behandelt.« (New York, 31. Oktober 1964)

»Die Agentur weiß gar nicht, wie sie die vielen täglichen Aufträge für mich unterbringen soll. Trotz der vielen Arbeit bin ich gar nicht angestrengt, fühle mich so gut wie noch nie. New York ist einfach himmlisch, es gibt keine Stadt, in der ich lieber leben möchte. Heute habe ich mir vorgenommen, Schauspielstunden zu nehmen. Ich werde versuchen, in das Actors Studio zu kommen, das Beste, was es dafür hier gibt. Ich habe zugenommen und sehe sehr gut aus.« (New York, 12. November 1964)

»Es ist erstaunlich, was so ein Jahr Leiden, in dem ich mir nichts sehnlicher gewünscht habe, als bloß endlich zu sterben, an schöpferischen Kräften hervorbringt und überhaupt eine so große Freude, dass ich wieder leben kann. Jeden Morgen freue ich mich auf den Tag. Ein ganzes Jahr hatte ich unbeschreibliche Angst vor dem Morgen. Ich habe große Angst, dass ich das vielleicht noch einmal oder sogar öfter in meinem Leben wiedererleben muss. Es kommt mir vor, als würde mich plötzlich eines Tages eine dunkle Gestalt von dem Ort, an dem ich glücklich bin und an dem es hell ist, einfach mit sich ins Dunkel nehmen, und ich schreie zuerst noch, aber dann hört mich niemand mehr. Nach den beiden ersten Malen habe ich geglaubt, dass es, wenn es wiederkehrt, auch wieder verschwindet. Aber das glaube ich nicht mehr so leicht. Ich weiß, ich kann mich dagegen nicht wehren. Wenn es kommt – kann ich es nur annehmen.

Aber ich hoffe so sehr, dass es nie mehr wiederkommen wird.« (New York, 15. November 1964)

Die letzten Wochen des Jahres vergingen. Mit 25 Jahren arbeiteten Sie, so bezeichneten Sie es selbst, wie »ein Schwerarbeiter«. Am Abend des 1. Weihnachtstages trafen Sie zufällig eine Wahrsagerin. Sie schrieben an ihre Mutter:

Die Frau saß in der Garderobe zwischen allen Mänteln – eine kleine, etwas verkrüppelte, eher hässliche Frau. Sie sprach überhaupt nicht von Zukunft oder Vergangenheit, sondern versuchte, mich intuitiv als Persönlichkeit zu erfassen. So sagte sie, als ich hereinkam: ›Sie sind etwas ganz Besonderes. Sie sind wie niemand.‹ Dann fragte sie mich nach meinem Geburtstag und rechnete ein bisschen herum: ›Sie haben die Zahl 5 – das ist die Zahl der Genialen.‹ Sie meinte, ich sei durch und durch schöpferisch, würde immer Neues schaffen wollen. Auch, dass ich einer der ganz modernen Menschen sei, Freiheit bräuchte, viel Platz. Weiterhin prophezeite sie mir, dass ich viel tanzen und in vielen Ländern bekannt werden würde, dass ich an das Unvorhersehbare glauben müsse, darauf sei mein Leben aufgebaut – ebenso an Wunder, an Dinge, die passieren werden, die ich mir gar nicht vorstellen könnte. Zum Schluss sagte sie, ich müsse sehr mit meiner Zeit aufpassen, ich dürfe nicht zu viel wollen und zu viele Dinge auf einmal machen, sonst geriete alles durcheinander und ich verlöre mich. Heiraten sei nicht so wichtig, ich würde eher einzelne Freundschaften pflegen. – Das alles klang interessant. Die Wahrsagerin hatte mir mein Wesen in Kurzfassung erklärt.

Wie denken Sie rückblickend über diese Weissagungen?
Ich kann mich noch heute darin wiederfinden. Ich bin drei- oder viermal bei Wahrsagern gewesen und habe von ihnen nicht mehr über mich erfahren, als ich ohnehin schon wusste. Diese erste Wahrsagerin aber war anders, sie ist die Einzige, an die ich mich noch erinnere. Weil sie ein Bild von mir entwarf, das Teile meines Selbst zeigte. Wer ich wirklich bin und wie ich leben sollte, um meine Kräfte maximal zu nutzen und meinen Weg ohne Angst alleine zu gehen, weiß ich erst seit einigen Jahren.

Mit Dalí in Port Lligat, 1965,
Fotos Peter Beard

Am Neujahrstag 1965 schrieben Sie der Mutter von einem »Geliebten«, den Sie als »Genie« bezeichneten. Wer war das?.

Das weiß ich nicht mehr. Der Mann gehörte sicher zu einem meiner kleinen Euphorieanfälle. Ob ich damit den Schauspieler William Rothlein gemeint haben könnte? In William war ich jedenfalls sehr verliebt, auch wenn er kein Genie gewesen ist. Unsere Beziehung dauerte nur wenige Monate. In dieser Zeit lebten wir gemeinsam in meinem Hotel. William war Salvador Dalí in einer Schlange vor einer Kinokasse begegnet. Dalí war sofort von ihm fasziniert, weil er ihm ähnelte. Er sah aus, wie Dalí als junger Mann ausgesehen hatte. Dalí sprach ihn an und lud William zu sich ein. Bald wich William nicht mehr von seiner Seite. Er bekam Geld, wurde angezogen, begann Dalí zu imitieren: Er sprach wie er, bewegte sich wie er, benahm sich auch so. Dalí meinte, er sei seine Reinkarnation, und nannte ihn – aus den Buchstaben seines eigenen Namens – ›Adil‹. Adil war sehr gelehrig, auch schön, ich hatte ihn sehr gern, nur war er eben nicht Dalí und besaß nicht dessen Begabungen. Aber er spielte ihn toll, sehr elegant, unterhaltsam, mit viel Humor. Dann wurde er auf eine Schauspielschule geschickt, es sollte ein großer Darsteller aus ihm werden. Für Adil war das alles furchtbar schwierig. Denn auch Gala war total hinter ihm her. Zu ihrer linken Seite saß von nun an die junge Version Dalís, zur Rechten das Original. Gala fühlte sich

Peter Beard, Veruschka und Dalí in Port Lligat, 1965

wie im siebten Himmel. Sie versuchte, alle aufregenden Jungs, die Dalí um sich scharte, zu ihren Liebhabern zu machen. Ich weiß nicht, ob auch Adil zu ihnen zählte, aber er musste ständig etwas mit ihr unternehmen. Als er nicht mehr tat, was Dalí von ihm verlangte, ließ dieser ihn einfach fallen, war nicht länger interessiert. Adil hat lange Zeit darunter gelitten, weil er nicht mehr wusste, wer er war. Er spielte dann in einigen Filmen mit, wurde aber – so viel ich weiß – kein Star. Irgendwann, zwanzig, dreißig Jahre später, traf ich ihn durch Zufall in New York auf der Straße wieder. Fast hätte ich ihn nicht erkannt. Er war wieder William Rothlein geworden.

Welche Erinnerungen haben Sie an Salvador Dalí?
Dalí war wirklich ein Wesen vom anderen Stern. Wo immer er erschien, war er der absolute König. Entsprechend war er gekleidet – mit langem, ausladendem Mantel und seinem berühmten Stock mit Silberknauf. Wenn er einen Wagen brauchte, haute er damit einfach auf ein Taxi und stieg ein – herrlich! In New York wohnten er und Gala stets im St. Regis, einer Traumwelt mit seltsamen Gestalten – Exzentrikern wie Peter Beard, kuriosen Erscheinungen und schönen, amüsanten Frauen. Dort saß ich wartend in der Hotelhalle, bis Dalí irgendwann mit leuchtenden, weit aufgerissenen Augen, seinen sehr abrupten, theatralischen Gesten hereingeweht kam und mir ein

»Bonjour, bonjooouuuur...« entgegenhauchte. Er sagte es immer zweimal, in jedem Land, zu jeder Tageszeit: Bonjour, bonjooouuur – so wie andere Leute sich Wangenküsse geben. Wenn er wollte, war er ein großer Clown. Sobald er aber seine Ruhe wünschte, passierte gar nichts mehr. Dann saß man im Restaurant an einem langen Tisch und Dalí thronte am Kopfende und schwieg. Saß ich neben ihm, erzählte er mir ganz leise auf Französisch irgendwelche Geschichten, meistens ziemlich banales Zeug, aber er tat mächtig interessiert: »Oh, was ich gerade gesehen habe – quelle Limousine!« Wir hatten einen Geheimcode: Sagt er »Limousine«, meint er Penis. Wenn er sich langweilte, begann er mit Worten zu spielen. Gefiel ihm eines besonders gut, betete er es unaufhörlich in sehr eigener Manier herunter: »Butterflyyyiiiiiiiiiiiiii! – C'est très jolie.« Bei jedem iiii fuchtelte er mit seinem Finger in der Luft rum. Dalí war grundsätzlich von allem, was er sagte oder tat, höchst begeistert. Selbstzweifel kannte er nicht. Menschen in ihrer Erscheinung zu studieren bereitete ihm großes Vergnügen. An Nena von Schlebrügge – eine Schönheit und Mutter von Uma Thurman – liebte er die Augen. Auch sie war Model und häufig in seiner Gesellschaft anzutreffen. Als sie sich einer Augenoperation unterziehen musste, übernahm er die Kosten. An mir liebte er die Hüftknochen, die langen Arme. In Holger (der Künstler Holger Trülzsch) sah er den David von Michelangelo. Dalí hatte sehr ungewöhnliche Vorstellungen von den Menschen. Auch an ihm selbst war nichts gewöhnlich, durfte es auch nicht sein. Er sagte, sein Schnurrbart sei seine Antenne zur Welt – wie die Fühler bei den Insekten. Einmal – wir waren alleine –, fragte ich ihn nach Frauen und Sex, da ihn dieses Thema immer brennend interessierte. »Oh, nein – ich?!«, antwortete er in leisem Singsang. »An der Spitze meines Penis befindet sich ein blütenförmiges Gefäß. Wenn es bei mir so weit ist, füllt sich dieses an, und so wird daraus eine wunderschöne weiße Blume.« So war er. Nichts durfte bei ihm wie bei anderen Menschen sein, dagegen wehrte er sich mit einem entschiedenen »Oh non, oh non!«. Und wenn er sprach, wurde alles genauestens prononciert, mal ganz leise, dann geflüstert, dann wieder laut, in verschiedenen Stimmlagen. Alles an ihm war Spiel, immerzu.

Salvador Dalí, Rasierschaum-Performance,
New York 1964, Fotos Peter Beard

Hatte er auch natürliche Züge an sich?
Nein, Dalí hielt immer Hof, benahm sich stets entsprechend, meist gab er sich amüsiert. In Gesellschaft wirkte er wie ein clownesker König, blickte um sich, zog Fratzen. Wenn wir Blicke tauschten, warf er mir eine Kusshand zu, das war es schon. Nur wenn man mit ihm allein war, erzählte er von Zeit zu Zeit interessante Geschichten.

Als ich ihn in Cadaqués besuchte, schenkte er mir jeden Abend eine weiße Lilie, damit ich so geschmückt an seiner Seite durch den Ort spazierte – begleitet von Peter Beard, der britischen Sängerin Amanda Lear und einem Angestellten, den alle nur »Capitano« nannten und der immer einen Ozelot an der Leine führte.

War es diese Exaltiertheit, die ihn anziehend machte?
Vor allem war es seine Genialität. Eine Begegnung mit einem solchen Menschen ist ein großes Glück; es ist absolut außergewöhnlich und selten. Er war ein großer Künstler, seine Malereien waren stilbildend. In Cadaqués fertigte er von mir mehrere Zeichnungen an –

Studien für ein Bild, an dem er gerade arbeitete. Er zeichnete auch immer wieder in einen Bildband hinein, den er mir einmal geschenkt hatte. Zu den Sitzungen musste ich ihn immer mitbringen. Leider wurde er später aus einem verschlossenen Keller im Hotel Alden, in dem meine Sachen in Koffern lagerten, wenn ich auf Reisen ging, gestohlen. Einmal überreichte mir Dalí ein wunderbares Geschenk: ein Instrument, eine Art Klarinette, die nur in Katalonien zu finden ist. Ich hatte den Klang dieses Instruments gehört, als wir durch einen kleinen Ort fuhren, an dem Tag, als Dalí Holger und mir sein Museum zeigte. Ich konnte diese Musik nicht mehr vergessen. Immer wieder sprach ich davon. Zum Glück ist mir dieses Geschenk erhalten geblieben.

Einmal – wir waren in New York – hatte sich Dalí eine »Shaving-Creme-Performance« ausgedacht. Für ihn war es beschlossene Sache, dass wir diese Aktion gemeinsam machen. Ein Kunsthappening mit ihm wollte ich mir natürlich auf keinen Fall entgehen lassen. Dafür zog er sich einen weißen Mantel an, und vor laufender Kamera des litauischen Filmregisseurs und Schriftstellers Jonas Mekas zog er eine große Show ab.

Dalí zeichnet Veruschka, Port Lligat 1965

Es war zu dieser Zeit Frühjahr, es herrschten aber noch fast winterliche Temperaturen in New York. Am Rande des Hudson River, unter einer alten Stahlbrücke, wurde ich von ihm, sehr zur Freude der Schaulustigen, von Kopf bis Fuß mit Rasierschaum eingesprüht, um als lebende Skulptur zu posieren. Während ich fast unbekleidet und zitternd in der Kälte stand, mühte sich Dalí im wehenden Umhang ab, mir den Rasierschaum Dose um Dose auf den Körper zu sprühen. Weil der Schaum jedoch nicht haften wollte, wurde die Aktion nach einiger Zeit abgebrochen und in einem Atelier wiederholt. Dalí war euphorisch und verrückt, gerade das gefiel mir sehr an ihm. Durch ihn habe ich etwas für mich sehr Wichtiges gelernt: den Körper als Instrument für die Kunst einzusetzen.

Wie haben Sie Gala in Erinnerung, Dalís Frau?
Die beiden waren ein seltsames Paar. Gala beeinflusste ihn, ohne sie machte er gar nichts, besonders wenn es um Kontakte ging. Sie stellte Verbindungen her, unterband sie auch wieder. Um Frauen kümmerte sie sich meistens nicht, um die jungen Männer hingegen umso mehr. Für Dalí war Gala die Göttin, für sie war er nur ›Le Divine‹, der Göttliche. Allerdings nannte er sich auch selber so. Wo immer er hinkam, sagte er: ›Le Divine est arrivé‹.

Als Dalí einmal in New York war und ich mich noch nicht bei ihm gemeldet hatte, ärgerte sie das sehr. Da rief sie mich im Hotel an und sagte auf Französisch: ›Der Göttliche ist seit Tagen in der Stadt – und Sie haben noch nicht ein Mal angerufen!‹.

Sie waren anderweitig beschäftigt. Sie spielten mit einem Handwerker, dem Sie während Ihrer Schauspielstunden begegnet waren.
Es war kein Spiel, auch keine große Liebesaffäre – wir mochten uns und erkundeten gegenseitig unsere verschiedenen Leben. Dieser Mann hatte sehr viel Energie, arbeitete tagsüber auf einer Baustelle und besuchte abends die Schauspielschule – das bewunderte ich. Ich mochte ihn, weil er unkompliziert, unverklemmt und sehr direkt war. Mit ihm zusammen zu sein war erholsam, wenn man den ganzen Tag mit der Fashion-Welt zu tun hatte.

DIANA VREELAND

Als Sie Michelangelo Antonionis Film »Die rote Wüste« mit Monica Vitti sahen, wollten Sie unbedingt mit ihm arbeiten. Was interessierte Sie an diesem italienischen Filmregisseur?
Antonioni machte psychologische Filme, das fand ich faszinierend. Er brachte zum Ausdruck, was ich oft empfand und beobachtet hatte – dass die Menschen, selbst wenn sie miteinander redeten, eigentlich beziehungslos sind.

Unterdessen gab es in Deutschland erste Zeitungsmeldungen über Ihren Erfolg. Am 7. Februar schrieb ›Die Welt‹: »Zwei deutsche Mädchen sind zurzeit die Stars unter den amerikanischen Mannequins: Brigitte Bauer aus Berlin und Vera – Veruschka – Gräfin Lehndorff.« Kurz darauf berichtete auch ›Der Spiegel‹ über Sie. Dazu ein weiterer Brief an Ihre Mutter:

*Deutschland ist das Land, wo ich geboren bin, aber ich muss Dir, abgesehen von dieser dummen Geschichte im Spiegel, sagen: Wenn ich Euch nicht hätte, käme ich ungefähr nie mehr nach Deutschland zurück. Es ist wirklich das einzige Land, das mir zum Leben unerträglich scheint. Nichts, was mich anregt, nichts, was mich schöpferisch sein lässt, aber auch nichts! Ich denke nur mit ziemlichem Grauen an Deutschland. Ein Gefühl von Übelkeit habe ich dabei. Ich sehe graue Kleinbürgerlichkeit, keinen Charme, keinen Sex, keine Schönheit, nur dicke Leute, Mercedes-Benz, fette Brathendl, spießige Sonntagsspaziergänger mit Pudeln und zu alledem Hochnäsigkeit, Wichtigtuerei, Humorlosigkeit. Wenn sie wüssten, wie man hier, wenn überhaupt, über sie spricht. In Amerika ist der Ruf der Deutschen wieder am selben Punkt angelangt wie nach dem Krieg. Ich informiere mich immer bei dem Mann von Brigitte Bauer, der hier UNO-Diplomat ist. Er sagt, seine Hauptbeschäftigung bestünde darin, zu versuchen, nicht allen Mist, den Deutschland so herauslässt, an die hiesige Presse gelangen zu lassen, um nicht alles noch zu verschlimmern. Deutschland müsste endlich einmal verstehen, dass es in der Weltpolitik nichts Wichtiges mehr zu melden hat.
(New York, 23. März 1965)*

Gut zu sprechen war ich in dieser Zeit auf Deutschland wirklich nicht, aber es mangelte mir an Selbstvertrauen, meine Meinung offen zu äußern. Ich fürchtete Kritik, mit der ich nicht hätte umgehen können. Ich wollte gefallen, das war ein Fehler. Darum konnte ich zwar in einem Brief, nicht aber der Presse gegenüber Stellung beziehen. Mit politischen Auseinandersetzungen war ich nicht vertraut. In meiner Familie war nach dem Krieg jeder damit beschäftigt gewesen, seine eigene Existenz aufzubauen, und in den Schulen war Politik ein Tabu gewesen. Und die Modewelt? Na ja, da dachte man an Mode und sonst nichts. Ich wusste damals nur, dass ich in Deutschland nicht sein wollte.

Im März 1965 reisten Sie in Begleitung von Henry Clarke erstmals nach Rio de Janeiro.
Clarke fotografierte damals Mode von Paco Rabanne und Courrèges: Abendkleider, Badeanzüge, Miniröcke. Ich ging in meinem Narzissmus auf, darin, dass mich alle so schön fanden. Ich hatte ein großes Nachholbedürfnis! Der brasilianische Sänger und Komponist Jorge Ben komponierte den Song »Quase Colorida (Verushka)«, der allerorts gespielt wurde. Zwar war ich gern in Brasilien, aber ich sah auch, was in den Favelas vor sich ging. Einmal sprangen Männer aus einem Auto, griffen sich zwei Kinder, zerrten sie auf den Rücksitz. Es waren Straßenkinder, die bettelten oder mit Drogen handelten. Genau genommen waren diese Modereisen immer eine ziemlich reaktionäre Angelegenheit. Das hatte ich schon in Indien erlebt. Man war mit überdimensionalen Koffern voller Kleidung unterwegs, wohnte in Luxushotels, und draußen vor den Türen herrschte Armut.

In dieser Zeit vertiefte sich Ihre Beziehung zu Diana Vreeland, der Chefredakteurin der amerikanischen ›Vogue‹. Sie lud Sie zu privaten Gesprächen in ihr Apartment ein, ließ Ihnen in der Ausgestaltung Ihrer Arbeit zunehmend freie Hand. Bis heute gilt Diana Vreeland (1903–1989) als die erste Moderedakteurin, die als solche Berühmtheit erlangte. Vreeland machte die Mode ihrer Träume. Ein Credo, das auch auf Ihre Arbeit zuzutreffen schien.

Vielleicht, aber Vreeland war anders als ich, viel exzentrischer. Sie lebte für die Schönheit, für ihren Begriff von Schönheit. Vreeland liebte Symmetrie. So trug sie beispielsweise eine vollkommen symmetrische Frisur. Ein Seitenscheitel, ein Kleid mit einer freien Schulter – so etwas ging bei ihr gar nicht. Ihr Redaktionsbüro war ganz in orientalischem Rot und Zebramustern gehalten. Dort saß sie an ihrem Riesentisch, immer höchst konzentriert. Wenn sie wollte und gut gelaunt war, blickte sie über den Rand ihrer Brille und sagte, nach langer Pause: »Hellooooo, Darling.« Sie konnte auch hart im Umgang mit anderen sein. Der Fotograf Franco Rubartelli stellte ihr von Zeit zu Zeit junge Models, die ihm gefielen, vor. Einmal war ich dabei. Vreeland sah eines der Mädchen an und sagte: »Open your legs!« Das Mädchen verstand nicht, konnte kaum Englisch. Vreeland wiederholte: »Spreizen Sie Ihre Beine!« Das Mädchen blickte zu Franco, der nun auf Italienisch übersetzte, aber sie verstand noch immer nicht. Da schoss Vreeland auf sie zu, rammte ihr den Fuß zwischen die Beine: »So geht das!« Das war's dann.

Eher komisch war es, als wir 1966 eine ganze Nacht hindurch Outfits für eine Reise mit Richard Avedon nach Japan anprobierten. Auch da war es äußerst schwer, sie zufriedenzustellen. Als wir in den frühen Morgenstunden gingen, meinte sie: »Geht sofort ins Bett, kommt aber nicht auf die Idee, auch noch Sex zu haben!« Da kündigten dann doch einige der Redaktionsmitglieder, und ich dachte nur: Mensch, für die möchte ich auch nicht täglich arbeiten. Vreeland war immer in einer Art Ekstase, wenn es um die nächste Ausgabe ging, das verbreitete sie auch überall – ähnlich wie die ihr nachempfundene Figur der Maggie Prescott aus dem Film »Funny Face – das rosarote Mannequin« (1957). Wenn sie wollte, dass alles pink sein sollte, hatte alles pink zu sein. Sie verlangte, dass die Leute sehr gebildet waren, so wie sie selbst, wenigstens in puncto Mode. Diana Vreeland war so fasziniert von dem, was sie tat, dass sie dieses Interesse auch bei anderen als Selbstverständlichkeit voraussetzte. Tag und Nacht machte sie sich Notizen zu Dingen, die sie sah, die sie interessierten. Deshalb war die ›Vogue‹ damals auch so lebendig, hatte sogar etwas Intellektuelles. Vreeland sorgte nämlich dafür, dass in dem Magazin viele Fotos von Schriftstellern und Malern veröffentlicht wurden. Models suchte sie selbst aus. Sie hatte jedoch Probleme mit den Augen; Kontaktabzüge mussten immer um zehn Zentimeter größer sein als üblich, damit sie sie betrachten konnte. In ihrem ästhetischen Urteilsvermögen war sie unübertrefflich.

Am Anfang hatten wir keinen persönlichen Kontakt miteinander. Sie machte vielen Angst, auch mir. Ich war noch sehr jung und unerfahren, sie dagegen eine sehr beeindruckende und eben auch einschüchternde Persönlichkeit. Ich wusste, dass sie nichts weniger mochte als Unsicherheit – wenn jemand nicht aus sich herauskam. Deshalb verbarg ich meine Scheu, aber es war anstrengend, mit vorgetäuschter Selbstsicherheit vor ihr zu stehen. Ihr Auftreten war das einer Grande Dame. Vreelands Disziplin und unablässige Selbstkontrolle waren außergewöhnlich. Man sah sie ihr an, wenn sie sich nur auf ihr Sofa setzte – da war immer eine Aura von Dominanz. Sich eine Schwäche einzugestehen, etwa zu sagen: »Ach, mir geht es heute nicht so gut«, wäre undenkbar gewesen. Hätte ich dies getan, hätte sie wohl geantwortet: »Du liebe Güte, Veruschka, was soll das? Genieß lieber dein Leben!« Sie wollte immer nur Schönheit und Stärke sehen: »Veruuuschka, du musst im Hier und Jetzt leben und deine Träume realisieren.« Da gab es kein Kollabieren, weder bei den anderen noch bei ihr.

Als sie sich ganz und gar zurückgezogen hatte und in vollständiger Erblindung Hörbücher hörte, erzählte sie mir in langen Telefonaten, wie wunderbar es wäre, den ganzen Tag im Bett zu liegen und faszinierende Bücher vorgelesen zu bekommen. Sie meinte, wie interessant, wie wunderbar die Welt doch sei, auch in ihrem stillen Leben, ohne Licht. Und von mir wollte sie dann immer wissen, was alles so draußen in der Welt passierte. Ich sollte ihr vom New Yorker Nachtleben berichten, von Ausstellungen, von Licht und Farben. Sie sagte: »Meine Gespräche mit Freunden sind jetzt viel konzentrierter – sie bereiten sich darauf vor, denn sie wissen, dass sie mir nicht irgendeinen Quatsch erzählen können, ich merke es sofort.«

Bei Vreeland musste man einfach interessant sein. Man konnte nicht sagen: »Ich stamme aus Berlin.« Sie wollte eine aufregende Geschichte hören, auch wenn sie frei erfunden war. Also erzählte ich ihr, ich bin an der russischen Grenze geboren. Am schlimmsten war es, wenn sie etwas »booooring!« fand. Auch über Kleider sagte sie oft: »Wie unerträglich langweilig!« Dann ging es los: »I want oriental Red! Flashing yellow! I don't want this depressing boring grey.« Sie wollte alles orgiastisch. Heute würde ich sie ganz schön verrückt machen mit meinen Ideen, und sie hätte es geliebt.

Haben Sie etwas von ihr gelernt oder sich abgeschaut?
An manche ihrer Ratschläge denke ich noch heute. Zum Beispiel, sehr exzentrisch und kompliziert zu sein. Einmal bat ich sie um Hilfe, es ging um einen Millionenvertrag. Man wollte den Namen »Veruschka« kaufen, um damit ein neues Wodka-Label auf den Markt zu bringen, einen Wodka speziell für die Frau. Als Werbeidee wurde vorgeschlagen, eine Miniaturversion von mir in der Wodkaflasche schwimmen zu lassen. Meine Entscheidung war schon gefallen. Der Name »Veruschka« sollte auf keinen Fall mit einem alkoholischen Produkt, das Frauen womöglich abhängig macht, in Verbindung gebracht werden. Vreelands Ratschlag passte zu ihr: »Veruuuschka, be very very difficult and then – say no!«

Wie soll man sich einen Besuch bei Mrs. Vreeland vorstellen?
Sie wohnte in der Park Avenue, in einem alten Gebäude mit Doorman und Lift, sehr elegant. Vreeland thronte meist auf einem ihrer vielen Sofas. Allerdings dauerte es immer eine Zeitlang, bis sie erschien. Die Gäste wurden in den Salon geführt, dort wartete man, bis irgendwann die Tür zu ihren privaten Räumen aufging und Vreeland auf Zehenspitzen hereinschwebte. Es war jedes Mal ein großer Auftritt. Sie ging dabei aufrecht, wie eine Tänzerin, das Becken nach vorne geschoben. Vreeland liebte Rouge. Auch bei den Fotos spielte das für sie eine wichtige Rolle: vom Haaransatz zu den Schläfen, von den Ohren zu den Wangenknochen bis hin zum Hals mussten alle Models reichlich Rouge auftragen. Für sie war Rouge im Gesicht der Inbegriff von Gesundheit und *happiness*: »You have to glow!«, sagte sie wieder und wieder. Als sie noch Stylistin war, so erzählte man

sich, hätte sie die Models erst einmal geohrfeigt, damit Farbe in ihre Gesichter kam. Aber ich wollte ja erzählen, wie es war, wenn man sie besuchte: War man bei ihr eingeladen, unterhielt man sich über alles Mögliche, über die neusten Skandale in der Stadt, Ausstellungen, natürlich ging es in den Gesprächen auch manchmal um Mode. Pferde, und vor allem Araber waren eines ihrer bevorzugten Themen. Die Gesprächsthemen ergaben sich durch die Gäste, bei ihr gingen Andy Warhol, Truman Capote, die italienische Prinzessin Pignatelli, Mick Jagger und andere ein und aus. Manchmal war man auch allein bei ihr eingeladen.

VERLIEBT IN PARIS

Bevor Sie dem Fotografen Franco Rubartelli begegneten, verliebten Sie sich in Peter Fonda. Dieser hat Ihre Affäre in seinen 1998 veröffentlichten Erinnerungen beschrieben. Demzufolge begegneten Sie einander erstmalig 1965 in Rom. Fonda war hingerissen von Ihrer Schönheit, stellte Ihnen nach, bis Sie einwilligten, mit ihm auszugehen. Kurze Zeit später trafen Sie sich in Paris wieder, bis Fonda nach Los Angeles zurückkehrte. 1971 feierten sie, laut Fonda, in New

Veruschka und Peter Fonda in Paris, 1965

York Ihr Wiedersehen. Zwei Paare leisteten Ihnen dabei Gesellschaft: Fondas Schwester Jane und Roger Vadim, ihr damaliger Ehemann, den Sie von Saint Tropez kannten, sowie das Schauspielerehepaar Warren Beatty und Julie Christie. Als die gemeinsame Party dem Ende entgegenging, zogen Sie und Peter sich ins Schlafzimmer zurück, während Jane im Türrahmen stand. War das so?

Ich war total verliebt in Peter, die anderen hatte ich kaum wahrgenommen. Vage kann ich mich erinnern, dass Jane kurz durch die Tür guckte. Aber darüber habe ich mir nicht den Kopf zerbrochen; außerdem mochte ich sie sehr. Vadim interessierte mich natürlich immer noch, aber er war ja nun mit Jane liiert – und ich verliebt in Peter. Er war charmant und warmherzig, ging offen, mit einem strahlenden Lächeln auf andere Menschen zu. Mit ihm konnte ich über alles reden, das kannte ich bislang so nicht. Ich erinnere mich, dass er mich immer lange wortlos ansah. In Paris rauchte ich mit ihm meinen ersten Joint, und wir kicherten danach wie die Wilden. Mit Peter Beard und Jenifer O'Neill, einem jungen Model, gingen wir zum Lunch. Da gab es einen Zwischenfall mit der Polizei wegen unserer Papiere. Peter Beard fotografierte die Szenerie.

Wir begegneten uns später wieder. Unsere Treffen waren aber immer nur sehr kurz, bis der Kontakt dann ganz abbrach. Als wir uns 1989 in New York wiedersahen, war es reiner Zufall. An jenem Abend war ich mit dem Fotografen Steven Meisel in einem In-Restaurant in TriBeCa, einem Stadtteil von Manhattan. Ich hatte mich besonders schön gemacht, trug ein taubengraues Wickelkleid von Giorgio di Sant' Angelo. Meisel und ich unterhielten uns, als plötzlich die Tür aufging und Peter das Lokal betrat, begleitet von einem Asiaten und einer attraktiven Frau. Sie wurden an einem entfernten Tisch platziert. Peter sah zu mir herüber, redete mit seinen Begleitern, blickte wieder zu mir, wurde immer aufgeregter. Und ich sagte zu Steven, der ihn nicht sehen konnte: »Du, der schaut die ganze

Kenia 1965,
Fotos Peter Beard

Kenia 1965

Zeit zu uns, ich gehe jetzt einfach mal zu ihm.« Dann stand ich auf, ging an seinen Tisch – und wir fielen uns in die Arme. »Weißt du«, sagte er, »ich habe die ganze Zeit über dich gesprochen. Ich habe gesagt: ›Diese Frau dort drüben sieht aus wie Veruschka. Aber sie kann es unmöglich sein, sie kann nicht immer noch aussehen wie damals. Sie sieht ihr frappierend ähnlich.‹ Ich kann es kaum fassen, dass du es wirklich bist!« Am nächsten Tag telefonierten wir miteinander, aber er musste abreisen. Eine Weile später gingen wir mal essen und verbrachten ein paar schöne Stunden zusammen. Er lebte sein Leben und ich das meine.

Mit Peter Beard reisten Sie 1965 nach Afrika. Er fotografierte Sie im Catsuit vor Nashörnern oder auch mit schwarz bemaltem Gesicht. Beard kam aus der besten Gesellschaft Amerikas, sein Urgroßvater, James J. Hill, hatte ein Vermögen mit dem Bau von Eisenbahnen gemacht. Dadurch konnte er es sich leisten, Ausbildung und Studium über Bord zu werfen und nur das zu tun, was ihm gefiel. Er war völlig wild, ohne jedes Zeitgefühl, ob in New York oder in Afrika. Schlafen wollte er nie, schlafen kann ich, wenn ich tot bin, sagte er. Alles war extrem bei ihm. Seine Art zu leben war intensiv, seine Anschauungen definitiv. Überall lief er in denselben verschlissenen Jesuslatschen und ausgebeulten Hosen herum, und je dreckiger sie waren, desto mehr liebte er sie. Abends trug er dazu eine konventionelle, saubere Jacke. Alle fanden Peter toll. Mit ihm ging man fabelhaft essen, stets in die besten Restaurants, Clubs und Bars. Die Schönheit des Tiers in der Frau zu entdecken reizte ihn, reizte auch mich, da trafen wir uns, deswegen unser Trip nach Afrika. Heute beschämen mich manche der Fotos von damals sehr. Sie entstanden vor gefesselten, zu Tode verängstigten Tieren. Ihrer Freiheit beraubt standen ihnen endlose Reisen in die Zoos dieser Welt bevor. Ich kann in keiner Weise mehr nachvollziehen, wie es mir möglich war, diese Situation so ignorant und gefühllos hinzunehmen. Die Macht der weißen Frau vor dem geknechteten Tier zu demonstrieren – das ist zutiefst kolonialistisch. Damals habe ich das nicht erkannt, vielleicht weil alles, was wir unternahmen, waghalsig, gefährlich schien. Ohne Risiko auch für den Menschen fand Peter keinen Reiz am Fotografieren. Vielleicht war es das wilde Leben in Afrika, das mich so sehr beeindruckte, dass ich das Leid der Tiere nicht wahrnahm. Am Abend saßen wir beim Feuer zusammen oder im Zelt und hörten das Röhren der hungrigen Löwen. Es wurden Geschichten erzählt: Letzte Nacht wäre jemand von einem Löwen aus seinem Zelt gezogen worden. Danach lachten alle, und wehe, man lachte nicht mit. Auf dieser Reise bemalte ich mein Gesicht zum ersten Mal, und zwar mit schwarzer Schuhcreme, die die Stylistin im Gepäck hatte. Später nahm ich zu allen Fotoshootings einen Koffer Farben mit.

Mitte Oktober 1965 kamen Sie mit Franco Rubartelli zusammen, dem Sie einige Wochen zuvor, auf Empfehlung Diana Vreelands, erstmals begegnet waren.
Wir hatten uns während der Kollektionen in Rom getroffen. Ich wohnte in einem Hotel, als Rubartelli mich anrief, ein Treffen arran-

Veruschka, München 1966,
Foto Franco Rubartelli

gierte. Ich hatte schon von ihm gehört, auch sehr interessante Schwarzweißbilder von ihm gesehen, die er von seiner geschiedenen Frau Françoise für die amerikanische ›Vogue‹ gemacht hatte. Rubartelli lud mich zum Abendessen ein – ein attraktiver, eleganter Italiener, der versuchte, locker Eindruck zu schinden. Ich war nicht allzu begeistert, aber interessiert, als er fragte: »Wie wäre es, wenn wir zusammenarbeiten?« Ich war auf der Suche nach einem Fotografen, mit dem ich experimentieren, Fotos jenseits der konventionellen Modeaufnahmen machen konnte. Und ich ahnte, dass er bereit war, etwas Außergewöhnliches zu wagen.

Afrika 1968, Foto Franco Rubartelli

Fünf Jahre waren Sie mit Franco Rubartelli liiert. Dank Ihres Erfindungsreichtums und seines Blicks setzten die gemeinsamen Arbeiten später Maßstäbe in der Modefotografie. Kam Ihnen dieses Aufeinanderbezogensein auch deshalb entgegen, weil Sie in der Routine des bisherigen Arbeitsalltags eine gewisse Ermüdung verspürten?
Sicherlich. Ich wurde unaufhörlich von allen namhaften Fotografen gebucht – Horst P. Horst, Irving Penn, Henry Clarke, Bert Stern. Nach einer gewissen Zeit war das nicht mehr spannend. Natürlich war es etwas Besonderes, mit solchen Virtuosen zu arbeiten, all die Titelbilder zu bekommen und die Begeisterung der Leute zu spüren. Aber immer hatte ich mich nach den Wünschen und Ideen anderer zu richten. Ich sagte mir: »Du besitzt eine gewisse Eleganz, auch Klasse und all das – so weit, so gut. Aber ich fühlte mich eingeengt und furchtbar gelangweilt, wenn ich nichts anderes tat, als immer nur Kleider zu präsentieren. Wo blieb bei alledem die Kunst? Rubartellis große Qualität bestand darin, dass er wirklich zu allem bereit war. Zu Penn konnte man nicht einfach gehen und sagen: »Ich habe eine Idee.«

Rubartelli hörte gern zu, wenn es um Einfälle für Fotos ging. Seine Begeisterung war ohne Grenzen, wenn ich ihn wieder einmal mit einem neuen Look überraschte, »Fantastico, bellissimo«, rief er dann. Wir rannten sofort nach draußen, und es wurde fotografiert. Sein Blick für natürliches Licht war außergewöhnlich. Rubartelli fotografierte mich so, wie ich mich sehen wollte, und nicht so, wie Stylisten es wünschten. Ich war Herrin meiner Looks, und genau das wollte ich. Da unsere Fotostrecken immer veröffentlicht wurden, selbst die, die ohne Auftrag und im Spaß entstanden waren, wollten auf einmal alle Magazine mit uns arbeiten, weltweit. Zudem war es billig für sie, denn wir benötigten weder Assistenten, Stylisten, Visagisten noch Friseure. Reisen, wie wir sie damals unternahmen, würden heute ein Team von acht bis zehn Leuten erfordern. Die Modemagazine gaben uns die Kleider mit, und wir zwei gingen alleine los. In einem Brief an meine Mutter beschrieb ich die damaligen Veränderungen:

Wir haben in Rom wie in München den Flug von einem Tag auf den anderen verschoben, da Franco mit dem Packen natürlich nicht fertig wurde. New York lässt mich dieses Mal ziemlich kalt, aber das bin natürlich ich, denn bei mir hat sich viel verändert. Ich fühle mich wie gestorben, es beginnt etwas Neues in mir, deswegen fühle ich mich so tot mit all dem Alten, was ich hier zurücklasse. Ich meine damit hauptsächlich meine Arbeit. Früher habe ich eigentlich jeden Tag gern gearbeitet, jetzt ist es jeden Morgen ein Zwang. Ich werde auch sofort müde, da ich nicht mehr voll und ganz bei der Sache bin. Es strengt mich furchtbar an, mir tut auch immer irgendetwas weh. Die Leute hier sind selig, dass ich wieder da bin, und merken davon nichts. Mich interessiert es nur noch, ganz bestimmte Fotos zu machen. Solche, die mich genau zeigen – so wie jene, die Franco in München von mir gemacht hat. Ich möchte und muss nach etwas suchen, und will, dass er das versteht … In der Agentur fand ich Briefe von Filmregisseuren vor, die sich für mich interessieren. Es liegt etwas in der Luft! (New York, 25. November 1965)

In dieser Lebensphase begannen Sie, sich intensiv mit Körperbemalung zu beschäftigen. Ein erstes Bild Ihrer nach Art eines Leopardenfells bemalten Haut wurde 1966 von dem Nachrichtenmagazin ›Newsweek‹ veröffentlicht. Es markierte den Beginn Ihrer zuvor erwähnten Suche, einer Metamorphose, nach der Sie strebten.

Rom 1968

New York 1968, Fotos Franco Rubartelli

Anfänglich verwandelte ich mich durch Bemalungen meines Körpers in Tiere, weil diese, wie ich fand, meist schöner als wir Menschen sind. Die Nacktheit des menschlichen Körpers hatte mich immer schon gestört. Die mittels Farbe erzeugte Illusion von Fell oder Federn empfand ich hingegen als eine Möglichkeit der Transformation. Es war wie ein Spiel, mich in veränderter Gestalt zu zeigen. Die ersten Körperbemalungen, die ich in den sechziger Jahren machte, sind aus dem Spielerischen, der Mode, der Verwandlungslust entstanden; sie waren dekorativ. Die Steinbemalung 1968 war dann der Beginn einer Wandlung – die Zurücknahme des Ichs. Und bald danach begann die Zusammenarbeit mit dem Künstler Holger Trülzsch, durch ihn entstand die Strenge, die Reduziertheit der Pose. Die Malerei wurde komplizierter. Wir erarbeiteten eine spezielle Maltechnik für den Körper. Holger kam von der Malerei – wie auch ich anfänglich. Dabei ging es uns um Realität und Illusion. Rubartelli und ich dagegen wollten damals aufregende, dekorative Fotos machen – mehr nicht. Mein Wunsch nach äußerer Wandlung war eine Obsession, ein Versuch, mich in alle möglichen Lebewesen zu verwandeln. Ich wollte einfach nicht in meiner äußeren Erscheinung festgelegt sein.

Holger Trülzsch und ich verstanden uns hingegen als Künstler, wie alle verweigern wir uns, unsere Arbeiten zu deuten. Ich arbeite und kommuniziere mit meinem Körper, weil es für mich das Naheliegendste ist. Er ist mein Instrument, ich habe gelernt, mit ihm umzugehen. Ich halte ihn ständig in Verwandlung. Aber in meinem Alltag trage ich das, was ich gerade in meinem Schrank vorfinde.

HÖHEPUNKT

1966 begann Ihre Zusammenarbeit mit Richard Avedon – nach jenem ersten kurzen Treffen fünf Jahre zuvor in Paris.
Mit Avedon zu arbeiten war ohne Zweifel die wichtigste und inspirierendste Zeit in meinem Leben als Model. Die 23 Seiten, die wir zusammen für die März-Nummer 1967 der amerikanischen ›Vogue‹

fotografierten, sehe ich als einen Höhepunkt meiner Arbeit. Das gesamte Shooting wurde in Bewegung fotografiert. Ende der fünfziger, Anfang der sechziger Jahre hatte Dick bereits angefangen, ab und zu Menschen in Bewegung zu fotografieren. Das war ungewöhnlich, denn zu der Zeit standen Models bewegungslos in verschiedenen Posen vor der Kamera. Mitte der sechziger Jahre begann Avedon die ›Pose in Bewegung‹ für eine gesamte Mode-Fotostrecke einzusetzen. Wir wollten den Eindruck erwecken, dass der Körper schwerelos ist. Dazu mussten wir die Sekunde erwischen, in der ich über dem Boden schwebte – als würde ich vom Wind getragen.

Richard Avedon mit Veruschka, Kleid von Kimberly, New York, Januar 1967. Foto Richard Avedon

Sittings mit Dick waren immer ein »work in progress«, genau das liebte ich so an der Arbeit mit ihm. Da war diese euphorische Erregung während der Vorbereitungen im Umkleideraum. Dick war die meiste Zeit dabei; sein kritisches Auge, sein Wissen, sein Gefühl für Stil und Haltung waren einmalig – eine seltene Qualität, die ich so nicht wieder angetroffen habe in der Welt der Mode und Fotografen. War das Team – Avedon, Polly Mellen, Ara Gallant und ich – sich einig, dass mein Look perfekt war, konnte der Fotoshoot beginnen. Mit Dick waren die Fotosessions immer wie eine Art Gespräch durch die Linse des Fotoapparats. Sein erster Blick auf mich durch die Kamera war immer der delikateste Moment des Tages. Es war der Augenblick »to get tuned into each other«. Zuerst arbeiteten wir mit Polaroids, immer wieder versuchten wir die Bewegung, die Position, die Richtung des Körpers, den Ausdruck des Gesichts oder die Haare zu verbessern. Wir beobachteten, wie es aussah, wenn ich sprang. Auch die Position der Kamera und des Lichts war von großer Bedeutung. Avedon wusste, wie sehr ich die Windmaschine bei der Arbeit mochte, der Wind gab mir ein Gefühl von Schwerelosigkeit. Dann, fast wie durch ein Wunder, in einem Moment höchster Konzentration und totaler Verspieltheit, schafften wir das Bild, das wir wollten. Der »Sound« des Auslösers, das »Klick«, wurde zur Antwort, zur Bestätigung dessen, was ich mit meinem Ausdruck und meinen Bewegungen zu sagen versuchte – Avedon hatte einen Moment der Zeit gebannt. Ich wünschte, ich könnte diese außergewöhnlichen Momente wieder erleben, wissend, dass es sie nie mehr geben wird. Einige Monate bevor Dick starb, rief er mich an und sagte: »Veruschka, ich habe mir die Kontaktabzüge unserer gemeinsamen Arbeit angeschaut, und ich bin geschockt, wie viele wunderbare Bilder nie veröffentlicht wurden, nur wegen der Mode.«

Und die Resultate zeigen, in welch hohem Maße er diesen Blick in Ihnen erwidert fand.

Das war einmalig. Leider musste ich ihm immer wieder absagen, weil Rubartelli sich dazwischenstellte. Das hat Avedon sehr missfallen, und er hat es mir lange Zeit nicht verziehen. Franco zeigte leider

Veruschka, Kleid von Adele Simpson, New York, Januar 1967, Kontaktabzug. Foto Richard Avedon

diese Eifersucht, wenn ich mit einem anderen Fotografen arbeitete. Wir beide hatten etwas Exzessives beim Fotografieren

Rubartelli wollte Sie besitzen, vor der Kamera wie im Privatleben. Als Fotograf verhalf er Ihnen zu einem neuen Look, als Partner war es für Sie beide von Beginn an sehr schwierig.

An diesem Punkt meines Lebens musste ich mich entscheiden – für die Fotografie oder für das Schauspielen. Als ich mit Franco nach Rom ging, waren die Würfel gefallen. Wir arbeiteten Tag und Nacht zusammen, es blieb keine Zeit mehr, etwas anderes zu tun. Ich schrieb der Schauspielschule in New York, dass ich mich entschlossen hätte, in Rom zu leben. Man war entsetzt und bat mich, nicht aufzugeben. Aber ich hatte mich entschieden. Jetzt wurden Francos Kamera und die Mode-Magazine meine Bühne. Er war der Anfang einer neuen Zeit für mich, weil er der erste Mann war, mit dem ich zusammenlebte. Allerdings war es oft anstrengend mit ihm, weil er versuchte, mich in Besitz zunehmen – und ich mich ihm nicht entziehen konnte. Unsere Zusammenarbeit war für mich vergleichbar mit einer Sucht. Immer wieder kamen neue Ideen, und immer sagte Franco: »Toll, machen wir alles!« Auf Eleuthera, einer Insel der Bahamas, taten wir – selbst in der Weihnachtsnacht – nichts anderes, als stundenlang im Mondlicht zu fotografieren. Die Aufnahmen wurden sehr gut. Kamen wir jedoch nach Rom zurück, lebten wir augenblicklich in einer ganz normalen italienischen Familie, immerzu von Francos Mutter umgeben. Da fühlte ich mich dann gefangen. Auch seine Assistentin Nina, die ich sehr mochte, war ständig um uns. Sie kümmerte sich um alles und begleitete uns auch häufig zu Aufnahmen außerhalb Roms. Franco trat manchmal mit dem Fuß nach ihr: »Los, mach!« Aber sie nahm alles mit einem Lachen hin. Wir verbündeten uns dann gegen ihn, wenn er herumbrüllte und sich als Macho aufspielte. Er konnte natürlich auch sehr sympathisch und humorvoll sein. Aber letztlich war er obsessiv, getrieben von der Angst, mich zu verlieren. Er wollte, dass ich nicht verreise, auch nicht zu meiner Mutter, sogar der Besuch beim Friseur war schwierig. Wenn ich aus der Tür trat, wollte er wissen, wo ich hinging.

So gesehen hätte es schlimmer nicht kommen können, denn wenn Sie eines nicht wollten, war es eingeengt zu sein.

Da ich noch nie eine längere Beziehung geführt hatte, fiel es mir schwer, eine klare Entscheidung zu treffen und zu gehen. Ich dachte ganz naiv, so ist es wohl, das Leben mit einem Mann. Aber irgendwann spürte eine Blockade, sah mich langsam zugrunde gehen.

Im Februar 1966 unternahmen Sie eine der aufwendigsten, auch strapaziösesten Reisen Ihrer Karriere: eine mehrwöchige Tour mit Richard Avedon in die entlegenste Region Japans, um in einer Landschaft aus Eis und Schnee kostbare Pelze zu fotografieren. Die ›Vogue‹ hatte weder Kosten noch Mühen gescheut.

Schon die Vorbereitungen in New York waren monumental. Wochenlang wurde bis spät in die Nacht organisiert und geplant. Immer wieder musste man zu Diana Vreeland ins Büro. Dort wurden die Kleider ausgewählt, diese waren – wie die Pelze – meist speziell für mich angefertigt worden. Vor der Abreise herrschte immerzu große Aufregung, Vreeland war fast unangenehm im Umgang mit den Stylistinnen. »Also, diese Reise – ich sehe sie noch nicht!«, sagte sie dann in dem ihr eigenen Ton. Kurz vor der Abreise hatte ich mir während eines Shootings mit Franco in Acapulco eine schlimme Darminfektion zugezogen, die ich auch in Japan nicht mehr los wurde. Ich konnte kaum Nahrung zu mir nehmen und wurde immer dünner. Wie dünn ich war, konnte ich dann in dem Film »Blow-Up« sehen, den ich kurz nach der Japan-Reise machte.

Auf halbem Weg nach Japan, zwischen Teheran und Neu Delhi, verfasste ich einen Brief an meine Mutter:

Ich weiß nicht mehr, ob es Tag, Nacht, welches Land, welche Uhrzeit, welches Datum ist. Ich schwöre, ein großes Durcheinander. Auf jeden Fall ist man ununterbrochen unterwegs. Man hält in folgenden Städten für jeweils eine halbe Stunde: Tel Aviv, Teheran, Neu Delhi, Bangkok, Saigon, Tokio. Ungefähr vierzehn bis fünfzehn Stunden Flug. Aber diese Reise wird sehr interessant sein. Wir bleiben einige Tage in Tokio, dann gehen wir mit einer Equipe von Leuten ganz in den Norden Japans, nahe Sibirien, wo der Schnee bis ans Meer reicht – nur Schnee und Meer und Himmel. Wir wer-

den Pelze fotografieren, fabelhafte Pelze à la Anna Karenina. Ich bin sehr froh, mit Avedon – dem größten Modefotografen der Welt – eine solche Reise gemacht zu haben, bevor ich mich mehr auf Filme konzentriere. Franco war natürlich sehr traurig, dass ich fuhr. Ich habe bereits von Paris für über 200 Dollar mit ihm telefoniert und schreibe ihm jeden Tag, damit er es übersteht. (9. Februar 1966)

Anfang der achtziger Jahre sah ich eine Dokumentation über das Töten von Tieren für die Pelzindustrie, seitdem trage ich keine Pelze mehr und werde sie nie wieder tragen. Als wir in Tokio ankamen, blieben wir einige Tage, um uns zu akklimatisieren. Die meiste Zeit musste ich im Hotel verbringen. An meine Mutter schrieb ich:

Leider bin ich überhaupt nicht fit für unseren Start in den Norden. Ich habe immer noch diesen furchtbaren Durchfall, der mich so schlaucht, dass ich nur im Bett liegen möchte. Ich habe so abgenommen, dass ich wirklich nur die Hälfte von mir bin. Seit einer Woche kann ich außer Toast, Tee, Kartoffelbrei nichts essen. Mein Gesicht hingegen (Ausdruck) ist noch nie in so guter Form gewesen. Während die anderen (Fotograf, Assistent, Friseur, Editor, Dolmetscher, Berater Nr. 1 und Nr. 2) die Reise weiter planen, versuche ich mich auf die Beine zu kriegen. (12. Februar 1966)

Nach einer Woche reiste das Team weiter. Die mitreisende Journalistin Mary Evans schreibt in ihrem ›Vogue‹-Artikel darüber: »Von Tokio aus fuhren wir nach Norden, in drei großen schwarzen Limousinen und einem riesigen, glänzenden Van, der innen ganz weich von einem Schatz an Pelzen war. In unseren Wagen saßen Veruschka, die aussah wie ein goldener Giacometti; Dick, ständig unter Strom vor Wachsamkeit – ein Schatzmeister des Obersten Gerichtshofs in geheimer Mission; Polly, wie eine Renaissance-Hofdame hauptsächlich an Luxus interessiert; Ara, unser kunstfertiger Hairstylist; unser zahlreiches Gefolge an Helfern und Führern … Unter uns befand sich auch ein Riese, ein junger Japaner von mythischen Proportionen – ein traditioneller Sumo-Ringer. Wir hatten ihn in seinem Trainingsstall in einem gefalteten Lendenschurz vorgefunden, der wie ein Sattel auf seinem Percheron-Rücken saß.«

Erinnern Sie sich?
Besagter Sumo-Ringer war 17 Jahre alt, unglaublich schlank, fast zwei Meter groß. Wir mussten zunächst auf die Erlaubnis des Stallführers warten, bis er reisen durfte. In Japan war ein so großer Mann eine Sensation. Da er in keines der Autos passte, musste der Vordersitz herausgenommen werden, um Platz für ihn zu schaffen. Seine Füße waren gewaltig, obendrein ging er nur barfuß, auch im Winter. Für die Aufnahmen stand er stundenlang barfuß im Schnee, denn Schuhe fanden sich für ihn nicht. Er sagte nie einen Ton, war immer vollkommen stumm.

Nach langer Fahrt erreichten Sie endlich das Ziel der Reise, Snow Country – wiederum von Mary Evans beschrieben:
»Es war Nacht, als wir im Hotel ankamen. Es lag in der Nähe einer Skipiste, und Skier waren wie Pfähle an einer Seite der riesigen Eingangshalle aufgereiht. Holzschlitten, Schneestiefel aus Stroh und

»The Great Fur Caravan«, ›Vogue‹, 15. Oktober 1966, S.100-101. Foto Richard Avedon

Schneeschuhe aus Rebstöcken lehnten wie Banner an den Wänden. Das Hotel erstreckte sich über mehrere Ebenen ... Ein geduldiges Zimmermädchen in einem Kimono führte uns zu unserem Quartier. Es gab ein Zimmer für Veruschka, Polly und mich; zwei Zimmer für die Männer; ein Zimmer für die Pelze. Polly hatte bereits mehrere der Schachteln ausgepackt, sodass das Pelzzimmer aussah, als wäre es von Plünderern heimgesucht worden. Unsere Zimmer waren in japanischem Stil eingerichtet – die Bettdecken waren tagsüber versteckt –, und so setzten wir uns auf den Boden wie kleine Kinder und redeten, schrieben, aßen und wurden von Minute zu Minute übermütiger ... Veruschka rollte wie ein Yoga-Wunderkind auf dem mit weichen Matten ausgelegten Boden herum, ein gelbbrauner Knoten aus langen, wundervollen Armen und Beinen.«

Am nächsten Morgen servierte man unser Frühstück: spinnenbeinige, braungebrannte Insekten, die aussahen wie geröstete Kakerlaken. Sie wurden auf einem Brett mit einem Schälchen kaltem Reis und Gemüse serviert, dazu gab es grünen Tee. Keiner von uns wollte das zu sich nehmen. Man brachte uns warmen Reis.

In Mary Evans' Artikel heißt es weiter: »Veruschka und der Riese posierten an Abhängen, schritten durch Schneewehen, saßen auf Schneehügeln. Es war so kalt, dass der Riese sich sogar bereit erklärte, Strohstiefel über seine nackten Füße zu ziehen. Veruschka konnte nicht ohne ihre Musik, ein tragbarer Plattenspieler drehte sich im Schnee und beschallte die Kiefern mit Pergolesi. Obwohl sie nie klagte, wie weiß ihr Gesicht vom Frost auch wurde, führten wir sie zwischen den Aufnahmen zurück ins Hotel, und ihre langen Beine waren dabei steif vor Kälte wie Stelzen.«

Man gewinnt den Eindruck, dass Sie nicht nur diszipliniert waren, sondern wie in einem Rausch, dass Ihnen fast die Füße eingefroren wären und man Sie forttragen musste.

Es ging mir nicht so gut, aber ich wollte auf keinen Fall die Arbeit unterbrechen. Wie mühsam war es gewesen, an diesen Punkt zu kommen, dort in Japan zu stehen. Alles drehte sich nur um mich, ich wollte es durchhalten. Einerseits war es der Kälte und meines Befindens wegen sehr anstrengend, andererseits war es eine Reise, die es so vorher und nachher nie mehr geben würde, das wusste ich. Da ich mit Franco immer alles allein machte, war ich nicht sehr verwöhnt. Aber diese Reise mit Avedon war äußerst luxuriös, immer war für alles gesorgt. Wenn wir abends ins Hotel kamen, wurden wir von blinden Frauen massiert, die mit Gefühl auf uns herumtrampelten. Eines Abends kam Polly schreiend zu mir. Sie hatte gerade im Vorbeigehen durch den Spalt der Schiebetür den Sumo-Ringer gesehen. Sein Stallführer hatte ihm Fernsehen und Zigarettenrauchen gestattet, davon machte er mit Vorliebe Gebrauch. Er hatte solch starke Lungen, dass er mit einem Zug die Zigarette fertig rauchte. Ein einziger Zug – und die Zigarette war weg – und schon kam die nächste. Er war ein Gigant! Man durfte ihn aber nicht ansehen. Sobald man es tat, war er beschämt. Für die Fotos war Augenkontakt manchmal gewünscht, sodass Avedon ihn darum bat, mich anzusehen. Da wurde er sehr verlegen, es war ihm unmöglich, meinen Blick zu erwidern. Und nun hatte Polly ihn nackt entdeckt, auf jeden Fall seinen Penis gesehen. Und sie war außer sich: »So was habe ich noch nie gesehen!« Dalí hätte gesagt, eine große Limousine.

Während dieses Aufenthalts entstanden Fotos am Meer, an heißen Quellen, in Bergen von Schnee. Eines der Bilder, im Zug nach Hokkaido aufgenommen, wirkt besonders glamourös. Es zeigt Sie, am Fenster sitzend, in Luxus eingehüllt. Das Make-up hatten Sie selbst gerichtet, es ist Teil der Aura dieses Bildes.
Das Make-up war fokussiert auf Schattierungen der seitlichen Augenpartie. Ich weiß noch, dass Avedon unmittelbar nach den Aufnahmen sagte: ›Es ist ganz erstaunlich mit dir – mimisch hast du nichts gemacht, einfach gar nichts. Ich bin fast nervös geworden, weil du so regungslos wirktest, und dachte: Das geht doch nicht!‹ – Später besah er sich die Kontaktabzüge und fand: Genau so war es richtig. Ich hatte eben doch etwas gemacht, nur konnte er es während des Fotografierens nicht unmittelbar sehen. Ich wusste genau, wie ich mit meinem Gesicht umzugehen hatte, sobald die Kamera sich auf mich richtete. Ausschlaggebend aber war, wer auf der ande-

Veruschka, Nerz von Emeric Partos, Japan, Februar 1966. Foto Richard Avedon

ren Seite stand und wie gut es gelang, durch die Kamera in einen Dialog ohne Worte zu treten. Zu dem erwähnten Bild im Zug, als »Japanisches Abenteuer« untertitelt, schrieb später die verantwortliche Redakteurin der ›Vogue‹: »Sie sieht aus wie eine Reisende aus der Tatarei – Veruschka in einem Erste-Klasse-Wagon der Tōkaidō Shinkansen, der Hochgeschwindigkeitslinie, auf der der schnellste Zug der Welt verkehrt, der mit 200 Stundenkilometern von Osaka nach Tokio rauscht. Neben ihrem Ellenbogen steht eine Tasse mit Sencha, mit grünem Tee; in der linken Hand hält sie eine der vorzüglichen Lunchboxen namens Bento – gekochter Reis mit regionalen Köstlichkeiten –, die man in japanischen Bahnhöfen erwerben kann.«

Worauf achten Sie, um eine bestimmte Wirkung zu erzielen?
Es kommt ganz darauf an, ob es sich um ein Modefoto, ein Porträt, ein Kunst-Projekt oder einen Film handelt. Wichtig ist, dass ich eine Vorstellung davon habe, wie ein Bild am Ende aussehen soll. Die innere Vorbereitung auf eine Bildidee – die Art und Weise, wie ich in einen Tag hineintrete, welche Energien ich freisetzen kann, um eine Wirkung zu erzielen – ist dabei von immenser Bedeutung. Gleichzeitig darf ich während der Arbeit das Ungeplante, Unvorhergesehene nicht ignorieren. Die Szenerie, das Ambiente, die Kleider wirken zusätzlich auf meinen Gestus, meine Stimmung, vor allem aber das Licht.

Wie kam jenes Bild zustande, auf dem Sie – halbentblößt – von einem alten Japaner frisiert werden?
Ich erinnere mich nur an Avedons Absicht, ein poetisches Bild zu machen. Es entstand auf unserer Rückreise, in einem gemieteten Studio in Tokio. Ein rätselhaftes Bild. Ich habe nur wenige Nacktaufnahmen, sogenannte Nudes, gemacht. Aber von allen ist dieses das Schönste, weil es tatsächlich poetisch ist. Es war das letzte Bild dieser unglaublichen Reise.

BLOW-UP

Avedon tat nichts, um das Image zu verändern, aber er machte jede Frau ihrem Typus gemäß einfach schön.

Und das geschah durch seine Art, mit den Menschen, die er fotografierte, umzugehen. Er besaß die Gabe, ihnen das Besondere, das er in ihnen sah, zu vermitteln, es aus ihnen hervorzulocken und festzuhalten. Ich glaube, dass sich alle Frauen, auch Männer, bei ihm vor der Kamera sehr wohl gefühlt haben. Wenn ich mit Avedon arbeitete, begab ich mich ganz in seine Hände, konnte voll darauf vertrauen, wie er mich – im Gegensatz zu einigen anderen – sah. Einmal saßen Audrey Hepburn und ich nebeneinander während der Kollektionen in Paris vor dem Spiegel. Avedon sollte ein Porträt von ihr für die ›Vogue‹ fotografieren. Sie schaute mich im Spiegel an und sagte zu Avedon: »Please make me look like her.« Ihr ging es damals nicht gut, sie wurde älter und suchte nach einer neuen Identität. Ich empfand diesen Moment als sehr traurig, sie war so schön, ich bewunderte sie seit meiner Teenagerzeit und wollte immer so aussehen wie sie.

Weiterhin bereitete Ihnen Franco Rubartellis Eifersucht Sorgen. Während Sie vor Avedons Kamera standen, verfolgte Rubartelli Sie oft mit Telefonanrufen.

Ich war deswegen sehr nervös, immer in Unruhe. Unser Zusammensein besaß überhaupt keine Tiefe mehr. Mehr und mehr begann ich einzusehen, dass ich das Schöne, meine Wünsche, in die Beziehung zu Franco nur hineinprojiziert hatte; es war gar nicht vorhanden. Eigentlich war nichts wirklich Persönliches mehr zwischen uns, außer dass wir zusammenlebten.

Auch davon konnte kaum die Rede sein. Sie waren viel unterwegs, nebenbei entwarfen Sie für ›Saks Fifth Avenue‹ eine eigene Kollektion. Filmangebote häuften sich, die Sie oftmals Rubartelli zuliebe absagten. Dann jedoch kam ein Angebot, für das Sie alles stehen und liegen ließen: Dreharbeiten für »Blow-Up«, ein Film von Michelangelo Antonioni.

Veruschka, Haare: Ara Gallant, Japan, Februar 1966. Foto Richard Avedon

Ich war gerade in London, bei einem Termin mit dem Fotografen David Montgomery für das Magazin Queen. Während der Aufnahmen war es ziemlich dunkel im Studio. Irgendwann ging die Tür auf und ein Mann trat ein. Ich sah gegen das Blitzlicht nur seine Silhouette. Lange stand er da, wie angewurzelt. Als die Arbeit beendet war, wurde ich ihm vorgestellt. Es war Michelangelo Antonioni. Er war an diesem Abend nicht sehr gesprächig. Einige Tage später, ich war nach New York zurückgekehrt, rief mich die Produktionsfirma an und sagte, Antonioni würde mich gern für seinen nächsten Film engagieren, für »Blow-Up«. Da war ich sehr, sehr glücklich. Ich war ja ein großer Fan seiner Arbeiten und konnte es kaum fassen. Franco war irritiert: »Nein«, sagte er, »tu es nicht, tu es nicht!« Aber ich blieb standhaft und dachte: »Und ob ich es tue!« Auf dem nächsten Flug nach London schrieb ich meiner Mutter:

Todmüde, da ich bis zum letzten Moment mit meiner Reise nach Libyen beschäftigt war. (Mit Franco wollte ich dort Fotoaufnahmen machen.) Eigentlich ist das alles zu viel, ich wäre viel glücklicher gewesen, wenn die Dreharbeiten später stattgefunden hätten. Franco hat mich zudem an den Rand meiner Nerven gebracht, natürlich aus Eifersucht. Franco ist überhaupt ein Riesenproblem für mich. Zum Glück kann mich niemand zerstören, dazu bin ich viel zu stark. Ich freue mich sehr auf Antonioni. In New York hatte ich ein Mittagessen mit Carlo Ponti, dem Produzenten des Films. Er ist sehr interessiert an mir. Ponti ist himmlisch, so ein ganz gemütlicher Italiener. Er will, dass ich die Kleider für den Antonioni-Film entwerfe, aber dazu werde ich wohl keine Zeit haben. (27. April 1966)

Sie flogen extra nach London, um Michelangelo Antonioni bei einem Abendessen kennenzulernen.

Er war genau wie seine Filme – wortkarg, seltsam, schüchtern, melancholisch, mysteriös. Wir verstanden uns ohne Worte. Er schien überzeugt, dass ich für die Rolle des Fotomodells, die er besetzen wollte, die einzig Richtige sei. Er war begeistert von meinen Ideen. Zum Beispiel schlug ich vor, Haare bis zu den Füßen zu haben. Und da nur ein Hairstylist der Welt so etwas realisieren konnte, rief ich Ara an, der sich auf die Reise machte.

Der Film »Blow-Up« basiert auf einer Kurzgeschichte von Julio Cortázar und erzählt von einem zynischen Modefotografen, den sein Dasein frustriert. Er ist nicht daran interessiert, neue Gesichter zu entdecken; sein Londoner Studio wird von jungen Mädchen frequentiert, die es darauf abgesehen haben, berühmt zu werden – und damit kaum mehr als Zerstreuung für ihn sind. Genau genommen langweilt Mode ihn, er will mehr von der Fotografie, mehr vom Leben. Dieses Mehr wird ein Mord sein, den er zufällig in einem Londoner Park fotografiert. Der Titel des Films bezieht sich auf die Bildvergrößerungen, die der Fotograf von seinen Negativen herstellt, als er sich, von einer Ahnung gepackt, für Details seiner Aufnahmen zu interessieren beginnt. Aus diesem Stoff macht Antonioni eine existenzielle Allegorie über Wirklichkeit und Täuschung.

Mit Antonionis Kunst habe ich mich von Anfang an sehr verbunden gefühlt. Ich bewunderte seine Geradlinigkeit, dass er sich nie aus der

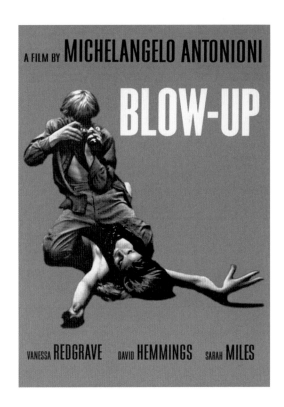

Filmplakat zu »Blow-Up«, 1966

Ruhe bringen ließ. Es fiel ihm sehr schwer, für seine Filme Geld aufzutreiben; alle fürchteten sich vor seiner Arbeitsweise, weil er langsam, weitschweifend, gründlich war. Für eine meiner Szenen saß ich tagelang wartend herum. Dann schauten die Leute von der Produktionsfirma ständig auf die Uhr. Antonioni war ganz ruhig, es kümmerte ihn überhaupt nicht, zumal wenn eine Szene nicht so, wie er sie sich gedacht hatte, funktionierte. Zuerst wollte Antonioni, dass ich zwischen riesigen Glasvasen erscheine. Als entsprechende Ob-

Szene aus »Blow-Up« mit David Hemmings, 1966

Im Gespräch mit Michelangelo Antonioni

jekte sich in London partout nicht finden ließen, war er erst einmal ratlos. Man hätte sie aus Murano einfliegen lassen müssen. Meine Idee, mich in überlangen Haaren wie in einem Spinnennetz zu verfangen, hatte ihm gefallen, erwies sich aber als wenig praktikabel. Ara, der extra aus New York angereist war, hatte dann vor, mit Windmaschinen zu arbeiten. Schließlich ließ Antonioni den Raum mit langen Federn dekorieren. Einmal konnte einen halben Tag lang nicht gedreht werden, weil das Grau eines Hauses am Rande der Szene seiner Vorstellung nicht entsprach. Da wurde das Gebäude dann neu gestrichen. Er war besessen von seiner Ästhetik und nahm sich die Zeit. Natürlich machte das die Produzenten verrückt.

Unmittelbar vor Ihrer ersten Szene mit dem britischen Kollegen David Hemmings, der den Fotografen darstellt und Sie manisch fotografiert, gab Antonioni Ihnen eine einzige Anweisung: »Was immer Sie tun, ist gut, solange Sie zum Schluss beide am Boden liegen.« Dann wurde gedreht.

Veruschka zeichnend in einer Drehpause

Ohne Fragen und mit ziemlicher Gelassenheit stellte ich mich vor die Kamera und begann. Mit mir sprach Antonioni Italienisch und bat mich, die Augen erst halb zu schließen, nicht schon am Anfang. Ich war verblüfft von seiner genauen Beobachtungsgabe. Danach wurde die Einstellung nahezu ohne Unterbrechung abgedreht. David Hemmings gab später zu: »Ich war ziemlich verschreckt von Veruschka, erstens war sie 10 Inches größer als ich und ihre Beine fangen so ungefähr am Hals an.« Er machte seine Sache aber sehr gut.

In Ihrer zweiten Szene stolpern Sie – unter Drogen – durch die Menschenmenge einer Hippie-Party. David Hemmings versucht Sie anzusprechen: »Ich hatte gedacht, Sie sind in Paris.« Sie sehen gläsern durch ihn hindurch und sagen völlig abwesend: »Ich bin doch in Paris ...« Wie die erste Szene wurde auch diese – Ihres Auftritts wegen – ikonografisch.

Noch Jahrzehnte später sprachen mich wildfremde Menschen darauf an, gaben mir wie im Film das Stichwort, sodass mir nur – »Ich bin doch in Paris« zu erwidern blieb. Obwohl es mir bis heute ein Rätsel ist, wie man mit zwei Szenen und zwei Sätzen weltberühmt werden kann.

Inwiefern veränderte sich dadurch Ihr Leben?
Bis dahin hatte ich nur in der Modewelt einen Namen. Nun wurde ich mit Angeboten überhäuft, hätte eine neue Karriere beginnen können. Doch daraus wurde nichts, und das hatte auch mit Rubartellis Eifersucht zu tun. »Sag ab, sag ab! Wir machen den nächsten Film zusammen!« Von allen Seiten fühlte ich mich bedrängt. Es machte mir Angst. Ich war nicht fähig, diesem Rummel entgegenzutreten, fühlte mich als Schauspielerin auch noch längst nicht reif. Vielleicht war es mir daher sogar ganz recht, dass Rubartelli mich nicht gehen ließ. Wenn mein Leben sich verändern sollte, dann aus

Szenenfoto mit David Hemmings

mir heraus, nicht durch Einwirkung von außen. Es gibt Menschen, die ihren Lebensstil total verändert haben, nachdem sie reich und berühmt geworden sind. Ich bin berühmt, aber nie reich geworden, das ist der große Unterschied. Ich vergaß immer wieder, dass ich in meinem Job auch sehr viel Geld hätte verdienen können. Ich hätte es, wenn nicht für mich, doch wenigstens für Freunde oder Bedürftige fordern können!

»Blow-Up«, schrieben Sie einmal, »hatte, kritisch gesehen, auch pornografische Aspekte. Ich war bewusst das Objekt der Begierde.« Waren Sie nicht, solange Sie als Model vor der Kamera standen, immer ein Objekt der Begierde?
Natürlich. Ein Model verkauft immer etwas, verkauft seinen Körper, um andere für das von ihm getragene Produkt zu interessieren. Aber so denkt kein Mädchen, das sich fotografieren lässt; auch ich habe anfänglich nie so gedacht. Es hat mit Verführung zu tun, man flirtet mit dem künftigen Publikum, genau wie beim Film. Pornografisch ist die Szene, in der David Hemmings mich fotografierte, aus meiner heutigen Sicht jedoch nicht, obgleich die Vorgehensweise des dargestellten Fotografen etwas sehr Obsessives hat. Ich bin sehr oft gefragt worden: »Kommt es immer so weit wie im Film, dass Model und Fotograf am Ende auf dem Boden landen?« Das ist selbstverständlich Unsinn. Die Szene ist eine Metapher für einen erotischen Akt.

Haben Sie über die Filmarbeit hinaus mit Antonioni Kontakt gehalten?
Ich habe nur noch einmal, in einer warmen Sommernacht, mit ihm und einigen anderen in Rom auf der Piazza Navona gegessen. Es war mit ihm wieder so ruhig, so angenehm und so unaufgeregt wie in London. Er bestellte eine Suppe mit Salatblättern. Ich fragte ihn: »Was isst du denn da?« Da erklärt er mir, dass er Salatblätter in der Suppe besonders möge, dass er sich seine Suppe immer auf diese Weise zubereiten ließe. Wir waren Seelenverwandte, ganz sicher. Dass ich leider nicht zur Premiere von »Blow-Up« in Cannes erschien, wo der Film die ›Goldene Palme‹ erhielt, hatte mal wieder private Gründe.

Las Vegas 1967, Foto Franco Rubartelli

HIMMEL ÜBER DER WÜSTE

Unmittelbar nach Beendigung der »Blow-Up«-Dreharbeiten flogen Sie nach Rom und von dort mit Franco Rubartelli und Ara Gallant zu einer Modereise nach Libyen. Auf dem Flughafen von Genf schrieben Sie um 4.30 Uhr einen Brief an Ihre Mutter:

Hier sitze ich nun für zwei Stunden vollkommen allein in einem kalten Warteraum, dann Weiterflug nach Rom. Ich bin mehr als erledigt. Habe bis Mitternacht in London den Film gedreht, dann eine Stunde in einem Hotel am Flughafen geschlafen, bin dann zu spät an den Flugschalter gegangen, wo mir ein freundlicher Engländer erklärte, er könne mich nicht mehr auf den Flug bekommen, da 10 Minuten zu spät. Dazu muss ich sagen, dass ich seit zwei Tagen in Rom sein sollte und Franco wütend ist. Riesenkämpfe am Telefon zwischen ihm und dem Metro-Goldwyn-Mayer-Produktionsmann. Das Furchtbare ist eben, dass ich in London kein Visum für Libyen bekommen konnte. Eigentlich hätte ich deswegen nach Bonn gemusst. Franco hat es irgendwie erreicht, dass ich es in Rom erhalten kann. Ich komme also um 9.30 Uhr heute früh in Rom an und fahre danach direkt zum Konsulat, sodass wir womöglich noch am selben Tag nach Libyen weiterfliegen können. Na ja, das war nur mal so ein kurzer Einblick in mein Chaos. Antonioni ist eben in den Wolken, und man kann ihm hundertmal sagen, dass man nur so und so lange Zeit hat, das ändert nichts. Tagelang habe ich herumgesessen. Ich habe große Freude gehabt, diese Sache zu machen. Muss wieder nach London zurück, da wir noch nicht fertig sind ... Ich habe nun erlebt, dass es unheimlich schwierig ist, einen Film zu drehen. (6. Mai 1966)

Die Reise nach Libyen war für mich besonders wichtig, weil ich dafür eigene Kleider entworfen hatte. Ägyptische Wandbemalungen aus dem New Yorker Metropolitan Museum hatten mich dazu inspiriert. Mich faszinierte die reduzierte Darstellung der Körpersprache der Ägypter, ihr seitwärts gerichteter Gang, ihre nach vorne gedrehten Oberkörper.

Warum war dann nicht Ägypten das Reiseziel?
Weil uns nichts weiter interessierte als Wüste und Licht. Diana Vreeland war begeistert von den Entwürfen und sie organisierte alles. Bei Saks Fifth Avenue ließ sie dann die Kleider schneidern. Die Stoffe – blau bedrucktes Leinen – wurden zum Teil extra angefertigt. Für Interessierte fand sich später in der ›Vogue‹ der Hinweis: »To order at Saks Fifth Avenue.« Dann zeigte ich Ara meine Haarentwürfe für diesen Look. Was er auf Grundlage meiner Zeichnungen realisierte, war genial.

Wie verlief die Reise?
Wir flogen von Rom nach Tripolis. Dort blieben wir eine Nacht. Am nächsten Morgen fuhren wir mit einem Militärfahrzeug in die Wüste. Unser Quartier war ein kleines Motel. Jeden Tag machten wir in der Wüste Fotos. Für die Aufnahmen wollte ich die Augen geöffnet halten, ohne zu blinzeln, doch aufgrund des intensiven Lichts wurde ich sonnenblind. Vier Tage lang sah ich nur schwarz. Kurz darauf zog ganz plötzlich ein gewaltiger Sandsturm auf. Wir sahen ihn kommen, als dunkle Wand am Horizont. So schnell wir konnten fuhren wir ins Motel zurück. Der Sand drang bis in die Zimmer hinein, durch alle Ritzen, die ganze Zeit über hörten wir es rieseln.

Libyen 1966,
Foto Franco Rubartelli

Vom Fenster aus konnten wir sehen, wie es sich draußen verdunkelte, es war düstergrau, mitten am helllichten Tag. Ein anderes Mal begegneten wir Nomaden, die auf ihren Kamelen durch die Wüste ritten. Die Tuaregs waren dunkelhäutige, große Gestalten mit feinen Gesichtszügen. Einer von den Berbern – er war ganz in ein blaues Gewand gehüllt – sprach Englisch. Seine Sätze waren kultiviert, seine Gedanken poetisch. Wir unterhielten uns beim Minztee. Am Ende dieser Reise war ich selig, weil wir alles so verwirklichen konnten, wie ich es mir vorgestellt hatte.

Von den Fotos war Diana Vreeland so begeistert, dass Sie Ihnen einen riesigen Strauß Blumen schicken ließ. Auf einer beiliegenden Karte schrieb sie: »Diese Bilder sind zu schön, um wahr zu sein. Und alles ist nur dir zuzuschreiben – die Gewänder, das Haar, das Licht.« Am Telefon fügte sie jedoch hinzu: »Du hast nur einen Fehler, Veruschka, und das ist der Ausdruck deiner Augen. Darauf musst du

Fußballstadion, Rom 1966, Artikel im ›Stern‹

achten. Deine Augen sehen immer zu sehr in die Ferne, das ist eine typisch europäische Eigenart, dieser ständig suchende Blick.«
Sie schrieben in einem Brief an Ihre Mutter:

Sie ist zu komisch, Mrs. Vreeland. Sie sieht ja immer alles, ob sie aber recht hat, weiß ich nicht ... Übrigens werde ich mir einen Jaguar kaufen. Was soll ich eigentlich damit? Na ja, ich werde dann hinten sitzen und mich von Franco durch die Gegend fahren lassen, es soll ein guter Wagen für Reisen sein. Noch mehr Reisen? Um Gottes willen. (19. Juni 1966)

Zwei Monate später bekam Ihre Mutter einen weiteren Brief von Ihnen, dieses Mal aus Hawaii:

Es geht nichts Besonderes in mir vor, außer einem Drang, mich zu Höherem und Höherem zu treiben. Ich habe das Gefühl, wenn ich einmal all den Erfolg habe, den ich will, dann kann ich endlich an etwas anderes denken. Und dann ist es sicher zu spät!!! Dabei brauche ich überhaupt nichts zu machen, der Erfolg kommt wie von selbst. Ich bin eben eine richtige Showbusiness-Person. Woher ich mir das in unserer Adelsfamilie geholt habe, weiß ich wirklich nicht!

Also, ich war schon ein ganz schön eingebildetes Huhn. Weltfremd und ahnungslos, und dabei war ich mir wohl meiner selbst auf einmal vollkommen sicher.

Im Juni 1966 ließen Sie sich von Rubartelli und einem Fernsehteam in ein Fußballstadion in Rom führen. Sie ahnten nicht, was dort auf Sie zukommen sollte.
Als ich die Tribüne betrat, das Spiel war in vollem Gang, entstand auf den Rängen um mich herum auf einmal ein Schweigen. Danach erhoben sich Tausende von Armen und Fahnen und unzählige Menschen grölten mir plötzlich zu. Das war ja eigentlich ganz nett. Aber am Ende, als die Leute das Stadion verließen, wurde es grauenvoll! Ich muss dazu sagen, dass ich sehr auffallend gekleidet war – so, wie ich eigentlich immer angezogen war. Gestreiftes Kostüm mit kurzem Rock und Stiefeln! Die Menschen stürzten sich auf mich wie ein Tier auf seine Beute. Ich bekam Panik und fing an zu rennen. Das war aber kaum noch möglich, da von allen Seiten Leute herbei-

drängten. Ich hatte das Gefühl, als würden mir Hunderte von Händen unter den Rock fassen. Die Männer fingen an, mir den Rock herunterzuzerren. Natürlich versuchten Franco und die anderen vom Fernsehen, mich zu beschützen, aber auch sie wurden angegriffen. Franco hatte keine Hosenknöpfe mehr, als wir zu Hause waren. Unsere Rettung war, dass wir in die Nähe eines Polizeiautos gelangten. Die Beamten setzten uns in einen der vergitterten Wagen. Natürlich war dies für die Masse umso interessanter. Ich beobachtete, wie die Polizisten brutal wurden, als die Leute wie die Wilden an die Fenster des Autos schlugen. Erst nach einer Stunde konnte der Wagen durch die Meute gelangen. Der Grund ihrer Aggressionen war, dass AS Roma das Spiel verloren hatte. Die Anhänger des römischen Clubs wollten einen Grund dafür finden, und dieser Grund war ich: Die Spieler hätten sich durch mein Erscheinen im Stadion ablenken lassen.

Zum Jahresbeginn 1967 meldete ›Die Welt‹, Veruschka sei »noch vor ihren beiden Konkurrentinnen Wilhelmina Behmenburg und Brigitte Bauer Deutschlands teuerstes Mädchen.« Ein Stundenlohn von 240 Mark wurde Ihnen zugeschrieben. Amerika feierte Sie gar als »The Ubermensch«. In einem im ›LIFE-Magazin‹ erschienenen Bericht hieß es über Sie: »Sie ist Ihnen schon aufgefallen. Überall. Halbnackt und heißkalt hingegossen auf frischem alaskischen Schnee; die Wüstensonne siedend auf ihrem gertenschlanken, leopardenfell-bedeckten Leib; katzengleich schleichend in dem Film »Blow-Up«. Veruschka in ihrer Heimat anzutreffen, heißt zunächst einmal – wenn sie sich langsam nähert – eine golden vor dem Himmel wogende Haarmähne wahrzunehmen. Sie geht aufrecht, jedoch nicht statisch, sondern ihre endlose Gestalt wie in Zeitlupe heranbewegend. Sie wiegt nur sechzig Kilo, doch: unglaublich – in all dem Ringen um Raum geben sich auf der schmalen Silhouette dieses Geschöpfs ein veritabler Busen und echte Hüften zu erkennen.«
Ich war in großer Verlegenheit, als ›LIFE‹ diese Geschichte über mich veröffentlichte. Es war eine solche Ehre – elf Seiten, noch dazu das Titelbild! Nur schrieben sie, ich sei 1,87 Meter groß – und das fand ich nicht so gut.

Soldat in Vietnam mit ›LIFE-Magazin‹, 1967

Nun waren Sie ganz oben. Zehn Jahre harte Arbeit lagen hinter Ihnen. Trotz oder aber auch wegen Ihrer Körpergröße waren Sie mit 28 Jahren das berühmteste Fotomodell der Welt. Waren Sie jetzt glücklich?

Glücklich? Was soll ich da sagen? Wer immer nur glücklich ist, der muss ein Vollidiot oder ein Heiliger sein. Ich lebte damals in einem schönen Gefängnis. In Rom konnte ich kaum einen Fuß auf die Straße setzen, ohne von Paparazzi verfolgt zu werden. Rubartelli verzehrte sich immer mehr vor Eifersucht. Nach außen hin glänzte ich, nach innen nicht mehr. Der Erfolg hatte mich blind gemacht, ich hatte den Kontakt zu mir verloren, war nur noch Inszenierung ohne die Möglichkeit, mich zurückzuziehen, auszuruhen und schöpferisch zu sein. Während ich alle anderen für das, was sie leisteten, bewunderte, fühlte ich mich minderwertig. Ich ahnte, wenn ich jetzt aus irgendeinem Grund allein in einer Stadt leben müsste und nur noch Vera und nicht mehr Veruschka wäre, würde ich untergehen.

S. 178/179: Via Condetti, Rom 1966, Foto Franco Rubartelli

Diese Gewissheit erschien mir wie ein Ungeheuer. Irgendwann, das spürte ich, würde alles zusammenbrechen. Die Leere in mir wurde immer größer. Diana Vreeland hatte sie schon gesehen, in meinem Blick. Wenn die innere Leere kommt, gibt es keinen lebendigen Ausdruck.

Noch merkte niemand, dass Sie sich selbst und Ihrer Tätigkeit zu entfremden begannen, alle sahen nur Ihren Erfolg. Wie reagierten Ihre drei Schwestern darauf?

Nona, Gabriele und Catharina waren auf einmal nur »die Schwestern von Veruschka«. Ich weiß, dass es da einen Abstand gab, der nicht gewollt, aber entstanden war. Dann machte Franco ein Foto von uns allen, auch mit unserer Mutter, das als Doppelseite in der amerikanischen ›Vogue‹ erschien. Aber das änderte wenig daran, dass die Schwestern unter meiner Medienpräsenz oft zu leiden hatten. Damals habe ich nicht mit ihnen über dieses Thema gesprochen.

Gottliebe mit ihren vier Töchtern, München 1969

VERSTÖRUNG

Tag für Tag wurden Sie weiter von Franco Rubartelli fotografiert. Ein Buch wollte er mit Ihnen machen, und 1967 begann er, einen Film mit Ihnen vorzubereiten. Er reklamierte beruflich und privat sämtliche »Rechte« an der Verwertung Ihrer Person für sich, mischte sich in Ihre Aufträge ein, hinderte Sie an der Zusammenarbeit mit anderen Fotografen und daran, Filmangebote anzunehmen. Zugleich gab er Ihnen mit jedem Klick das Gefühl, am Leben zu sein. Erst ganz langsam begannen Sie, das Muster zu verstehen. Aber noch immer gelang es Ihnen nicht, sich aus der Verbindung zu lösen. Franco wollte keine Trennung. Er war glücklich mit mir, aber beunruhigt, als er sah, dass ich mehr und mehr zusammensank. Er wollte alles wiedergutmachen – und spürte doch, dass sich etwas verändert hatte. Ich kam nicht los von ihm, weil ich wieder und wieder versuchte, mich in ihn hineinzuversetzen. Das alles ist nun Vergangenheit, und wir sind wieder gute Freunde.

Hunderte von Zeitschriften führten Sie auf ihren Titelseiten, widmeten Ihnen Modestrecken und Geschichten. Die britische Journalistin Brigid Keenan schrieb 1968 im ›Magazin Nova‹ über das von Ihnen begründete Phänomen des Personality Models: »Das weltweit meistgefragte Model wurde sie von ›LIFE‹ genannt, wiewohl sie – nur auf internationalen Routen anzutreffen – für die meisten britischen Zeitschriften ein gar zu märchenhafter Vogel ist. ›Ich lebe ständig aus dem Koffer‹, sagt sie auch von sich selbst. Auf Fotos sehen wir Veruschka gewandet als Leopardentiger, Vogel oder ähnliches Getier, nur praktisch kaum als Frau. In den Kabinen der Londoner Fotostudios flüstert man sich eine Geschichte zu, der zufolge die Utensilien eines englischen Models unbeabsichtigt in Veruschkas Umkleide gelangt seien und wie diese ihr das Zeug laut grölend mit den Worten ›Kleine Mädchen wie dich verspeise ich zum Frühstück!‹ hinterhergeworfen habe. Natürlich ist dergleichen frei erfunden, dem Kult jedoch ist es nur zuträglich. Denn Veruschka zählt zu den ersten Vertreterinnen einer neuen Spezies – des Personality Models.

In den letzten Jahren hat die Modelbranche sich unbemerkt verändert. Bislang war ein Model darauf festgelegt, ein Kleidungsstück so begehrenswert erscheinen zu lassen, dass Käuferinnen glaubten, durch dessen Erwerb mit der Werbeträgerin zu konkurrieren. Heute möchte man meinen, dass Models einzig um ihrer selbst willen begehrenswert sein wollen. Twiggy zum Beispiel posiert auf sechs Seiten als Stummfilmstar – wozu? Veruschka ruht auf dem Ast eines Baums in Afrika, in Kleidung und Aufmachung einem Leoparden zum Verwechseln ähnlich. Ein zugegebenermaßen exquisites Foto von Veruschka. Nur, wie viele Frauen werden sich jemals in einer ähnlichen Situation befinden? Wie auch immer. Es scheint, wenn man den Leuten ein Gesicht mit Namen, noch dazu mit einer Persönlichkeit vorsetzt, dass damit eine Menge Geld zu verdienen ist. Mit einem Namen lässt sich alles, von Kleidung bis hin zu Kosmetik, verkaufen. Eines der Symptome, dass ein Model sich zu einer solchen Berühmtheit wandelt, zeigt sich darin, dass es nur noch willens ist, mit wenigen ausgesuchten Fotografen zusammenzuarbeiten. Veruschka arbeitet nur noch mit einem.«

Als junges Mädchen hatte ich mich immerzu allen unterlegen gefühlt. Nun mit dreißig war es so weit: Ich wollte Erfolg haben mit dem, was ich tat. Es heißt: ›Berühmt zu werden ist eine Entscheidung, die man selber trifft.‹ Dieser Satz ist bei mir hängen geblieben. Als junges Mädchen sagte meine Mutter nicht nur einmal: »Was soll nur aus Vera werden? Was machen wir bloß mit ihr, wie schafft sie nur das Leben?« Es war schwierig mit mir, auch für meine Mutter. Und aus diesem Problem, das ich mit mir in die Welt gesetzt hatte, musste ich mich befreien. Ich wollte raus aus dieser Misere. Es blieb mir keine andere Wahl, als meinen Weg zu gehen, es allein zu versuchen.

In dieser Zeit hielten Sie sich meistens in New York auf.
Die sechziger Jahre bei der ›Vogue‹ hat Grace Mirabella sehr schön beschrieben: »Die Sixties, das waren Lunches im Colony Club mit Jackie Kennedy und ihrer Schwester Lee, Truman Capote, der im Hinterzimmer rumhing und Gossip notierte. Das waren Andy Warhol

Paris 1967, Foto Irving Penn

mit Candy Darling, Viva und der Factory-Truppe, alle stanken nach dreckiger Unterwäsche und Pot und schlichen mit der Kamera durch das ›Vogue‹-Office. Twiggy mit Bodyguard und Manager. Das waren Gogo-Boots, Miniröcke und Psychedelisches. Facepainting, Veruschka, Spaceage-Fashion. Das waren Models, zu stoned, um aufrecht zu stehen, Models, die Pelzmäntel klauten …« Davon habe ich gar nicht so viel mitbekommen. Manchmal ging ich exzentrisch gekleidet auf Partys, auf denen sich Warhol und auch andere bekannte Künstler sehen ließen. Aber ein wildes Partygirl war ich nie.

Ab 1968 intensivierten Sie Ihre Zusammenarbeit mit dem schon erwähnten Haarkünstler Ara Gallant und dem Designer Giorgio di Sant' Angelo. Wenn es gerade passte, wurden manche Kleider während der Sitzungen, die weiterhin Rubartelli fotografierte, einfach umdrapiert oder gar zerschnitten. Die Resultate dieser Zusammenarbeit waren verblüffend und wegweisend für künftige Designer und Stylisten. Mit beiden verband Sie eine enge Freundschaft.

Es hatte einfach zwischen uns gefunkt, wir waren auf derselben Wellenlänge. Sowohl Giorgio als auch Ara waren außergewöhnlich talentiert. Giorgio war unter all den Modeleuten der einzige Mensch, mit dem mich eine Freundschaft verband. Ara wohnte auf der Westside, in der Nähe des Hotel Alden, wo ich weiterhin abstieg. Er lebte in seiner eigenen Welt – und die hatte durchaus etwas Selbstzerstörerisches. Zum Beispiel frönte er einem Luxuswahn. Mit der Subway zu fahren wäre für ihn undenkbar gewesen, es kamen nur Taxis oder Limousinen infrage. Dann musste er in Seide schlafen, seine ganze Garderobe wurde für ihn handgenäht, seine Schuhe, stets Cowboyboots, wurden handgefertigt. Ara war ein großer Exzentriker. Er hatte sehr viel Humor; sein freches Lachen hatte etwas Befreiendes. Seine Wohnung war wie eine Höhle – dunkel, verspiegelt, fensterlos. Meist saßen wir in der kleinen Küche. Im Esszimmer wurden dann ein paar kleine Lichter angemacht, aber der Eindruck des Raumes blieb schwarz. Wir rauchten nonstop, Ara ohne Zigarette gab es nicht.

Veruschka und Giorgio di Sant' Angelo

Während Ara in einfachen New Yorker Verhältnissen aufgewachsen war, stammte Giorgio di Sant' Angelo aus altem sizilianischem Adel. Dennoch verstanden sich die beiden sehr gut. Allerdings lebte Giorgio wirklich im Luxus – und konnte sich ihn auch leisten. Als Ara seinen Lebensstandard nicht mehr halten konnte, war es sein Ende; sein Wunsch nach Luxus ruinierte ihn. Für Giorgio war ein komfortables Leben von Kindheit an selbstverständlich. Er wohnte wunderbar eingerichtet an der Park Avenue. Überall in den Räumen waren viele Kissen, Bücher, Porzellan und bunte Gläser. Nirgends schien er mit seinem Reichtum protzen zu wollen. Die Farbigkeit gab dem Ganzen etwas Warmes, man konnte meinen, man sei in Marokko oder Spanien. Giorgio war immer sehr präsent, stets guter Dinge und voller Energie. Mit ihm hatte man nie schlechte Laune.

Ara nahm sich 1990 das Leben. Begegneten Sie öfter Menschen, die sich zugrunde richteten?
Es gab Models, denen es schlecht ging, die Nervenzusammenbrüche erlitten. Ein Heilpraktiker warnte mich einmal: »Ich kenne Models, die schlimm endeten und nie mehr den Weg zurück in ein normales Leben fanden. Hüten Sie sich, sonst werden auch Sie so enden.« Donyale Luna, das erste schwarze Model, beging Selbstmord, Wilhelmina starb früh an Lungenkrebs, die Amerikanerin Gia Caragni

an Drogen, und auch Margaux Hemingway, alkoholkrank, kam tragisch durch eine Überdosis von Schlafmitteln ums Leben. Ivy Nicholson verarmte und lebte zeitweilig auf der Straße. Das sind nur einige, die einen Namen hatten, aber was ist mit all jenen, die keiner kennt? Zurzeit wollen viele junge Mädchen Model werden, auch solche, bei denen man auf den ersten Blick sieht, dass sie keine Chance haben. Aber keiner in den Next-Top-Model-Shows sagt ihnen, wie ihre innere Einstellung zu diesem Geschäft sein sollte. Man will mit diesen Shows Geld machen, da sind die Tränen der Mädchen ein wichtiger Teil des Business. In den sechziger und siebziger Jahren gab es diese Modelhysterie noch nicht, jedes Mädchen sollte verstehen, dass sie sich niemals ausschließlich auf den Modelberuf fixieren, sondern etwas studieren, einen Beruf erlernen sollte, damit sie in späteren Jahren ihren Lebensunterhalt verdienen kann. Mich hat die Beschäftigung mit der Kunst gerettet.

ERMÜDUNG

Wie ging es in der Zwischenzeit mit Ihrer Beziehung zu Franco weiter?

In Gedanken hatte die Trennung schon begonnen, aber ich zeigte es nicht. Es gab viele gemeinsame Aufträge in Japan und Amerika, die wir zu erfüllen hatten. Ich begann eine Affäre mit dem ›Vogue‹-Fotografen Alexis von Waldeck, die aber enttäuschend endete, als Alexis mit Details aus unserem Liebesleben hausieren ging und mich damit dem New Yorker Stadtgespräch auslieferte. Das machte mich traurig. An meine Mutter schrieb ich:

Ich finde es nicht schön, dass ich älter werde. Es geht alles so schnell, und ich habe manchmal das Gefühl, ich würde nicht intensiv genug leben. So wie Hertha ganz richtig sagt: »Immerzu tun wir das Dringliche und vergessen dabei das Wesentliche.« Ich denke öfter über den Tod nach, über die kurze Zeit, die wir nur vor uns haben, und kann es dann nicht fassen, dass ich so lebe, wie ich lebe. Dass ich nicht ständig begleitet bin von diesem Ge-

Veruschka bei Giorgio in East-Hampton, 1967, Foto Franco Rubartelli

1968, Foto Franco Rubartelli

fühl des Sterbens, dass ich nicht ständig erschüttert bin von dem großen Dunkel, das mich erwartet, von dem ich nichts weiß. Was immer geschehen wird nach dem Tod, wird sicher Ewigkeitslänge haben. Was sind das schon, diese paar Jahre hier auf der Erde, verglichen mit der Ewigkeit! So viele von uns geliebte Menschen sind nun schon irgendwo, und wir wissen nichts. Das ist alles unfassbar für mich ... Ich habe alle Angebote von der ›Vogue‹ für Kollektionen etc. abgesagt, da ich den ganzen Sommer nicht fotografieren werde ... Alexis hat mich ziemlich enttäuscht, er ist eben noch ein Kind. Gestern hat mir Giorgio erzählt, dass auch ganz Paris von meiner »großen neuen Liebe« spricht. Alexis ist überall herumgegangen und hat erzählt, dass er mit mir die Kollektion in Paris machen würde und dass ich alles täte, was er wolle. Er wird natürlich in New York genauso reden. Mir ist so egal, was die Leute denken, aber natürlich ist es mir nicht angenehm, dass Alexis über persönliche und intime Sachen zu Leuten, die ich kaum kenne, redet. Er ist wohl stolz, und ein bisschen kann man es verstehen, aber es ist gefährlich, denn ich weiß nicht, wie weit er in diesen Gesprächen geht; womöglich zeigt er Leuten auch Briefe, die ich ihm geschrieben habe. Ich bin sehr froh, dass Giorgio mir das gesagt hat, so kann ich mit Alexis vorsichtig sein. (Frühjahr 1968)

Ende der sechziger Jahre begannen Sie erneut nach einem Ort, nach Halt und Orientierung für Ihr Leben zu suchen. Die Arbeit trug nicht mehr, auch die Liebe nicht, zudem waren Sie nirgendwo richtig zu Hause. Aus Kapstadt schrieben Sie Ihrer Mutter:
Ich bin so durcheinander. Momentan bin ich wirklich nicht fähig, mit irgendeinem Mann zu leben. Ich weiß das, aber ich habe Angst vor dem Alleinsein. Und dann gibt es wieder Momente, wo ich mich nach nichts anderem sehne. Kurz danach möchte ich wieder nichts anderes als Frieden, als einen Mann und Kinder. Ich brauche endlich einen Boden, und ich weiß nicht, wo ich mich niedersetzen soll. Ich fliege wie ein verscheuchter Vogel umher, ich suche nach der Erde, aber ich brauche den Himmel ... Meine Fotos sind auch nicht mehr gut. Mein Gesicht hat sich verändert, ich bin ein anderer Mensch, bin ganz selbstzerstörerisch, bin hart wie ein Stein geworden, will nichts mehr geben. Und trotzdem kann ich nicht loslassen ... Ich muss mich so anstrengen, um Modeaufnahmen zu machen. Ich bräuchte

dafür im Moment eine Anregung von jemandem, der mich mit einem neuen Auge sieht. Es ist unglaublich, wie ausgesaugt ich mich fühle. Ich kann es kaum mehr ertragen, die Kamera auf mich gerichtet zu fühlen, die etwas von mir will, die unerbittlich auf etwas wartet und die mit einem »Klick« antwortet, auch wenn ich kaum noch etwas herausbringen kann. So wie sie mich zum Sprechen gebracht hat, wird sie mich auch zum Schweigen bringen! Ich habe das Gefühl, ich bin auf einmal wie alle anderen Mädchen geworden: Was ich da tue, können die anderen auch. Ich fühle mich nicht mehr einmalig.

In dieser Zeit widmeten Sie sich mehr und mehr der Bemalung Ihres Körpers.
An einem Tag in Rom, ich war alleine und deprimiert, ging ich hinaus auf die Terrasse der Wohnung, die ich noch mit Franco teilte, und plötzlich hatte ich die Idee zu sein wie die Steine des Terrassenbodens. Ich legte mich hin und malte unter Zuhilfenahme eines Spiegels die Struktur der Steine auf mein Gesicht.

Von Rubartelli fotografiert, wurde aus dieser Bemalung später Körperkunst.
Ich komme von der Malerei, erlebe die Welt mit den Augen eines Künstlers. Auch wenn ich diese Erfahrungen nicht immer bildlich umsetzte, so nehme ich ständig Licht und Schatten wahr, komponiere ich Bilder im Kopf. Genau das passierte damals auf der Terrasse in Rom.

Mich hatte die Struktur der Steinplatten interessiert. Ich hätte diese ebenso gut auf Papier übertragen können, fand es aber spannend herauszufinden, wie perfekt es mir gelingen würde, die Steinstruktur auf meine Gesichtshaut zu übertragen, wie weit es möglich war, »steinähnlich« zu werden. Dazu kam mein desolater psychischer Zustand, der sich damit so »vermeintlich« hervorragend verband. Die Idee, dem Hintergrund ähnlich zu werden, war geboren. Der später bekannt gewordene Steinkopf in Steinen liegend entstand aber erst für den Film, den ich mit Rubartelli produzierte. Wir wohnten damals in der Via Oglio, im Zentrum von Rom. Bevor wir

Rom 1968,
Franco Rubartelli

uns kennenlernten, hatte Franco sehr bescheiden gelebt. Als wir dann bekannter wurden und mehr Geld verdienten, mietete er eine große Wohnung mit einer riesigen Terrasse gleich hinter dem Parco Villa Borghese. Dort begann ich, kleine Objekte zu bauen, Gesicht und Körper zu bemalen, Fotos zu vergrößern und zu kolorieren. Ich suchte nach einem Ausweg, nicht ahnend, dass ich damit den Grundstein für spätere künstlerische Arbeiten legte.

Eines Tages hörte ich schrilles Geschrei und Polizeisirenen vor unserer Wohnung. Ich schaute auf die Straße. Polizisten versuchten auf einer Leiter stehend einen Mann aus dem Fenster des gegenüberliegenden Hauses zu zerren. Er hatte sich jahrelang in seiner Wohnung verschanzt, in furchtbaren Verhältnissen gelebt, war total verdreckt, verkommen und wahnsinnig geworden. Aus Verzweiflung hatte er den Polizisten eimerweise seinen Kot entgegengeschüttet. Er war, so hieß es später, schon jahrelang nicht mehr aus seiner Wohnung herausgekommen. Mit diesem Menschen identifizierte ich mich. Ich versetzte mich in seine Lage, in seine unbeschreibliche Angst, für immer in einer geschlossenen Anstalt zu enden, nie mehr alleine sein zu dürfen. So, dachte ich, könnte es mir ergehen. Der Rückzug in die Kunst war für mich damals Teil meiner Überlebensstrategie.

Paradoxerweise markiert diese Zeit zugleich den Höhepunkt Ihrer Karriere. In einem Beitrag der Illustrierten ›Madame‹ hieß es damals:

»Veruschka – sie saß in der ersten Reihe bei dem Defilée des Top-Couturiers Valentino, nah am Laufsteg. Die langen Beine fanden kaum Platz. Zuvor waren sie über den Steg spaziert. Jetzt saß sie mit dem ihr eigenen, abwesenden verschleierten Blick und kämmte sich das echtblonde, echtlange Haar. Nicht wie Lorelei mit goldenem Kamm, sondern mit einer kleinen Stielbürste. Sie war als Squaw gekleidet, trug einen nussbraunen Wild-West-Poncho über einem handgestrickten Hosenanzug mit nussbraunen Wildlederstiefeln bis zum Knie. Neben ihr Franco Rubartelli, der Leibfotograf. Einige Goldstühlchen weiter die ›Lollo nazionale‹ (Gina Lollobrigida), in bodenlangem Zobel, und die Prinzessin Pignatelli. Sie hatten Grund, vor Neid zu erblassen: Die Paparazzi schossen auf das meistreproduzierte Covergirl mehr Blitze ab als auf ihre mit kunstvollen Locken-

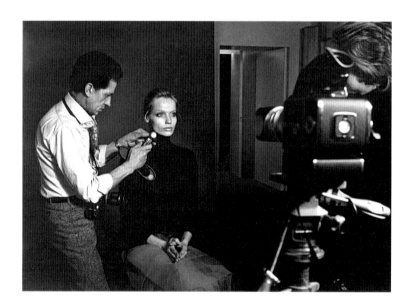

Veruschka mit Pier Luigi, Rom 1969

1969, Foto Pier Luigi

kaskaden toupierten Köpfe und prätentiösen Toiletten. – Wenig später begegneten wir Vera Gräfin Lehndorff – weltbekannt als Veruschka – in Farbdias. Sie wurden in das Defilée von Fausto Sarli im Hilton Hotel eingeblendet und waren ein Beweis für die meisterhafte, nahezu abstrakte Behandlung des Farbporträts und der Aktaufnahmen von Franco Rubartelli. – Beide hielten eine Pressekonferenz im römischen Nightclub Numero Uno ab, unweit des Trevi-Brunnens. Veruschka, diesmal von Kopf bis Fuß in Schlangenleder gekleidet, mit einem cremeweißen Überwurf dazu, erklärte, dass sie es leid sei, sich in allen Posen, allen Be- und Entkleidungen, Bemalungen und Überblendungen fotografieren zu lassen ... Sie möchte nun auch, nach einigen gelungenen kleineren Filmrollen, den Versuch unternehmen, ihren inneren Menschen durch Wort und Mimik zum Ausdruck zu bringen. Und zwar wird sie, im goetheschen Sinne der zwei Seelen, die in unserer Brust wohnen, eine Doppelrolle spielen. Das zwiegespaltene Ich, die reale und die Fantasieexistenz einer liebenden Frau, einer Künstlerin, die mit ihrem Partner, einem magisch-philosophischen Schriftsteller, eine lange Reise unternimmt. Franco ist selbstverständlich der Kameramann, der einen Farbfilm in einer Art von Nichtfarbe im Sinn hat, das heißt, die Realsphäre erscheint in Grautönen, die sich zu leuchtenden Farbvisionen steigern, wenn die Handlung in das Reich der Fantasie übergeht. Von ihm stammt auch der Entwurf für den ›Veruschka‹ betitelten Streifen, den IBIS-Film produzieren wird. Das Drehbuch wurde in enger Zusammenarbeit mit der Titelheldin verfasst, die ihrerseits die Kostüme entwirft. – Die Wirkung dieses Sprosses aus altem ostpreußischem Adelsgeschlecht auf die Männer ist kontrapunktisch: Die einen bezeichnen sie als ›die schönste Frau der Welt‹, nahezu unwirklich schön, so wie man sich in etwa vorstellt, dass die Wesen in 250 Jahren aussehen werden, die in Kristallpalästen an Stahlstraßen wohnen, ohne Krankheiten, Schmerzen und Alter. Für die anderen verkörpert sie mit ihren ellenlangen Gliedern und Händen den Typ der männchenverspeisenden Gottesanbeterin des drohenden Matriarchat-Zeitalters.«

Ursprünglich sollte besagter Film, den Rubartelli in seiner ersten Regie mit Ihnen als Hauptdarstellerin realisierte, ein Dokumentarfilm über Ihre Arbeit werden. Je größer aber Ihre Distanz zu ihm wurde, umso mehr wurde es ein Film über Ihr Leben. Sie hatten für den in Norditalien und Süddeutschland gedrehten Streifen eine eigene Produktionsgesellschaft gegründet, ein Vermögen investiert. Zur gleichen Zeit verliebten Sie sich Hals über Kopf in einen anderen Mann, Massimiliano Patrini aus Mailand, ein kleiner blonder Italiener, der gemeinsam mit einem Freund eine Modelagentur betrieb.
Das war eine intensive Liebesgeschichte. Ich wohnte während der Dreharbeiten eine Zeitlang in Mailand im Hotel Principe Di Savoia. Massimiliano trat eines Auftrags wegen an mich heran. So lernten wir uns kennen – und verliebten uns ineinander. Er besaß ein Motorrad, mit dem wir übers Wochenende Ausflüge aufs Land unternahmen. Dort ritten wir dann auf Pferden, übernachteten in kleinen Hotels. Und immerzu waren wir stoned. Als ich zurück in Rom war,

Veruschka und Franco Rubartelli bei Dreharbeiten zu dem Film »Veruschka«

setzte er sich mitten in der Nacht auf seine Maschine und fuhr zu mir. Häufig hörten wir Jim Morrison, Bob Dylan, Pink Floyd – es war eine kurze, intensive und sehr schöne Zeit. Massimiliano hatte etwas Wahnsinniges. Leider ist er später zu harten Drogen übergegangen. Ich denke oft mit Traurigkeit an ihn – er kam mit der Korruption in seinem Beruf und dem Rest der Welt nicht zurecht.

Für Ihre Affären – Sie trafen anlässlich der römischen Premiere des Films »Easy Rider« auch Peter Fonda wieder – rächte Rubartelli sich an Ihnen, indem er Sie manche Szene bis zum Umfallen wiederholen ließ.
Das lag aber auch daran, dass wir keinen vernünftigen Drehplan hatten. So kam es, dass Franco mich am Vorabend jedes Drehtags fragte: »Und was machen wir morgen?« So ging alles drunter und drü-

ber, und die Kosten explodierten. Er selbst verabredete sich abends in Mailand mit hübschen Models, während ich mich mit Massimiliano amüsierte. Traf man sich am nächsten Tag zum Dreh, war die Laune dann entsprechend.

NEUES LEBEN

1970 trennten Sie sich von Franco Rubartelli. Zuvor, im Herbst 1969, hatten Sie auf dem Pfarrhof Ihrer Mutter den Künstler Holger Trülzsch kennengelernt und sich in ihn verliebt.
Auf einmal stand er vor mir, in einem der Gänge des Hauses, und ich dachte: Was für ein umwerfender Typ. Meine Mutter hatte mir schon von ihm erzählt, aber ich wusste nicht, dass er so schön war. Ich war hingerissen – von seiner Stimme, seinen Augen, seiner angenehmen Art. Gemeinsam mit dem Experimentalmusiker Florian Fricke arbeitete er in Peterskirchen an Tonaufnahmen. Holger war unter anderem Percussionist, das fand ich schon immer sehr aufregend. Er wohnte im ersten Stock, in einem leeren Zimmer. Da bat ich ihn einmal, für mich zu trommeln, und war davon ganz hin und weg. Holger ging es finanziell nicht gut. Die Zusammenarbeit mit Florian Fricke hatte er angenommen, ohne jede Sicherheit, dabei etwas zu verdienen. Er war sehr beeindruckt vom Pfarrhof, auch von meiner Mutter; für ihn war dieser Ort eine völlig neue Welt. Als ich zurück nach Rom musste, brachte er mich zum Flughafen und ich fragte ihn, ob er mich einmal besuchen käme: »Mal sehen«, antwortete er. Natürlich hatte er sich nach mir erkundigt, anfänglich wusste er nicht, wer ich war. Als linker Intellektueller hatte er einem Model gegenüber dann doch gewisse Vorbehalte. Schließlich gelang es mir von Italien aus, ihn zu überreden, nach Rom zu kommen. Zusammen mit Philip, meinem Regieassistenten, holte ich ihn vom Flughafen ab. Holger war entsetzt über uns, denn wir beide waren ziemlich ausgeflippt. Er selbst kam in so einer Jacke an, die er sich aus verschiedenen Fellstücken zusammengeklebt hatte, und mit

einer Trommel unterm Arm. Wir saßen alle drei vorn im Wagen und Philip, total aufgetakelt, redete pausenlos, während ich Holger immerzu umklammerte. Später erzählte er, es sei grauenvoll gewesen, ich sei über ihn hergefallen, hätte lauter Unsinn geredet. Alles war ihm ein bisschen zu viel und er war im Begriff, wieder abzureisen. Als wir die Wohnung erreichten, in der ich vorübergehend untergekommen war, entdeckte ich, dass sich vor dem Haus ein Paparazzo mit Kamera hingestellt hatte und auf mich wartete. Holger war meine Rettung, im übertragenen Sinne. Ich musste mein Leben ändern, das wusste ich, und mit Holger änderte es sich. Morgens saßen wir stundenlang beim Frühstück und unterhielten uns. Plötzlich erschien mir das Dasein interessant, lebenswert und schön. Ich war selig. Der Alptraum, richtungslos durchs Leben zu segeln, war vorüber. Franco fand die ganze Situation unerträglich und klagte, wie sehr er leide. An meiner Entscheidung, mich von ihm zu trennen, zweifelte ich nicht. Aber ich litt mit ihm, denn trotz allem hatte er mich auf seine Weise sicher geliebt. 1970 rief er mich während der Weihnachtstage in Peterskirchen an, wir waren schon getrennt. Er sagte, er sei gerade in einem Hotel in München, und drängte darauf, mich zu treffen. Ich fuhr ihm entgegen, und dann saßen wir irgendwo an einer bayerischen Landstraße in seinem Ferrari und redeten. Als er mich eindringlich bat, doch noch den Film mit ihm zu machen, stimmte ich kurzerhand zu – und fuhr wieder zurück nach Peterskirchen. Die Fertigstellung von »Veruschka« ist letztlich nur jenem wunderbaren Cutter von Antonioni zu verdanken, dem es unter unendlichen Mühen gelang, dem uferlosen Material eine Handlung geben.

Im Frühjahr 1971 war die Uraufführung von »Veruschka« in Rom. Der Film wurde von der Kritik verrissen und hatte Sie ebenso wie Rubartelli finanziell ruiniert.
Anlässlich der Premiere reisten Holger und ich im Auto nach Italien. Als wir in Rom ankamen und in die Stadt hineinfuhren, konnte ich es nicht fassen: Überall hingen riesige Plakate, auf denen in riesigen Lettern der Name Veruschka prangte. Ich war außer mir, denn

genau das hatte ich nicht gewollt. Ich hatte Franco gebeten, im Titel des Films auf diesen Namen zu verzichten, und er hatte ihn trotzdem verwendet. Sehr zu Holgers Ärger wurden wir beide, wo immer wir auftauchten, von Paparazzi belagert. Die Premiere besuchte ich allein. Einmal noch wurden Franco und ich fotografiert – Kopf an Kopf, die Blicke in entgegengesetzte Richtungen –, danach gingen wir getrennte Wege. Der Film wurde ein Misserfolg, und Franco verließ bald darauf Italien. Hoch verschuldet ließ er sich in Venezuela nieder. Mehr als zwanzig Jahre hörte ich nichts von ihm. Erst später erfuhr ich, wie sein Leben weiter verlaufen war – als Filmemacher hatte er in Südamerika wieder viel Geld verdienen können. »Veruschka« war für ihn ein Crash gewesen, der ihn nahe an den Abgrund geführt hatte.

Im März 1971 flogen Sie nach New York, wo Giorgio di Sant' Angelo Ihnen zu Ehren in seinen Geschäftsräumen eine opulente Wiedersehensparty ausrichtete. Nach der Trennung von Rubartelli schien man in Amerika auf Ihre Rückkehr zu hoffen. Unter den 150 Gästen dieses Abends befanden sich Andy Warhol, Candy Darling, Alexis Baron de Redé, Marie-Hélène de Rothschild, Ara Gallant, der Modeschöpfer Halston und Anthony Stanislas Radziwill.

An die glanzvoll dekorierten Räume, auch an einige der genannten Personen kann ich mich erinnern. Lauter verrückte Leute, die eine Show abzogen. Warhol war in einer Gruppe gekommen, machte Polaroids, war freundlich und flüsterte: »You are so beautiful, Veruschka.« Ich fragte ihn: »Und du, Andy, machst du große Kunst?« – »Nein«, erwiderte er sanft. Es waren völlig absurde Gespräche. Jeder spielte seine Rolle, den ganzen Tag, anders hätte ich dort überhaupt

Zeitungsausschnitt ›Woman's Wear Daily‹, 1971

From the left: Giorgio di Sant 'Angelo, Veruschka, Ara Gallant, Baron de Rede, Baroness Guy de Rothschild, Robert Kenmore, Maxime McKendry, Berry Berenson.

nicht existieren können. In New York erzählte man niemals von seinen persönlichen Schwierigkeiten. In Aras Haus wohnte ein Mann, dem ich hin und wieder im Lift begegnete. Man sagte dann »Hi«, und er antwortete: »Thank you very much, fine!« Damals für mich der Inbegriff von Amerika.

Gewissermaßen war die Wiedersehensparty eine Abschiedsparty, was nur noch niemand wusste. Sie blieben nur wenige Wochen in New York, dann zog es Sie zurück zu Holger.
Es waren die ersten Schritte in ein neues Leben, das ich mit Holger in Peterskirchen fortsetzen wollte. Mich interessierte jeder Tag, der anders begann und anders endete. Ich wollte alles neu für mich entdecken, mir alles bewusst machen. Darum fing ich an, meine Eindrücke und Gedanken niederzuschreiben, Tagebuch zu führen. Ich hatte so viel nachzuholen, und Peterskirchen erschien mir dafür der geeignete Ort.

Sie ließen die Großstadt hinter sich, um das Leben auf dem Land in einer Partnerschaft neu zu entdecken. Haben Sie je den Wunsch nach Kindern verspürt?
Ein Kind zu haben war eine für mich unmögliche Vorstellung. Ich fühlte mich so wacklig in dieser Welt; ich war selbst wie ein Kind. Wie hätte ich da ein Kind großziehen sollen? Ich hatte auch gar keine Beziehung zu Kindern, das entwickelte sich erst viel später.

Im Sommer 1971 waren Sie unter den neun Prominenten der 374 Frauen, die sich auf Betreiben von Alice Schwarzer im ›Stern‹ dazu bekannten, ein Kind abgetrieben zu haben. Senta Berger, Romy Schneider und Sabine Sinjen gehörten auch zu ihnen. Seinerzeit war das mutig. Ein Kind abzutreiben war illegal; es stand unter Strafe. Riskierte mit diesem Schritt die »nackte Gräfin«, wie das Magazin Sie einige Jahre zuvor tituliert hatte, Ihren guten Ruf?
Mich interessierte kaum, wie die Presse über mich schrieb. Ich fühlte mich durch Holger an meiner Seite langsam sicherer. Mit ihm hatte ich zuvor alles durchgesprochen und abgewogen. Ich beteiligte

mich also sehr bewusst an dieser Aktion, auch als sie einige Zeit später in Italien wiederholt wurde. Nun wurde offenbar, dass ich doch die Fähigkeit hatte, meinen Verstand zu benutzen. Wenn Journalisten mir dumme Fragen stellten, ließ ich mir nicht mehr alles gefallen, sondern war bereit zu kämpfen, zu argumentieren. Entsprechend unliebsam reagierten sie in der Folgezeit in Berichten über mich. Meinem Ruf schadete das aber nicht.

In der ›Münchner Abendzeitung‹ war am 10. Oktober 1971 unter der Überschrift »Star-Mannequin Gräfin von Lehndorff auf Besuch in München« Folgendes zu lesen:

»Hauptattraktion, alle überragend, ein schlanker, spitzer Fels im Getümmel: Topmodell Veruschka, Gräfin von Lehndorff. Zum Handkuss reicht sie mir die kühle Hand; ich muss mich kaum bücken. Sie wechselt das Standbein; ihr Körper, ein schiefer Turm, gerät leicht ins Wanken, ihr blassblauer Blick bleibt gelangweilt. Langsam schiebt sich ein Knie unter dem hüfthohen Schlitz ihres schwarzen Kleides hervor. Ihr Jaguar-Umhang verrutscht. Auch ein Stück Popo kann man sehen. Freundin Sis Koch (Malerin), die mit Veruschka ein Gut in Peterskirchen bewohnt, wimmelt unerwünschte Zudringlinge ab. Ein Fotograf nähert sich dennoch, wagt

Vera und Holger, Peterskirchen 1976

Peterskirchen 1972, Fotos Holger Trülzsch

sich zu nähern. Veruschka dreht sich ein Stück von ihm weg. Der Fotograf: ›Wäre es denn möglich, dass Sie einmal einen Sprung herüberkommen? Dort drüben steht Barbara Valentin.‹ Veruschka: ›Wer ist das?‹ Der Fotograf murmelt etwas von Sex und Film- und Busenstar. Veruschka: ›Was habe denn ich damit zu tun?‹ Der Fotograf: ›Frau Valentin hat auch einen Pelz an. Ozelot.‹ Veruschka: ›Na und?‹ Der Fotograf: ›Ich meine, Pelz zu Pelz, das wäre doch ein schönes Foto.‹ Veruschka: ›Sie kann ja herkommen.‹ Barbara Valentin kommt. Veruschka: ›Was haben denn wir miteinander zu tun?‹ Barbara Valentin: ›Der Fotograf meint, Pelz zu Pelz, das sei ein schönes Foto.‹ Veruschka will nicht begreifen. Barbara Valentin lächelt süßsauer. Der Fotograf knipst. Veruschka, das Monument, kommt langsam in Schwung: spricht, um nicht noch mal angesprochen zu werden: ›Leute, die schön sind, spreche ich selber an. Hier habe ich noch keinen schönen Menschen entdeckt.‹ – ›Was finden Sie schön?‹, frage ich. – ›Schön ist, was nicht mit der Masse mitläuft. Ich hasse die Masse. Als Kind wollte ich sein wie alle, aber ich war zu groß und zu dürr. Ich war hässlich. Bis ich mir eines Tages einredete, ich sei schön, und dann war ich es auch.‹ «

Mit einer gewissen Sorge beobachtete die Mutter Ihre Entwicklung seit Ihrer Rückkehr aus New York. Am 27. Oktober 1971 notierte sie in ihr Tagebuch: »Am Abend sah ich mir bei Vera und Holger ihre Bilder – gemeinsame Arbeiten – an. Vielleicht sind sie gut, ich kann es kaum beurteilen. Ich sehe Veras winziges Gesicht und ihre völlige Kontaktlosigkeit mit mir, mit der Umwelt. Sie hat ihr Eigenes verloren. Dann wollte sie mir ihre Dias zeigen. Sie waren schön, doch obwohl ich begreife, dass die beiden ihr Werk genießen, war mir die ständige Lobhudelei doch reichlich viel. Vera und Holger gingen zu Bett, nachdem sie die Schwere des Klimas in Peterskirchen beklagt und überhaupt das Landleben für schwierig befunden hatten. Keine Antriebskraft. Man tut Nebensächlichkeiten, und so vergeht die Zeit.« Ihre Mutter nahm Bezug auf Fotos, auch erste Körperbemalungen, die damals in der Zusammenarbeit mit Holger entstanden. War es ein gemeinsames Suchen und Verstehen durch Kunst, war es

Tagebuch,
Mimikry Dress Art, 1972

die Liebe, die Neugier auf den Partner, die Sie zum künstlerischen Experiment bewegten?

Holger hatte Kunst studiert, und als wir zusammenlebten, interessierte es uns, ein gemeinsames Projekt zu realisieren. Ich wollte so viel Zeit wie möglich mit ihm verbringen, da es schön und lehrreich mit ihm war. Wir hatten ja zunächst in Peterskirchen nichts zu tun. Über Gespräche und Versuche fanden wir zu ersten Ideen. Wir kauften eine Kamera, und Holger begann, mich in Verwandlungen zu fotografieren. Wir hatten beide große Freude daran, ich sogar mehr als er. Unsere ersten Fotos waren sehr verspielt. Dann begannen wir, von meinem Stein-Bild inspiriert, mit Farbe zu experimentieren. Die Resultate waren gut, also machten wir weiter. Zu unseren ersten Ergebnissen zählten die Serie »Signs«, dann folgte das erste Mauerbild, der Beginn der Serie »Oxydationen«. Dazwischen realisierten wir die Serie »Mimikry Dress Art«, die sich auf ironische Weise imaginären Bekleidungen widmete, die Holger äußerst gekonnt gemalt hatte. Wir hatten viel Zeit zum Ausprobieren, auch Ruhe. In Peterskirchen waren wir weit weg von allem. In mir breitete sich eine angenehme Stille aus.

Doch ganz hatten Sie das Modeln nicht aufgegeben. 1972, mit 33 Jahren, galten Sie als das international höchstbezahlte und zweifellos berühmteste Fotomodell. Die ›Vogue‹ brachte einen zehnseitigen Beitrag über Sie mit Aufnahmen von Richard Avedon. Zudem schrieb Avedon einen Essay über Veruschka.

VERUSCHKA IS THE MOST BEAUTIFUL WOMAN IN THE WHOLE WORLD

»Veruschka ist die schönste Frau der ganzen Welt. Eine wie sie gibt es nur einmal. Schönheit ist befremdend für den, der sie besitzt, Befremdung ist eine Herausforderung an die Fantasie. Veruschkas Anatomie, ihr Körper, ihre außergewöhnlichen Proportionen haben sie dazu genötigt, sich selbst zu erfinden. Es gibt niemanden, den sie imitieren müsste ... Von Veruschka hat man nie genug. Jede Begegnung mit ihr ist unvollendet und unvergesslich und nicht zu messen an herkömmlichem Leben. Als ich sie zuletzt fotografierte, sagte sie: ›Leb wohl, bis dann‹, und kehrte fünf Jahre nicht zurück. Als sie endlich wiederkam, hatte ich das Gefühl, wir hätten beide jeden Tag darauf gewartet ... Veruschka besitzt die Konzentration eines Kindes, das sich – während sie die Schatten dort setzt, wo sie sie haben möchte, und Strähnen so platziert, wie sie es für richtig hält – in ein geheimes, wortloses Spiel vollkommen vertieft. Worte wählt sie mit Bedacht. Über ihre Haut spricht sie, als habe diese ein eigenes Gedächtnis. Ihre Haut kann müde sein, wenn sie es selbst nicht ist. Von ihrem Haar spricht sie wie von einem losgelösten Skalp. Ihre Brüste hält sie bedeckt vor den einen, vor den anderen nicht. Diese Selektivität hat Auswirkungen auf Intimität, Vertraulichkeit. Ich liebe es, mit ihr zu reden, dieser Stimme wegen. Sie ist einzigartig – tief, unvorstellbar weich und bemerkenswert unsentimental für ein romantisches Mädchen, wiewohl dies ihrer Romantik erst zu wahrer Kraft verhilft. Sie weiß eine ungestörte, zweistündige Konversation zu schätzen, bevor sie sich aufs Set begibt. Nie ist die Zeit vergeudet, und währenddessen wirkt ihre Haut für ihre Gefühle wie Lackmuspapier ... Veruschka ist die einzige Frau, der ich gestatte, sich im Spiegel zu betrachten, während ich sie fotografiere. Veruschka weiß, dass gerade ihre Eigenheiten sie schön machen, und sie versteht es,

S. 206/207 Veruschka, mit dem Great Chrysanthemum Diamant, New York, März 1972.
Foto Richard Avedon

sie hervorzuheben. Es ist wundervoll zu sehen, wie sie nach ihren Unregelmäßigkeiten sucht, um diese noch zu betonen. Bisweilen kommt es vor, dass sie sich während einer Sitzung zu mir dreht, mich ansieht oder in die Kamera blickt, um mir mit weniger als der Regung einer Braue oder dem Schürzen ihres Mundes zuzulächeln, mich zu irritieren ... Ihre Präsenz in einem Raum stellt alles infrage, was man zuvor zu wissen glaubte und bislang zu bezweifeln schien. Ihre Art und Weise schön zu sein ist herausfordernd, und man muss sich darauf einlassen, um diese Herausforderung anzunehmen, oder wissen, dass sonst ihr Glanz für immer verlischt.«

Avedons Schlusssatz liest sich heute wie eine Vorahnung, auch wie ein Abgesang, denn zu der von ihm beschworenen Herausforderung war man bei ›Vogue‹ alsbald nicht mehr bereit. Vor die Wahl gestellt, sich äußerlich zu verändern oder keine Aufträge mehr zu erhalten, nahmen Sie Ihren Abschied. Wie genau kam es dazu?
Avedon und die amerikanische ›Vogue‹ hatten beschlossen, die Pariser Kollektion ausschließlich an mir zu fotografieren. Es war wieder das alte Team: Avedon, Polly, Ara und ich. Das hatte es zuvor noch nie gegeben, normalerweise wurde dafür immer eine Gruppe unterschiedlicher Mädchen gebucht. Wir hatten etwas ganz Besonderes im Sinn, aber eine klare Vision hatten wir noch nicht, wir wollten experimentieren. Die ›Vogue‹ hatte während der Pariser Modeschauen ein Atelier in der Nähe des Place du Palais Bourbon gemietet. Dorthin wurden uns nachts, nach den Schauen, die Kleider geliefert. Alles lief gut – wenn da nur nicht dieser Mann gewesen wäre, der mich zu Tode schminkte. Serge Lutens. Ein toller Künstler – aber er entstellte mich. Vier bis fünf Stunden war er mit meinem Gesicht beschäftigt, mit Reispuder und anderem Zeug, bis ich als Mensch dahinter unsichtbar wurde. Ohne Transparenz wird ein Gesicht zur Maske. Zudem ist man nach vier Stunden Stillhalten total erledigt. Wir hätten gern weiterprobiert, aber sehr viel Zeit blieb uns unter diesen Umständen nicht.

Als die ersten Testfotos in der Redaktion eintrafen, wurde ich vom editorischen Direktor Alexander Libermann und der neuen

Chefredakteurin Grace Mirabella zu einem Gespräch in die Pariser Redaktion gebeten. Sie war angetreten, die ›Vogue‹ den realen Frauen zurückzugeben, »women like me« war ihr Slogan. Keiner von uns war mit den Resultaten sehr zufrieden, aber sie waren als Testbilder gedacht, nicht als Endergebnisse. Dann aber hieß es: »Wir möchten Ihr Image ändern, Veruschka.« Man bat mich, meine Haare zu kürzen und im Ganzen gefälliger zu wirken. Sie wussten selbst, das war mit mir nicht zu machen. Sie bemühten sich, mir diese Änderungen mit großer Höflichkeit nahezulegen, die ich als Eingriff in meine Autonomie empfand. Sie wollten Macht über mein Aussehen haben, und das wollte und konnte ich nicht akzeptieren. Avedon verstand mich gut, diesen anderen Look sah auch er nicht an mir. Und so bat ich Libermann und Mirabella, mich zu entlassen. Sie entschieden sich daraufhin für ein US-Model, das viel Werbung machte, mit einem schönen, feinen Gesicht. Und sie hatte das, was ich nicht hatte – ein *happy face,* das sich gut verkaufen ließ.

Als die ›Vogue‹-Leute mein Image infrage stellten, wurde mir klar, dass ich hier am falschen Platz war. Diana Vreeland war eine Fantastin gewesen und hatte mit großen, geradezu opulenten Budgets gearbeitet – doch nicht immer klug gewirtschaftet. Aber sie hatte auch für ein paar Jahre einen Zauber geschaffen. Damit war es nun vorbei, es begann eine neue Zeit.

Demzufolge wurde in Paris auch nicht weiterfotografiert.
Ich hatte abgelehnt, mich nach ihren Vorstellungen zu ändern, also ging ich. Am Abend vor meiner Abreise waren Avedon, Ara, Polly und ich noch im La Coupole verabredet, seinerzeit das größte und schönste Restaurant von Paris. In diesem Riesensaal sah und traf man alle. Ich betrat ihn in Schuhen, die eine 15 Zentimeter hohe Plateausohle hatten. Holger hatte sie für mich aus Kork angefertigt. Da es ein sehr heißer Sommerabend war, trug ich nur ein Hemd, das ich mir in Peterskirchen hatte nähen lassen: Ganz kurz, aus weißem Nessel, hing es wie ein Kinderhemd gerade so über den Po. In diesem Aufzug, fast zwei Meter groß, betrat ich das Coupole. Im ganzen Saal verdrehten die Menschen die Köpfe. Ich ging zum Tisch, an dem

schon alle saßen. Aber da war jemand, den ich noch nicht kannte. Avedon stellte uns vor: Richard Lindner, der berühmte Maler. Lindner stand auf, um mich zu begrüßen, allerdings wurde er dabei kaum größer als im Sitzen. Es ging ein Raunen durch den Saal, weil ihn jeder kannte. Ich beugte mich nach unten, damit wir uns in die Augen sehen konnten. Diesen Moment werde ich nie vergessen, weil ich es unglaublich aufregend fand, dem großen Lindner zu begegnen. Aber für ihn war ich sicher eine kuriose Erscheinung. Es wurde ein wunderbarer letzter Abend. Dann packte ich meine Koffer und fuhr nach Peterskirchen.

Sie haben einmal gesagt, viele Leute seien damals verärgert gewesen, weil sie darauf spekuliert hatten, weiterhin an Ihnen zu verdienen.
Jedenfalls wurde es mir später durch meine Agentur so zugetragen. Inzwischen war ich bei ›Zoli‹ unter Vertrag, wo die Models, Schauspieler, Regisseure nur so ein und aus gingen – eine große, exquisite New Yorker Agentur mit ganz besonderem Flair. Der Agenturgründer, den alle Zoli nannten, war ein enger Freund von Ara; später war er einer der Ersten, die an Aids starben. Gemeinsam mit seiner polnischen Geschäftspartnerin, die mit dem Regisseur Ivan Passer liiert war, lebte er in einem alten Brownstone, einem Sandsteinhaus an der Upper East Side. Einmal wurde dort die Filmpremiere von »One Flew Over The Cuckoo's Nest« gefeiert mit Jack Nicholson, Dustin Hoffman, Al Pacino und Faye Dunaway. Ich stieg die Treppe hinunter, als würde ich zur Oscar-Nacht gehen, flirtete mit Dustin Hoffman, der große Frauen besonders liebte.

Mit Zoli und seiner Partnerin arbeitete ich auch in Zukunft gut zusammen. Ich hatte ja nicht meinen Abschied gegeben, sondern nur die Zusammenarbeit an der Kollektion beendet, es wurde nur vorübergehend etwas ruhiger um mich. Ich wollte mich einfach nur zurückziehen.

Der Entschluss, weniger in der Modewelt tätig zu sein, brachte in Ihren künstlerischen Arbeiten (Lehndorff-Trülzsch) das Sujet des Verschwindens hervor. War es Ihre Intention, auf diese Art und

Filmfestival Taormina, 1967

Weise das Image des Models zu konterkarieren?
Es war die natürliche Weiterentwicklung in den gemeinsamen Projekten mit Holger, unsere Intentionen bezogen sich weniger auf meine Arbeit als Model.

Holger Trülzsch erläuterte 1998 in einem Interview mit ›Dazed & Confused‹:
»Vera bot mir die wunderbare Gelegenheit, mich dem Malen wieder zuzuwenden – noch dazu auf der Haut jener Frau, die ich liebte. Ein seltsamer Moment der Übereinkunft und zugleich eine sehr universelle Situation. Mit der Haut in Berührung zu kommen, ist der Traum eines jeden Malers ... Bis dahin war Veruschka die Madonna der Medien, und dieses Image zu unterwandern, ja gegen sich selbst zu richten – Veruschka mit schmutziger Haut zu sehen – bedeutete eigentlich, dem westlichen Narzissmus einen Spiegel vorzuhalten ... Ich glaube, Veruschka war an einem Punkt angelangt, an dem ihr Ruhm sie sehr zu langweilen begann. Eben noch war sie als schönste Frau der Welt tituliert worden, da beschlossen wir, dieses Bild ad absurdum zu führen ... Als wir 1973 unsere Mimikry-Dress-Art-Bilder Andy Warhol zeigten, hätte dieser gern sofort ein Buch daraus gemacht. Aber wir wollten uns nicht zum Spielball eines weiteren Warhol-Geschäfts machen lassen, sondern die Indifferenz der Massenmedien nutzen. An der New Yorker Kunstszene waren wir nie besonders interessiert, und in Europa oder Deutschland war Kunst so moralistisch, dass wir uns erst gar nicht darauf einließen ... Nach reiflicher Überlegung kamen wir zu dem Schluss, dass wir etwas finden mussten, das rau und im Widerspruch zur Haut stehen würde – wie splitternde Farbe oder rostiges Metall. Etwas Brutales, das Vera, mein Ego, ihr Ego, und sogar ihr Image verschwinden lassen würde. So kamen wir auf die Serie ›Oxydationen‹ und später auf ›Sirius‹, ein Projekt, das wir im Recyclingzentrum von Prato, einer Stadt in der Toskana, realisierten und, basierend auf meinen skulpturalen Vorstellungen, der Rekonstituierung des menschlichen Körpers inmitten von Strukturen ausgesonderter Textilien widmeten.«

RÜCKZUG

Erzählen Sie ein wenig von Ihrem damaligen Lebensmittelpunkt, dem alten Pfarrhof im bayrischen Peterskirchen.

Auch zu Beginn der siebziger Jahre hatte das große Anwesen eine enorme Anziehungskraft auf Freidenker, Kunstschaffende, Kreative. Der Pianist Friedrich Gulda lebte dort für längere Zeit in einem Wohnwagen, der im Garten stand. Wir hörten ihn Bach-Sonaten spielen, stundenlang. Ein unvergesslicher Genuss! Außerdem arbeitete er zusammen mit der Experimentalmusikgruppe ›Anima Sound‹.

Ich hielt mich gerade im Pfarrhof auf, als der Regisseur Werner Herzog auftauchte und von ungeheuer waghalsigen Abenteuern berichtete, die er bei den Dreharbeiten zu »Aguirre, der Zorn Gottes« erlebt hatte. Holger und Florian Fricke produzierten den Soundtrack zu Herzogs Film in einer nahen Barockkirche. Immer wieder sind seinerzeit auch prominente Leute auf dem Pfarrhof erschienen, etwa Thomas Bernhard, dem ich aber leider nie begegnete, Hanna Schygulla, Rainer Werner Fassbinder, Jack Nicholson, Anjelica Huston, Ingrid Caven, Markus Lüpertz.

Warum kamen sie alle nach Peterskirchen?

Gegenseitige Anziehung, würde ich vermuten. Einmal kreuzten auch Rainer Langhans und Uschi Obermaier auf. Langhans proklamierte, er sei Vegetarier, und meinte: »Hier esse ich nichts!« Dann gingen alle zum Schwimmen, nur er nicht. Als wir auf den Pfarrhof zurückkehrten, hatte er den ganzen Eisschrank leergegessen, auch die Wurst war verschwunden.

Viele Besucher kamen auch meiner Mutter wegen. Sie war der Mittelpunkt des Hauses, wurde von allen sehr bewundert, nicht nur, weil sie mit sechzig immer noch so schön war. Es waren ihre Herzlichkeit, ihr Humor, ihre Großzügigkeit, die alle schätzten und so liebten. Sie lief in Jeans und Turnschuhen herum, sonnte sich mit nacktem Busen, allerdings nicht vor allen. Damals wurden große

Tagebuch, Paris 1973

Sommerfeste im Garten inszeniert, es wurde viel Musik gemacht und Filme gezeigt, die wir auf Super-8 drehten. Von Zeit zu Zeit gaben Gottliebe und Fritz auch Essen. Im Sommer trank man Tee unter einem großen Zeltdach, im Winter saß man in der von Kerzenleuchtern aus Steinort erleuchteten Bibliothek.

Peterskirchen war für mich ein Zufluchtsort. Obwohl dort immer viele Menschen waren, konnte man sich sehr gut zurückziehen. Das große Haus bestand eigentlich aus mehreren Wohnungen. So konnte man immer entscheiden, ob man Gesellschaft wünschte oder nicht

Wie war es, wenn Verwandtschaft zu Besuch erschien?

Das kam nicht vor. Meine Großmutter Mellenthin lebte in einem Altersheim und wurde jede Woche von meiner Mutter besucht. War ich in Peterskirchen, fuhr ich öfter mit.

Wenn Sie von Zeit zu Zeit noch Aufträge als Model annahmen, so geschah dies, im Gegensatz zu früher, vor allem aus finanziellen Erwägungen. Ein Artikel der Journalistin Eve Pollard, erschienen im Februar 1973 im britischen ›Sunday Mirror‹, ist ein Spiegelbild jener Welt, die Sie damals schrittweise hinter sich ließen:

»Das teuerste Model der Welt trägt ausgeblichene Jeans, Schuhe in Größe 43 und ist von ziemlich männlicher Statur – und das nicht nur, weil sie 1,83 m groß ist und in Männersocken steckt. Veruschka, Supermodel aller Zeiten, die 8000 Pfund für zwei Tage Arbeit in der Werbung nicht nur verlangen kann, sondern auch verdient, hat Millionen von Seiten in Hochglanzmagazinen geziert. Ein Pin-up-Girl ist sie nie gewesen. Auch nicht Teil des Jet-Sets. Oder gar eine Marke. Sie ist einzigartig. In all meinen Jahren als Modeberichterstatterin und Disponentin für Modeaufnahmen habe ich Tausende exquisiter Modeltypen gesehen. Nie jedoch eine solche Hochklasse-Amazone mit deutschem Akzent. Selbst eine Kreuzung aus Twiggy, Jean Shrimpton und Donyale Luna wäre seinerzeit nicht so vornehm gewesen. Stets hatte ich die Vermutung, es sei ihr Zwang, sich permanent in bizarren Posen fotografieren zu lassen, der Veruschka ganz oben bleiben ließ. Aber ich wollte mich vergewissern, und so wurde ein Treffen arrangiert. Wir trafen uns vor einem Fotostudio in Knightsbridge. Sie schaukelte mir entgegen, wirkte verloren in der Londoner Straße, in einen Leopardenumhang (samt Klauen) eingehüllt. Er schleifte im Rinnstein – sie schien es nicht zu bemerken. Darunter trug sie die Modeluniform – zerschlissene Jeans, eine dazu passende Jacke, T-Shirt, keinen BH und leuchtend rote Boots. Ihr Haar, in Lockenwicklern, versteckte sie unter einem blauen Schal. Das fantastische Gesicht, wenn sie lacht, was nicht oft geschieht, zeigt die Linien einer Dreißigjährigen. Die Augen sind mit blauem Eyeliner betont. Falsche Wimpern sind den eigenen einzeln hinzugefügt. Der ohnehin großzügige Mund ist sorgsam mit Lipgloss versehen. Die Wirkung indes ist natürlich. Da sie so groß ist, fließen ihre Worte als Gemurmel zu mir auf Brustniveau hernieder. ›Immer wieder wird mir gesagt, ich sei das teuerste Model der Welt. Aber ich tue durchaus nicht alles für Geld. Es gibt vieles, das ich gern mache, auch wenn keine so hohen Gagen gezahlt werden. An Luxus ist mir nicht gelegen. Wenn ich aber irgendetwas kaufen möchte, ist es schön zu wissen, dass ich es mir leisten kann. Ich will keinen Rolls-Royce, für so etwas arbeite ich nicht. Ich kaufe mir auch kein Geschmeide. Vielleicht afrikanischen Schmuck, wenn ich mal im Land bin. Aber ich leiste mir keine Diamanten ... Zu meinen Maßen möchte ich nichts sagen. In den Augen der meisten Menschen bin ich ja gar nicht schön. Natürlich ist es schmeichelhaft, die schönste Frau der Welt genannt zu werden. Glauben muss man das nicht. Man nennt mich auch Baroness von Lehndorff, genau genommen bin ich eine Gräfin. Aber das macht nichts, ich muss mit meinem Namen nicht hausieren gehen. Viele glauben sogar, ich hätte ihn erfunden. Der Titel hat mir ohnehin nie genützt, wir haben keine Besitzungen mehr. Diese befanden sich in Ostpreußen und sind längst verloren. In meiner Kindheit bin ich, meist bei Freunden wohnend, von Haus zu Haus gezogen. Darin liegt wohl auch der Grund, warum ich keinen Ort in der Welt mein Zuhause nenne. Im Heiraten sehe ich keinen Sinn. Was würde sich ändern, wenn ich verheiratet wäre? Nur mein Name. Kinder? Kinder müssen sesshaft sein, sonst leiden sie wie ich in meiner Kindheit, darum bin ich kinderlos. Ich muss frei sein können, ich bin überhaupt nicht häuslich. Aber ich bin auch nicht bindungslos. Wenn ich jemanden mag, bleibe ich vielleicht ein Weilchen. Spannend wird es immer nach den ersten Begegnungen. An einem bestimmten Typus Mann bin ich nicht interessiert. Geistige Anziehung ist, was für mich zählt.‹ Veruschka kann es sich leisten, unbesorgt über ihr Image zu sein. Seit fast zehn Jahren ist sie hoch bezahlt. »Ich gebe mein Geld für Kameras und Reisen aus, nicht für teure Kleidung oder Antiquitäten. Und dieses Leopardenfell ist ein Geschenk. Ich werde häufig kritisiert, weil ich es trage, aber es ist so fabelhaft. Es wäre doch absurd, zu behaupten, ich würde niemals einen Pelz anziehen. So endgültig kann man das nicht sagen.« Und wie schafft sie es, sich um diesen Körper, der 3,58 Pfund pro Pfund pro Stunde wert ist, zu kümmern? »Ich unternehme nichts Außergewöhnliches. Keine Diät. Ich gehe in die Sauna, gönne mir, wenn möglich, Massagen. Also das, was alle machen, oder? Auch pflege ich mein Gesicht, aber ohne allzu große Hingabe. Ich habe nicht sehr viel Zeit dafür.« Ihre Haut, die sich über diese unglaublich wohlgeformten Wangenknochen erstreckt, ist gut für eine Dreißigjährige. Aber die Falten machen sich bemerkbar, wenn sie ihre Stirn verzieht. Mehr als jedes andere Model versteht sie es, für Bilder zu posieren. Sie kennt jeden Ausdruck, jede ihrer Wimpern. Bevorzugt lässt sie sich mit einem Spiegel hinter der Kamera fotografieren, sodass sie im Blick hat, wie sie sich auf unbändige Weise beugt und bewegt. Sie lächelt selten. »Ich sehe blöd aus, wenn ich lache.« Ihre besten Bilder, weiß sie, sind jene ihres Gesichts in sinnlichen oder ruhigen Posen. Am besten gefallen ihr Fotositzungen, in denen sie

Tagebuch, Peterskirchen 1973

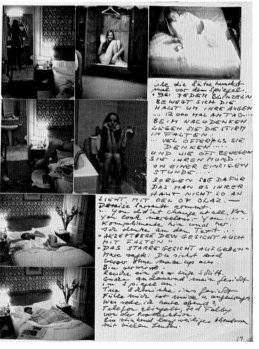

Perücken, falsche Wimpern, überhaupt alles Künstliche trägt. »Das Aufregendste am Modeln ist doch, dass man sich verwandeln kann«, erklärt sie. »Und das kann ich. Wenn die Bilder mal nicht gelingen, muss man eben experimentieren.« Wir sitzen im Studio, sie zieht sich einen Nylonstrumpf übers Gesicht, grimassiert für die Kamera und sieht dabei aus wie ein Gorilla während eines Banküberfalls. Wenn man ihr Geld verdient, kann man sich so etwas leisten.«

Noch entsprachen Sie aber ganz dem Bild Veruschkas, das Sie Jahre zuvor kreiert hatten. An der äußeren Wahrnehmung Ihrer Person sollte sich auch in Zukunft nichts ändern.

So war und blieb es. So bin ich berühmt geworden, so werde ich von einigen bis heute gesehen. Das große Geld verdient ein Model mit Werbekampagnen und -filmen. Es gab Mädchen wie Lauren Hutton, die weitaus geschäftstüchtiger waren als ich. Besonders in Werbefilmen habe ich nur selten mitgewirkt, weil ich keinen Bezug dazu fand, ein paar banale Sätze zu sagen und dabei hübsch auszusehen. Als ich 1974 in Paris mit dem französischen Fotografen Jeanloup Sieff einen solchen Film machen sollte, entglitten mir selbst die einfachsten Sätze – als würden diese zu meiner neuen Welt nicht mehr passen. Im Hotel setzte ich mich damals aus Spaß, aber auch Verzweiflung in einen Schrank, um mich selbst zu fotografieren. In meinem Tagebuch notierte ich:

Mit Jeanloup Sieff bis vier Uhr morgens auf Videotape für ein Commercial getestet. War sehr nervös. Jeanloup wollte, dass ich den Text wie eine Liebeserklärung flüstere. Kam mir albern vor. Er fand es schlecht, ich fand es schlecht. Keiner sagte, was er dachte. Bekam Panik, da ich den dummen Text nicht behalten konnte. Dreißig Sekunden Film wurden zum Problem. So etwas kann ich nicht sagen. Übe die Sätze hundertmal vor dem Spiegel: »Bei jedem Blinzeln bewegt sich die Haut um Ihre Augen, 12 000 Mal am Tag ... Beim Nachdenken legen Sie die Stirn in Falten, viel öfter, als Sie denken ... Und wie oft bewegen Sie Ihren Mund, in einer einzigen Stunde ... Sorgen Sie dafür, dass man es Ihrer Haut nicht so ansieht. Mit dem neuen Oil of Olaz.« Denise Sarrault kommt: »Du kannst es nicht ändern, Vera, du siehst wundervoll aus. Du ...« Komplimente hin und her. Ich denke an den

Aquarell 1973

Text: »Akzeptiere dein Gesicht auch mit Falten.« Jemand sagt: »Du siehst ohne Make-up viel besser aus.« Bin verwirrt. Gucke andauernd mein Gesicht im Spiegel an. Fühle mich todmüde und angestrengt. (Paris, 27. August 1973)

Den Sommer 1973 verlebten Sie auf dem alten Pfarrhof. Oft saßen Sie stundenlang allein und untätig, bisweilen auch apathisch im schattigen Zelt. Gäste empfanden Sie als Eindringlinge, Sie sehnten sich mehr und mehr nach Zurückgezogenheit. Auch das zeigen Tagebucheinträge von Ihnen, ebenso wie die Fotoserie, bei der Sie Schritt für Schritt hinter zwei Stoffbahnen verschwinden.

Auf einmal verspürte ich den Wunsch, allem mir Bekannten und Vertrauten den Rücken zu kehren. Das Gewicht des Sinnlosen wuchs Tag um Tag. Und je mehr ich feststellte, wie viel Sinnloses sich häufte und wie viel Sinnvolles unberührt blieb, umso mehr Sinnloses tat ich, bis ich beschloss, mir den Rücken zu kehren, auf eine Reise zu gehen, ein Abenteuer zu erleben. Und wie ich noch unschlüssig durch Gärten, Häuser, Zimmer und Gänge lief, war da plötzlich der schwarze Schlitz vor mir. Ich hatte den Eingang gefunden. (Peterskirchen, 8. September 1973)

Warum habe ich immer so furchtbare Angst? Ich kann den Druck der geräuschvollen Stille kaum in meinen Ohren ertragen. Ich habe das Gefühl,

von einer unsichtbaren Gewalt erdrückt zu werden. Ich lausche ohne Unterlass. Da ist die Angst, von etwas überfallen zu werden, das ich nicht bemerkt habe, etwas, das mich von hinten anfällt. Ich meine öfter, Schritte und Flüstern zu hören. Dann halte ich den Atem an. Die Nachtängste sind immer schlimmer geworden in den letzten Jahren. Und dann diese unerträgliche Sehnsucht nach etwas. Was ist es? Mit dieser Sehnsucht wache ich morgens auf, mit ihr gehe ich abends schlafen. Erfüllt sein! Von was?
(Peterskirchen, 7. September 1973)

Wurde früh wach, stand um halb neun auf, wollte heute viel an meinem Tagebuch arbeiten, wachte jedoch mit unfassbarem Angstgefühl auf. Die Zeit vergeht, und ich komme nicht voran. Aber wohin dann? Warum immer dieser Leistungsdruck? Das Problem ist hier in Peterskirchen oder überhaupt auf dem Land, dass man sich zu sehr gehen lässt und darüber unglücklich ist. So ist es bei mir! Ich gebe mir sehr schnell nach und bin deswegen oft

Tagebuch, Peterskirchen 1973

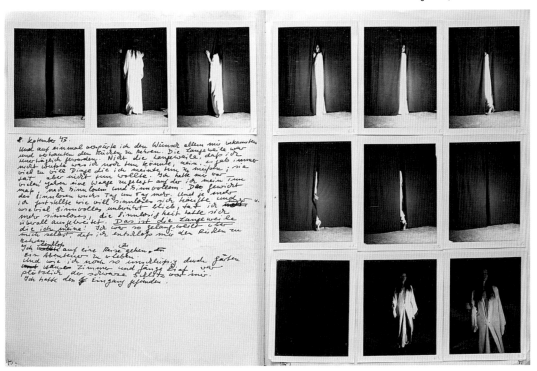

frustriert. Ich kann die Mittelmäßigkeit an mir nicht ertragen. Ich möchte fantastisch sein in allem, was ich denke oder tue, in meinem Aussehen, in meinem ganzen Leben, halte mich aber selbst immer davon ab. (Peterskirchen, 28. September 1973)

»Vera«, schrieb in jenen Tagen Ihre Mutter, »scheint mehr und mehr erloschen.« Dennoch planten Sie um die gleiche Zeit, wieder nach New York zu ziehen, wie aus Ihrem Tagebuch hervorgeht:

Den großen Star spielen, exzentrisch auftreten, möchte ich auf gar keinen Fall mehr. Ganz in Vergessenheit geraten möchte ich aber auch nicht!!! Ich möchte schon noch meinen Namen in Verbindung mit einer qualitativ guten Sache sehen. – Zwanzig Jahre habe ich gelitten unter mir und der Welt, zehn dieser Jahre bewusst unter mir und meinem Äußeren. Zehn Jahre habe ich mich dann von der ganzen Welt ununterbrochen bestätigen lassen. Das müsste eigentlich für eine Weile reichen! Vor zwei Jahren hat eine neue Phase begonnen. Ich habe mich zurückgezogen, daher nicht mehr so viel Bestätigung. Noch lebe ich aber in der Vorstellung, dass ich mir, wann immer ich wieder in die Öffentlichkeit trete, den Erfolg holen kann – dass er noch da ist, wenn ich ihn will … Bei der Vorstellung, dass wir nun bald ganz in New York leben werden, bin ich einerseits wie erlöst; endlich beginnt wieder das aktive Leben. Andererseits habe ich Bedenken, dem Zwang, immer auf irgendeine Weise in der Öffentlichkeit glänzen zu müssen, zu unterliegen. (Peterskirchen, 13. Oktober 1973)

Statt behutsam Ihr künstlerisches Potenzial zu entfalten und Ihr sensibles Naturell zu pflegen, kehrten Sie in die trügerische Sicherheit alter Strukturen zurück. Warum gewährten Sie sich keine Freiheit, keine Zeit?

Nach einem Jahr in Peterskirchen fühlten Holger und ich uns dort eingeengt, war die Stadt wieder von Reiz für uns. Zugleich war es eine Flucht vor der sich in mir anbahnenden Krise. In Peterskirchen gab es nichts, was mich ablenkte, ständig war ich mit mir selbst konfrontiert. Ich wollte weg. Holger hatte Lust, nach New York zu ziehen. Wir stellten uns vor, eine Loft-Wohnung in Soho zu mieten, und packten unsere Kisten in der Annahme, dass dort alles besser würde. Ich hatte jedoch eine schwache Ahnung, dass das Ganze kein gutes Ende nehmen würde.

Aber Sie trauten sich nicht, es Holger zu sagen.
Weil ich es mir selbst nicht eingestehen wollte. Wir hatten schließlich einen Entschluss gefasst. Es hätte ja auch alles gut gehen können. Einen Konflikt sah ich in New York mit Sicherheit kommen: Holgers Welt und meine vergangene würden dort aufeinanderprallen. Seine Sicht der Dinge war inzwischen sehr wichtig für mich geworden, alles, was er sagte, sank tief in mich ein. Das aber galt auch für seine Kritik, zumal an Menschen, die mir etwas bedeuteten. Ich begann, bestimmte Sachen auf eine Art und Weise zu hinterfragen, wie es in der Welt der Mode und des Films nicht unbedingt üblich war. Wenn ich in dieser Lage meinen Zweifeln und meiner Verwirrung hätte Ausdruck geben können, wäre diese Zeit des Umbruchs besser zu bewältigen gewesen. Aber dazu war ich nicht mehr stark genug. Ich hatte den Überblick verloren. Ende November kamen wir dann in New York an, wo wir anfangs eine Dreizimmersuite mit zwei Bädern im Hotel Alden bezogen. Meiner Mutter schrieb ich:

Nun sind wir fast eine Woche hier. Die Umstellung von Peterskirchen auf New York ist viel größer, als ich gedacht hatte. Ich sollte alles langsam angehen, aber ich bin in den letzten Tagen sehr nervös und verängstigt gewesen. Leider ist das Hotel auf Dauer viel zu teuer (650 Dollar im Monat) und wir müssen uns so schnell wie möglich ein Apartment suchen. Ich werde mich in den kommenden Tagen gleich im Actors Studio und ebenso für Gymnastik anmelden, sodass ich in eine gewisse Disziplin komme. Nächste Woche mache ich mit Avedon eine Fernsehwerbung. Mrs. Vreeland will, dass ich für eine Fashion Show im Metropolitan Museum eine Schaufensterpuppe bemale. Ich glaube aber, dass ich es ablehnen muss, da ich keine Zeit dazu habe. – Besonders in unseren Köpfen sind wir noch gar nicht so ganz angekommen, aber diesem Druck von außen, diesem Busy-Sein kann man nicht entgehen. Leider rauche ich auch schon wieder wie ein Schlot und sehe daher ziemlich mitgenommen aus, zumal wir in den letzten Tagen viel zu spät ins Bett gegangen sind und man morgens immer so früh aufwacht wegen der Zeitumstellung. Das Anstrengendste aber ist für mich, dass ich vor den Leuten keine Show abziehe, dass sie das eigentlich erwarten – und ich dann wiederum darunter leide. Ich stehe so oft ohne Verkleidung und Maske da. Ich weiß noch nicht, welche Verkleidung ich mir diesmal als Schutz zulege. Holger und ich sehen aus wie zwei verwirrte Menschen vom Land – und das sind wir ja auch!! (2. Dezember 1973)

Gestern erhielten wir noch Deinen Brief. Ich bekam etwas Heimweh, als ich die rote, dicke Klucke (den Pfarrhof) so friedlich im Schnee sitzen sah. Ich würde gern des Öfteren in ihr verschwinden und mich verkriechen. Ich habe mich so an ihren Schutz gewöhnt, dass ich mir in New York wie ausgesetzt vorkomme. Ich bin sehr froh, hier zu sein, genau wie Holger, obwohl wir beide auch sehr leiden. Wir sind noch nicht in der Lage, uns zu entspannen. Ich werde von großen Ängsten geplagt, besonders frühmorgens. Ich fange an, ein größeres Bewusstsein zu bekommen, doch der Durchbruch ist qualvoll, er hat viel Ähnlichkeit mit früheren Depressionen. Momentan bin ich auch ohne Agentur. Kein guter Zustand. In den nächsten Wochen muss ich mich entscheiden. Ich glaube, dass es nicht so ganz einfach mit dem Geldverdienen sein wird, weil ich mich verändert habe und die Show, die von mir verlangt wird, nicht mehr bringen kann und will. (New York, 23. Dezember 1973)

Fanden Sie es schwierig, für Holger verantwortlich zu sein? Immerhin wird er anfangs nichts verdient haben.
Mir fiel das Geldverdienen leicht, und das Geld ermöglichte unser Zusammenleben. Holger unterstützte mich und half mir, mein Leben zu verändern. Als er dann einen Agenten hatte und erste Erfolge in der Porträt- und Kunstfotografie erzielte, war ich diejenige, die ihm im Wege stand, weil ich krank wurde und Hals über Kopf New York verließ. Ein sehr unglücklicher Moment, der damals Holgers Karriere in New York abrupt beendete.

Im Dezember arbeiteten Sie mit Richard Avedon im bewährten Team, um einen Werbesport für die Stofffirma Jun Ropé zu drehen – wie vor Ihnen Lauren Hutton, Jean Shrimpton und Anjelica Huston. Der Werbespot erzählte in wenigen Bildern die Geschichte einer Verwandlung, nämlich die eines edel gekleideten Mannes in eine schöne Frau – eine Idee, die auf die Serie »Mimikry Dress Art« von Holger und mir zurückging. Besagter Mann geht einen Korridor entlang, betritt einen Raum, blickt dort in einen Spiegel, macht eine Handbewegung vor seinem Gesicht, wird dann zur Frau und verschwindet wieder. Das Ganze war äußerst schwierig zu realisieren, weil ich schon sehr krank war und nur mit Mühe den Tag überstand. Es kostete unglaubliche Anstrengungen, mich anzuziehen, mich herzurichten und zu schminken. Ich hatte Angst vor den anderen, als hätte ich kein »Ich« mehr.

Waren Sie nicht mehr imstande, den Anweisungen Avedons zu folgen?
Das konnte ich noch, aber nur unter größten Mühen. Als dann der Film zum ersten Mal vor der Crew und ein paar geladenen Gästen gezeigt wurde, herrschte einhellige Begeisterung. Ich war selbst erstaunt. Für einen letzten Blick in die Kamera hatte ich noch einmal alle verfügbaren Kräfte mobilisiert. Kaum waren jedoch die Arbeiten am Commercial beendet, ging Avedon mir aus dem Weg. Die Situation muss ihn an seine erste Frau erinnert haben, die auch unter Depressionen litt. Dass er mich so mied, war verletzend für mich. Vielleicht kannte er Zustände dieser Art sogar aus ganz eigener Erfahrung. Kurze Zeit später wurden mir von allen Seiten Gerüchte zugetragen: »Veruschka ist fertig – am Ende«, hieß es. Holger hingegen war plötzlich sehr beliebt.

Ich traute mich kaum noch aus dem Haus. Eines Abends ging ich zu Ara, wie immer hatte er diverse Gäste um sich versammelt, unter ihnen Jack Nicholson, Julie Christie und Warren Beatty. Ein Filmproduzent kam auf mich zu und sagte, weil ich etwas teilnahmslos dasaß: »du weißt, Veruschka, wir hier in Amerika lieben Sieger, keine Verlierer.« Das war eine offene Anspielung auf meinen Zustand. Da war mir klar: Ich muss verschwinden, so will mich hier keiner sehen. Sie haben Angst vor mir, weil sie ihren eigenen möglichen Absturz vor sich sehen. In Amerika gehen so viele zum Therapeuten, weil sie jemanden brauchen, der sich ihre Probleme anhört. Wenn die Probleme aber sichtbar werden, wie bei mir, gehen sie dem Menschen aus dem Weg.

Auch Holger war verzweifelt. Wir hatten doch gerade unser Hab und Gut nach New York verschifft, all die vielen Kisten. Wir wollten uns etwas aufbauen. Lofts hatten wir schon besichtigt. Ich versuchte dann, Holger Mut zu machen: »Ich muss hier weg, nur erst gesund werden, dann komme ich wieder.« Ich schlief ja kaum noch, jeden Morgen gegen fünf Uhr wurde ich von diesen furchtbaren Ängsten heimgesucht. Jeder, der sich mit Depressionen auskennt, weiß, wie schlimm die Morgenstunden sind. Schließlich blieb mir gar keine andere Wahl, als nach Deutschland zurückzukehren. Holger zog vorübergehend zu Robert Hughes, einem befreundeten Kunstkritiker des ›Time Magazine‹. Hughes hielt Papageien und Kaninchen in seiner Wohnung, die alle frei herumflatterten oder umherliefen. Holger lebte dort, bis er meinetwegen nach Deutschland zurückkehrte.
Ich flog nach Frankfurt, mit dem Ziel Wiesbaden. Dort ging ich zu einer Therapeutin. Ich muss absurd ausgesehen haben, als ich in diesem Kurort eintraf – wie ein afrikanischer König, eingehüllt in ein gewaltiges Leopardenfell. Damals fand ich das noch schön, heute schäme ich mich dafür, jemals Pelz getragen zu haben. Leider erwies sich die Wahl der Therapeutin als wenig glücklich. Sie unterzog mich einer sogenannten Rückführungstherapie, bei der der Patient sich in bestimmte Situationen der Vergangenheit hineinbegibt, auch in ein Leben vor der Geburt oder in frühere Leben. Von Sitzung zu Sitzung steigerte ich mich mehr und mehr in meine Fantasien hinein, bis ich mich Tausende von Jahren vor meiner Geburt als einen Hohepriester sah, der über Menschen und ihre Schicksale richtete. Man sagte mir, es würde mich befreien, meine negativen Eigenschaften der Vergangenheit heraufzubeschwören. So dachte ich mir die schlimmsten Gräueltaten aus, die ich in vergangenen Leben begangen haben könnte. Je schlimmer, je besser, dachte ich mir – also mordete und vernichtete ich ohne Grenzen. Es konnte ohnehin keiner überprüfen, ob es stimmte. Doch bald gingen mir die Fantasien aus, ich konnte keine Schandtaten mehr erfinden. Und natürlich wurde es nicht besser mit mir, sondern schlimmer. Ich steuerte aufs Delirium zu.

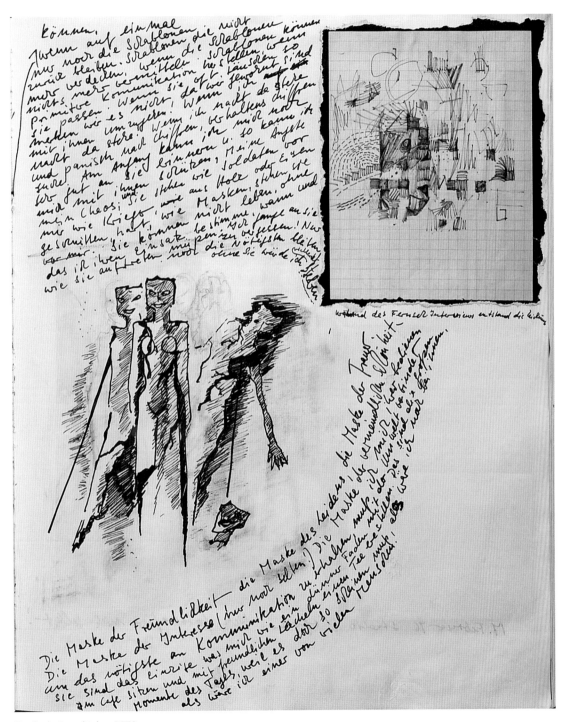

Tagebuch, Peterskirchen 1973

Wie lange waren Sie in diesem Zustand?

Vielleicht zwei Wochen. Dann kam der Karneval mit all den Kostümierten, die mir wie Gestalten des belgischen Malers James Ensor erschienen und zwischen denen ich wie ein Zombie umhertaumelte. Das sind die Monster in mir, dachte ich. Es war nicht auszuhalten, ich geriet in Panik und flüchtete aus Wiesbaden. Ich nahm den nächsten Zug nach Frankfurt und wollte nach New York zurück. Meine Schwester Catharina kam aus Hamburg und suchte mich, erst in Wiesbaden, dann in Frankfurt, wo sie mich in einem Hotel fand und die Nacht über bei mir blieb. Früh am Morgen wachte ich auf, fühlte eine brennende Energie in mir aufsteigen, besessen von selbstzerstörerischen Gedanken. All das brach aus mir heraus, ein wirrer Redeschwall ging auf Catharina nieder, die an meinem Bett saß, ihr wurde angst und bange und sie benachrichtigte meine Mutter. Am nächsten Morgen stand sie, begleitet von Fritz, in der Tür. »Mein Veralein«, sagte sie, »nimm diese Tabletten, das tut dir gut.« Ich schlug sie ihr wütend aus der Hand und nahm mir vor, nicht mehr zu sprechen. Ich verstummte völlig. Mit der Welt um mich herum hatte ich nun gebrochen, ich war gefangen in mir selbst. Meine Mutter und Fritz nahmen mich mit nach Peterskirchen, wir fuhren ab, Catharina folgte uns ein Stück in ihrem Auto. Als ich mich umdrehte, sah ich sie weinend am Steuer sitzen. Wie gern hätte ich mit ihr geweint, aber der Wahn war so stark über mich gekommen, ich konnte nicht mehr weinen.

Und doch können Sie sich an alles klar erinnern?

An jedes noch so kleine Detail. Etwas Derartiges vergisst man nicht, das ist wie ein Kriegserlebnis, weil alles im Leben zusammenbricht. Man ist ganz alert, alle Antennen sind aufgestellt. Ich glaubte zu wissen, was die anderen dachten – und alles bezog ich auf mich.

Stumm fuhren wir nach Peterskirchen. Es dauerte Stunden, und in mir war die Hölle los. Im alten Pfarrhof angekommen, wurde ich im Lesezimmer meiner Mutter einquartiert. Aber auch dort gingen die Wahnvorstellungen weiter und steigerten sich. Ich fand keinen Schlaf und lief noch spät in der Nacht im Haus herum. Es war eine einzige Katastrophe, die in mir vor sich ging. Ich fühlte mich wie Judas, der Jesus beim ersten Hahnenschrei verrät; und ich hörte die Hähne tatsächlich in den frühen Morgenstunden krähen. Eine teuflisch einschmeichelnde Stimme flüsterte in mein Ohr: »Entscheide dich: willst du Macht in der Welt des Bösen oder unter den Guten die Schwächste sein?« Ich sah die Stunde immer näherkommen. Sie würden mich holen, auf einen Holzkarren binden und mich zu allen Marktplätzen des Landes bringen. Dort sollten die Menschen Steine auf mich schmeißen. Endlich war es zur Manifestation des Bösen gekommen. Für das Gute gab es ja schon eine Auswahl: Christus, Buddha, Allah, aber die menschgewordene Inkarnation des Bösen, die gab es noch nicht. Mit gutem Gewissen konnte nun jeder seine Aggressionen an mir abreagieren. Mit dem Krähen der Hähne wurde es gewiss: Die Stunde meiner öffentlichen Hinrichtung sollte bald kommen. Das waren meine Visionen.

Fritz meinte es sicher nicht böse, als er mir schroff entgegnete: »Mit so einem Schmarrn kannst du uns nicht kommen, an so etwas glauben wir nicht. Wir können dir aber auch nicht helfen, jetzt müssen Spezialisten her.« Danach gab ich keine meiner Halluzinationen mehr preis, niemandem, außer Holger. Als ich mehrere Nächte hintereinander nicht geschlafen hatte und am Rande meiner körperlichen Kräfte war, telefonierte meine Mutter mit einem Arzt. Es wurde beschlossen, mich nach München in eine Klinik zu bringen. Holger wurde in New York benachrichtigt. Er setzte sich in das nächste Flugzeug, um mir beizustehen. Er war meine einzige Hoffnung. Meine Mutter konnte mit Schwierigkeiten dieser Art nicht mehr alleine fertig werden. Sie benachrichtigte auch Nona in Hamburg. Alle kamen und brachten mich gemeinsam in die Psychiatrie.

Zunächst sprach meine Mutter allein mit einem Arzt. Nona, Holger und ich warteten auf dem Gang. Dann wurde ich hereingebeten, um meinen Zustand zu erklären: »Ich bin ganz normal. Ich kann reden, mich bewegen wie jeder Mensch. Aber in mir sieht es ganz anders aus, dort wohnt eine dunkle Kraft.« Viel mehr sagte ich nicht. Der Arzt hörte mir zu und sagte anschließend, ich solle erst einmal ein paar Tage in der Klinik bleiben. »Ich weiß ganz genau, dass ich hier so schnell nicht wieder herauskomme«, erwiderte ich. Und so war es auch. Ich wurde in der geschlossenen Abteilung untergebracht. Holger versprach, mich jeden Tag zu besuchen. Zum Glück tat er, was er versprochen hatte. Manchmal durfte ich mit ihm ins Café gehen.

Die Wochen vergingen. Eines Nachts fiel eine Frau, die in meinem Zimmer lag, ins Delirium. Ein furchtbares Stöhnen war zu hören, ich beugte mich über sie, um mit ihr zu sprechen. Sie aber sah mich mit schreckstarren Augen an und rief: »Nein! Nicht Sie! Sie sind der Satan!« Da fühlte ich mich in meinem Wahn bestätigt. Sie hatte erkannt und ausgesprochen, was ich in meinem Wahn fühlte. Das war zutiefst erschreckend.

Die Ärzte wussten sich keinen Rat, schließlich rieten sie zu einer Elektroschocktherapie. Holger, der von meiner Mutter eine Vollmacht erhalten hatte, war strikt dagegen. Stattdessen schlug er vor, man möge mich aus der Klinik entlassen, ein Aufenthalt in Griechenland würde mir sicher mehr bringen. Er war bereit, die Verantwortung für diese Reise zu übernehmen. Die Ärzte waren skeptisch, erteilten aber schließlich die Genehmigung. Ich war mittlerweile seit acht Wochen in der Klinik und wünschte mir, wieder frei zu sein, herauszukommen aus dem Gefängnis.

Verstellten Sie sich? Taten Sie so, als ginge es Ihnen wieder besser?
Ich ließ sie glauben, es sei nicht mehr so schlimm. Anfangs fühlte ich mich auch durchaus befreit, nicht mehr in der Psychiatrie sein zu müssen, aber sie hatte mir auch einen gewissen Schutz geboten. Ich hatte mich dort zusammengenommen. Schon auf der langen Fahrt nach Griechenland schaukelte ich ständig auf meinem Sitz hin und her, stöhnte vor mich hin, geplagt von meinen Horrorvisionen. Holger musste viele Pausen einlegen. Hilflos fragte er: »Was ist denn nur?« Da riss ich mich zusammen, weil ich fürchtete, er könne umkehren und mich zurück in die Klinik nach München bringen. Wie sollte ein anderer mich auch verstehen, diese unsichtbare Folter in mir? Für sie waren es Hirngespinste, für mich Minute für Minute, Tag und Nacht durchlebte Realität.

STURZ

Nach langer Reise erreichten Sie Athen, blieben dort über Nacht und ließen sich am nächsten Tag auf eine der griechischen Inseln übersetzen.

Holger war froh, als er nach unserer Ankunft auf Spetsai wieder mit normalen Menschen reden konnte und nicht immer nur mit einer Wahnsinnigen. Die Insel war unglaublich schön. Es war April, alles blühte, der Jasmin duftete – und dann diese warmen Nächte. Das Furchtbare war nur, dass ich die Schönheit in meinem Zustand besonders intensiv wahrnahm. Doch erreichte sie mich nicht. Ich war wie ausgeschlossen. Der Nachthimmel war dort besonders klar, mit unendlich vielen Sternen – diese sah ich ganz nah auf mich zukommen und sich drehen wie in den Bildern von Vincent van Gogh. Wir wohnten ganz in der Nähe des kleinen Hafens, in einer Wohnung von Freunden. Abends gingen wir essen, ins einzige Lokal des Fischerdorfs. Holger freundete sich mit allen an, redete und lachte, und ich saß teilnahmslos daneben, musste mich zusammennehmen. Ich wollte nicht vollkommen ausgeflippt wirken, dennoch wurde es von allen bemerkt. Wir hatten dort zwei Fahrräder, Autos gab es auf der Insel nicht. Holger fuhr los und machte Fotos, abgelegene Häuser von Verstorbenen, in denen alles wie unmittelbar nach deren Tod zurückgelassen worden war: Bilder hingen weiter an den Wänden, Tisch und Bett standen am selben Platz, das Geschirr noch auf dem Tisch, alles lag vollkommen unberührt, verstaubt und zugewuchert da.

Dann begannen Sie, den Teufel zu zeichnen.
Ich schmiss diese Zeichnung weg, aber Holger holte sie wieder aus dem Papierkorb. Mit jedem Tag ging es mir schlechter, ich wurde furchtbar dünn, verzehrte mich vor Ängsten, abgeholt zu werden. Wenn Boote am Horizont auftauchten, glaubte ich, es sei so weit: Sie waren gekommen, um mich zu holen. »Niemand wird dich holen, solange ich bei dir bin«, wiederholte Holger Hunderte Male. Irgendwann hängte er einen großen Zettel an die Wand, auf dem

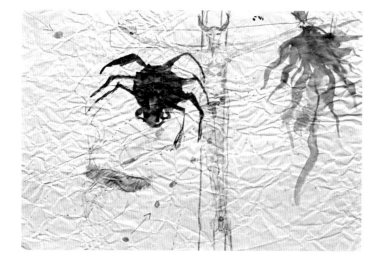

Tuschezeichnungen, Spetsai 1974

stand: »Niemand wird dich holen!« Aber die Angst blieb. Der Gedanke daran, ein zerstörerisches Wesen zu sein, hatte sich mittlerweile über Monate in meinem Gehirn festgefressen. Was diese Obsession bedeutete, begriff ich erst Jahre später, als ich mich mit einem Therapeuten in Paris über den Inhalt meiner Wahnvorstellungen unterhielt. In meinem Kopf wütete damals die Gewissheit, dass ich seit meiner Geburt ein Mal des Bösen in mir trug und in dieser Familie des Widerstands nur zur Welt gekommen war, um meinen Vater zu ermorden. Dieser Therapeut erklärte mir, dass Kinder, die durch den Tod des Vaters traumatisiert worden sind, häufig versuchen, diesen Verlust zu kompensieren, indem sie sich selbst als Täter bezichtigen.

Zwei Tage vor Ihrem fünfunddreißigsten Geburtstag, am 12. Mai 1974, bereitete Holger die Rückreise vor.
Wir hatten nicht darüber geredet, was mit mir nach Griechenland werden sollte. Aber es war klar, dass eine erneute Einweisung in eine Klinik bevorstand. Schon zuvor hatte man mir eine Psychose attestiert, einen jahrelangen Aufenthalt prophezeit. Bei diesem Gedanken überkam mich eine solche Furcht, dass ich beschloss zu sterben. Ich hatte Angst davor, aber die Angst vor der großen Angst in mir und vor der Anstalt überwog. Der Gedanke, mich zu töten, hatte

mich schon Wochen beschäftigt, nun ließ er mich nicht mehr los. Dann, am Tag vor unserer Abreise, radelten wir ein letztes Mal zu unserer Bucht. Ich wusste, dies war meine letzte Chance. Während Holger dort lag und las, stieg ich auf einen Felsen. Oben setzte ich mich an den Rand des Vorsprungs und tat so, als würde ich mich noch einmal mit Sonnencreme einreiben, denn Holger beobachtete mich. Ich winkte ihm zu. Sekunden später ließ ich mich fallen. Ich stürzte in die Tiefe. Es war, als fiele ich in weiße, weiche, wolkenartige Gebilde und flöge in den Himmel. Endlich befreit, das war mein letzter Gedanke. Den Aufprall auf einen spitzen Felsen, das Weiterfallen und Eintauchen ins Meer, das Schwimmen ans Ufer, das alles habe ich nicht bei Bewusstsein erlebt. Das kehrte erst zurück, als ich schwankend durchs flache Wasser ans Ufer kam. Holger sah mich entsetzt an; ich war, wie er mir später erzählte, blutüberströmt. »Ich bin abgerutscht ... ich bin abgerutscht ...«, stotterte ich. Mein schlechtes Gewissen ihm gegenüber, das war das Erste, was zu mir durchdrang. Obwohl ich schwer verletzt war, spürte ich außer einer unglaublichen Schwere keine Schmerzen.

Holger legte mich auf eine Strohmatte, dann verlor ich das Bewusstsein. Mit dem Fahrrad raste er zum nächsten Ort, eine halbe Stunde entfernt, um Hilfe zu holen. Er lief zur Polizei, bat sie erfolglos, einen Helikopter zu schicken. Sie aber beschuldigten Holger, mich heruntergestoßen zu haben, wollten ihn gleich festnehmen. Was mit mir auf der anderen Seite der Insel geschah, interessierte sie nicht. Die Polizei hatte auf Spetsai wenig zu tun, da war ein Mordverdacht unter Touristen eine willkommene Sache. Holger schrie sie an und rannte weiter. Schließlich fand er einen deutschen Arzt und einen Fischer, die mir in einem Boot zu Hilfe kamen. All das dauerte eine halbe Ewigkeit – es fing schon an zu dämmern, als sie in der Bucht ankamen. Aber sie fanden mich nicht. Ich war einen Hang hinaufgegangen. Oben, hinter einem Felsen, stand ich regungslos und schaute in die Ferne übers Meer. Noch nie hatte ich die Natur, auch die anderen Inseln in diesem Licht gesehen.

So fand Holger mich – in Trance, abwesend, entrückt. Ich spürte die Verletzungen, die Schmerzen noch immer nicht. So stand ich da und sah die Welt in einer nie gesehenen Schönheit. Es war still in mir geworden, all die furchtbaren, quälenden Gedanken waren verflogen. Als Holger mich antippte und »Vera« sagte, fing ich augenblicklich an zu schreien. Der Schmerz war in mein Bewusstsein gedrungen. Die Hüfte stand schräg, Kinn und Schambein und alle Rippen waren gebrochen, überall klafften Wunden. Die Männer trugen mich zum Boot. Der Arzt leistete erste Hilfe, gab mir eine Morphiumspritze, sie half sofort. Nach dreistündiger Bootsfahrt hatte der Fischer uns ans Festland gebracht. Nach einer langen Taxifahrt erreichten wir am späten Abend Athen. Als wir im Krankenhaus eintrafen, wartete dort schon die Polizei, um Holger festzunehmen. Der brüllte und boxte sich frei – alles, was er wollte, war, mich zu einem Arzt zu bringen. Ich wurde geröntgt und untersucht. Wie durch ein Wunder war das Rückgrat unverletzt. Die Wunde am Kinn wollte man, weil es schon so spät war, erst am nächsten Morgen nähen. Holger war außer sich: »Entweder machen Sie das noch heute Abend oder morgen weiß die ganze Welt, wie es hier zugeht«, schrie er. Da wurde die Wunde sofort genäht. Von meinem Bett aus sah ich die Hügel um Athen, tagsüber das gleißende Licht heißer Sommertage, abends die wunderbaren Sonnenuntergänge. Ich fühlte Frieden in mir und war dankbar dafür, dass ich überlebt hatte. Die vielen Verletzungen machten mir keine Sorgen. Das Wichtigste war: Ich hatte die Freiheit wiedergewonnen und den Verstand nicht verloren. Das Einzige, was mich weiter plagte, war mein schlechtes Gewissen – ich hatte Holger und meiner Familie viele Sorgen bereitet. Ich hoffte, dass sie mir verziehen. Von nun an wollte ich ihnen nur noch meine guten Seiten zeigen.

Die Ängste waren durch den Sturz von Ihnen gewichen.
Der Schock hatte alles verändert. Antidepressive Medikamente betäubten mich, raubten mir jede Energie, während die Gedanken und Fantasien blieben. Der Schock hingegen war so gewaltig, dass er den Mechanismus meines Denkens, der mich monatelang Tag und Nacht gequält hatte, durchbrach. Dennoch vergingen Wochen, ehe meine körperlichen Verletzungen verheilt waren. Wochen, in denen ich in Athen im Krankenhaus lag. Und noch längere Zeit nach meiner Entlassung ging ich humpelnd auf einen Stock gestützt. Sobald es mir möglich war, fuhren wir nach Deutschland zurück.

Nicht nur Ihr Körper, auch Ihr Gesicht wies sichtbare Spuren des Sturzes auf. War das, nach Abklingen der Schmerzen, ein böses Erwachen für Sie?
Diese Frage hatte mich auch sofort beschäftigt. Holger meinte, ich sei außerstande, jemals wieder zu arbeiten. Ich aber sah in den Spiegel und dachte: ›Gar nicht so schlimm.‹ Die Narbe im Gesicht war nicht sehr groß, die anderen am Körper ließen sich durch Kleidung bedecken. Alle Narben verheilten tatsächlich sehr gut, nur hier und da blieben kleine Striche sichtbar, die ich etwas später, im August, in einer Zürcher Privatklinik behandeln ließ. Da musste ich an Dalí denken, der einmal gesagt hatte: »Narben sind die Erinnerungen des Gelebten.« Jedenfalls fühlte ich mich nicht beschädigt, sondern noch einmal davongekommen. Die Energie, die vorher gegen mich gewirkt hatte, arbeitete nun für mich. Es war wie eine Wiedergeburt.

Nach Zürich nahmen Sie wieder Aufträge an. Sie wirkten auf diesen Bildern außergewöhnlich sinnlich und schön.

Monatelang hatte ich einen Auftrag in Finnland wieder und wieder hinausgeschoben. Er bedeutete viel Geld, und das war dringend nötig. Holger hatte auf mein Drängen bereits von Athen aus den Klienten angerufen und informiert, dass ich den Job bald machen könne, ich hätte nur einen kleinen Unfall gehabt und läge für ein paar Tage im Krankenhaus. Der Mann wollte keine Zusage machen, bevor er mich nicht gesehen hatte – und so flog er nach Athen. In der Klinik lag ich in einem Zimmer der dritten Klasse, zusammen mit zwei Frauen, eine davon hieß Kalliopi und war eine Roma. Jeden Tag kamen all ihre Familienangehörigen mit silbernen Schalen, in denen sie Essen brachten – das Krankenhausessen war inakzeptabel für ihre Kalliopi. Dann kauerten sich alle Frauen in ihren langen Röcken auf den Boden und redeten und lachten. Ich liebte Kalliopi und ihre Leute und freute mich jedes Mal, wenn sie ins Zimmer traten. Nun aber sollte der Mann aus Finnland auftauchen – und ich musste einen guten Eindruck machen. Für einen Nachmittag zog ich in ein Zimmer der ersten Klasse, und Holger kaufte mir ein elegantes Nachthemd. Auf der Gesichtsnarbe platzierte ich das kleinstmögliche Pflaster, und als der Mann erschien, lag ich im Bett wie eine Königin. Kalliopi wusste von allem, und neugierig wie sie war, trat sie mit ihrem Gefolge näher, um zu schauen, wie es mir so erging. Versteckt hinter der halboffenen Tür winkte sie mir zu, während Holger und ich mit dem Mann verhandelten. Alles ging gut.

Neben Anfragen für Werbeaufnahmen trat Gunter Sachs an Sie heran, um ein Buch mit Ihnen zu machen. Dieses Projekt zerschlug sich jedoch aufgrund unterschiedlicher Vorstellungen. Interessanter erschien Ihnen eine Zusammenarbeit mit der Künstlerin Rebecca Horn: »Sie will mir Luftballons auf den Rücken binden«, notierten Sie, »sodass ich durch Gewichte, die ich am Bauch trage und regulieren kann, entsprechend steige oder sinke. Holger und ich hatten uns irgendetwas Absurderes vorgestellt. Trotzdem nicht schlecht!«
Auch mit unangenehmen Nachrichten mussten Sie sich auseinandersetzen. So begann die Presse nicht nur in Deutschland über Ihren »Unfall« zu spekulieren. Doch es gelang Ihnen, geschickt auszuwei-

chen. So belehrten Sie eine Journalistin der ›Bild-Zeitung‹, die sich nach dem Hergang des vermeintlichen »Autounfalls auf Hydra« erkundigen wollte, dass es auf besagter griechischer Insel zwar Esel, aber keine Autos gäbe. In Ihrem Tagebuch notierten Sie:

Bin das erste Mal in meinem Leben glücklich, dass ich lebe. Bis zu der Krise hatte ich – abgesehen von Zeiten, in denen ich eine gewisse Erfüllung verspürte oder sogar sehr euphorisch lebte – ständig Existenzangst und sehr oft Todesgedanken oder einen unbewussten Hang zur Selbstzerstörung. Seit der Krise, die eine Eskalation all dessen war, und dann dem Sturz vom Felsen ist alles verändert. Ich freue mich jeden Tag, dass ich lebe. Ich habe keine Angst mehr, mit Menschen, die ich mag, zusammen zu sein. Ich kann Kontakte zwischen mir und den anderen herstellen. Ich habe kein Gefühl, etwas nicht schaffen zu können. Ich hoffe, dass ich nie mehr in einen ähnlich qualvollen Zustand gerate, in dem ich für einige Monate war. Ich möchte noch jung sein. Schön. Wer möchte das nicht!? Für die Frau ist das Leben ein ganz anderes Erlebnis, wenn sie schön ist. Das ist lächerlich, könnte man meinen. Aber ich möchte noch einmal bei vollem Bewusstsein meine Jugend erleben, mit einem anderen Bewusstsein als damals und ohne Ängste. Es muss natürlich alles im Spaß mit Leichtigkeit geschehen. Solange ich noch über mich lachen kann, ist alles okay. (1. Dezember 1974)

WIEDERGEBURT

Anfang Dezember 1974 zogen Sie mit Holger nach Paris. Sämtlicher Besitz wurde aus New York dorthin geschafft. Die ersten Tage verbrachten Sie in einem Hotel. Dann reisten Sie schon wieder nach Berlin, um einen Experimentalfilm mit Rebecca Horn zu realisieren. Wie war diese Zusammenarbeit?

Rebecca hatte eine Art Dschungel, bestehend aus einer Unmenge von Pflanzen, in einem Studio aufgebaut. Ich war grün bemalt und zwischen den Gewächsen kaum noch auszumachen. Nur ab und zu sah man einen Arm, ein Bein oder eine Hand durch das grüne Dickicht hindurch auf die Kamera zuschlängeln. Ich hätte mir viel mehr vorstellen können, es war minimal, was da von mir gefordert wurde, aber es handelte sich ja auch nur um einen Kurzfilm.

Das Jahr 1975 begann mit einer unangenehmen TV-Erfahrung. Am 15. Januar waren Sie Stargast einer Fernsehtalkshow und wirkten nicht souverän. Wie kam es dazu?
Durch Fehleinschätzung. Gerade hatte ich eine schwere Krise hinter mich gebracht und ein solcher Auftritt war in jedem Fall verfrüht. Andererseits hatte ich auch eine andere Vorstellung von dem, was mich erwartete. In den USA ging es in Talkshows lockerer zu, niemand wurde dort vor laufender Kamera in Bedrängnis gebracht oder musste sich rechtfertigen.

In meiner Garderobe war ein Monitor, auf dem ich das Geschehen im Studio mitverfolgen konnte. Über einen Lautsprecher wurde ich hereingerufen. Da stand ich nun am Eingang dieser Arena. Der Weg zu meinem Stuhl in der Mitte des Raumes schien mir unendlich lang. Ich redete mir ein, ganz entspannt zu sein. Um mich saßen lauter Männer. Einer von ihnen, ein völlig humorloser Komiker, nahm sich die Frechheit heraus, mich als »Kleiderständer« zu bezeichnen. Darauf hatte ich in dieser Situation keine schlagfertige Antwort. Es hatte Komik und war lächerlich zugleich. Als die Show zu Ende war, sprach kein Mensch mit mir. Vorher waren alle sehr freundlich gewesen. Am nächsten Morgen rief ich Holger an. »Wir reden später über deinen Auftritt«, konstatierte er nur. Das verhieß nichts Gutes. »Es wird fünf Jahre dauern, bis das vergessen ist«, lautete dann sein Urteil. Meine Pariser Agentur lobte mein Äußeres.

Von Mai bis Juli 1975 reisten Sie mit Holger erneut nach Spetsai, um die Schrecken des vergangenen Jahres zu verarbeiten.
In mein Tagebuch schrieb ich rückblickend über diese zweite Reise: *Die neuen Eindrücke deckten alles, was ich im vorigen Jahr erlebt hatte, zu. Nun interessierte mich das Leben, nicht mehr der Tod. Ich genoss jeden Tag. Das ist nicht nach jeder meiner Depressionen so gewesen. Wenn ich jetzt am Morgen aufwache, ist mein erster Gedanke, dass ich ohne Beklemmungen aufstehen kann. Für mich ist jede Kleinigkeit, die ich mache, schön, und ich*

tue sie gerne. Denn wenn ich in diesem anderen (dunklen) Zustand bin, ist jede Bewegung, jegliches Tun eine unbeschreibliche Mühsal; nur in dieser Zeit verstehe ich, wie kompliziert jede einzelne kleine Bewegung ist, die wir ständig ohne es zu bemerken machen.

Ende Juli 1975 meinte die Boulevardpresse einmal mehr, Sie mit einer neuen Liebe erwischt zu haben.
Die Boulevardpresse schrieb immer irgendwelche Geschichten über mich, das hatte nichts zu bedeuten, das war der übliche Klatsch und Tratsch. Da wird alles in einen Topf geworfen, ganz egal ob nackte Gräfin, das Älterwerden, der Unfall, Playboys oder sogar mein Vater und der Widerstand. So ist es für alle, die in der Öffentlichkeit stehen. Besonders Tragödien werden ausgeschlachtet, da sie am aufregendsten sind, all jene Ereignisse, bei denen der Glanz plötzlich erlischt.

BEFREIT

Anfang Oktober 1975 ging es dann nach Los Angeles.
Ich hatte Werbeaufnahmen in Australien gemacht, und Jack Nicholson hatte mich eingeladen, ihn auf dem Rückflug zu besuchen. Ich kannte ihn und Anjelica Huston schon länger, Anjelica bereits seit ihrer Zeit als Model. Ich mochte sie. In L.A. hingen wir den ganzen Tag faul im Haus oder am Pool herum und führten lange Frauen-unter-sich-Gespräche. Joan Buck, die spätere Chefredakteurin der französischen ›Vogue‹, war auch dabei. Das Leben in dieser Stadt ist, wenn man reich ist, ziemlich cool! Schöne Häuser in den Bergen oder am Meer, natürlich immer mit Pool und mindestens zwei Autos, da sich jeder nur motorisiert vorwärtsbewegt. Die Schadstoffbelastung war damals Downtown so hoch, dass viele Leute Atemmasken trugen. Die Stars besuchten sich gegenseitig in ihren Villen, saßen am Pool, erzählten sich ihre Geschichtchen, jeder von seinem Film oder von seiner LP. Das konnte sehr amüsant sein. Alle ver-

suchten, sich mit den besten Stories auszustechen. Sie machten alles zusammen und teilten, ihre Filme, ihre Platten usw. – sogar ihre Frauen oder Männer. L.A. war noch viel amerikanischer als New York, nun war ich ganz und gar in Disneyland. Aber ich habe die Zeit bei Jack und Anjelica in vollen Zügen genossen.

Die nächste Station Ihrer Reise war New York.
Ich wollte wieder Fuß fassen und eine neue Agentur suchen. Die Magazinleute begegneten mir jedoch mit auffälliger Zurückhaltung. Ich war, wie ich feststellen musste, in New York nicht mehr gefragt. Für ›Interview‹, Andy Warhols Zeitung, machte ich mit Hilfe von Peter Beard mitten auf der Straße eine Serie von Selbstporträts. Ansonsten passierte nichts.

Es wird immer schwieriger für mich, mein Geld als Model zu verdienen. Nicht dass ich noch das geringste Interesse daran hätte, es ist für mich eine restlos abgeschlossene Angelegenheit; es ist, als gehöre das Fotografieren meinem alten Leben an. Gleichzeitig fällt es mir nicht schwer, es noch so nebenbei zu machen, sodass ich, wenn ich mich darauf einstelle, sofort wieder einsteigen kann. Ich werde in den nächsten zwei Jahren immer noch etwas Geld damit machen, aber es geht, und das ist auch ganz verständlich, zu Ende. Die Vorstellung, in Ruhe an mir und der Schauspielerei zu arbeiten, muss ich dieses Jahr vergessen. Angebote vom Film sind ebenfalls sehr ungewiss. So habe ich mir vorgenommen, Augen und Ohren für das Geldverdienen offen zu halten. Ich bin noch nie so fähig gewesen, mein Gesicht und meinen Körper in das zu verwandeln, was zu sein ich mir vorgenommen habe. Ich bin ganz sicher geworden, aber ich mache es wie im Traum, als würde ich die Erinnerung eines Lebens, eines vergangenen Lebens noch einmal leben. Ich möchte jetzt das Geld verdienen, das ich in den letzten zehn Jahren aus Dummheit, Gedankenlosigkeit, Unfähigkeit versäumt habe zu machen. Ich hätte so reich werden können, dass ich mein Leben lang nichts mehr zu tun bräuchte, aber im Gegensatz dazu besitze ich nur wenig! Doch das hat für mich nichts Deprimierendes, ich bin äußerst zufrieden. Wenn ich mich nur an die Zeit mit Franco Rubartelli erinnere – ein ständiges Leiden, alles haben und doch nichts haben, ahnen, aber nicht wissen. Manchmal denke ich, ich habe das erleben müssen, um jetzt so leben zu können,

Cover ›Interview‹, November 1975

wie ich lebe. Langsam öffnen sich Türen, und ich werde eines Reichtums im Leben gewahr, dass ich jeden Tag fassungslos staune. (Paris, Januar 1976)

Wieder in Paris, mussten Sie, weil das Geld knapper wurde, eine bezahlbare Bleibe finden. Im fünften Arrondissement, in der Rue Descartes, mieteten Sie im vierten Stock eines Mietshauses ein Apartment.

Die Räume der Wohnung waren klein, aber sehr gemütlich. Holger und ich hatten keine Termine, schliefen lange, spazierten über den nahe gelegenen Markt, saßen viel in Cafés. Von Zeit zu Zeit trafen wir auch Freunde. In Paris lernt man ja nicht ständig neue Leute kennen wie in New York, man wird auch nicht ohne Weiteres eingeladen. Paris ist sehr hermetisch. Wir hatten eher ein kleines gesellschaftliches Leben, waren befreundet mit dem Filmproduzenten Pierre Cottrell und dem Schriftsteller und Cineasten François Weyergans. Vor allem aber ließen wir uns treiben. Eines Tages klingelte das Telefon, Helmut Newton war am anderen Ende der Leitung: »Veruschka«, sagte er, »ich hätte da eine Idee: Ich würde dich irrsinnig gern nackt fotografieren, zusammen mit einem kleinen Mädchen. Du so groß, die andere so klein – das wär's doch!« Ich erwiderte: »Das muss ich mir erst überlegen. Gut, Helmut, wir können das gerne machen, aber nur unter einer Bedingung: Ich will die Kleine sein.« Das ärgerte ihn: »Ach komm, Veruschka, wie viel willst du dafür haben?« – »Es ist keine Frage des Geldes«, sagte ich. »Ich möchte einmal im Leben auch die Kleine sein.« Damit war die Sache gestorben.

Trotz einiger Schwierigkeiten hielten Sie sich – im Gegensatz zu früheren Jahren – kaum mit Selbstzweifeln auf, sondern versuchten, Ihre Energien auf Kunstprojekte zu richten. Francis Bacon, den Sie in jenen Tagen trafen, schien sich sehr für Ihre Körperbemalungen zu interessieren.

Bacon hatte eine Ausstellung in Paris, in einer der großen Galerien, und durch Peter Beard lernten Holger und ich ihn kennen. Am Abend der Vernissage gingen wir gemeinsam essen. Bacon war freundlich, er war ein bisschen angetrunken und korrigierte seine leicht schwankende Haltung immer wieder. Er war sehr gesprächig, erzählte uns, wie geschockt er gewesen sei, als Joseph Beuys ihm sagte, die Malerei sei nicht mehr zeitgemäß. Einige Tage später trafen wir ihn ein zweites Mal. Wir zeigten ihm unsere Körperbemalungen, die er sehr mochte. Er gab uns seine Telefonnummer, aber als ich ihn anrief, machte es nur »klick«.

Am 19. Februar 1976 brachte der ›Stern‹ eine Fotostrecke Ihrer und Holger Trülzschs Mimikri-Dress-Art-Bilder. Begleitet war diese Publikation von einem überraschend aggressiven Artikel. »Vera, das lange Elend, das immer stolpert, ist in Wahrheit gar nicht schön. Wirklich nicht. Vor mir sitzt eine sehr große, herbe, blasse, blonde Frau mit flächig großem Mund, sehr hellen spöttischen Augen unter blonden Ziegenwimpern, einer feinen Narbe am Kinn, gelben Nikotinfingern mit abgebrochenen Fingernägeln – eine Frau mit staksigen dünnen Beinen in weißen Jeans, mit unbestimmbaren Konturen unter weißem Schlotterpullover.«

Das hatte ich gar nicht in Erinnerung, vermutlich habe ich es nie richtig gelesen. Ich habe so vieles nicht gelesen, das meiste war, wie dieses, einfach Müll. Die deutschen Medien haben einen gewissen Spaß daran, die eigenen Leute, die bekannt werden, lächerlich zu machen. Der ›Stern‹ zahlte damals sehr viel Geld für den Abdruck unserer Bilder. Und das benötigten wir dringend.

EINE BESONDERE BEGEGNUNG

Noch einmal zurück zu François Weyergans. Sie waren ihm zum ersten Mal in Paris bei seiner Premiere zu dem Film »Maladie mortelle« begegnet.

Auf den ersten Blick war er für mich der typische Pariser Intellektuelle, ein bisschen wie Jean-Luc Godard. Die ernste, sehr intensive Zuwendung, die er mir schenkte, erstaunte mich, mehr nicht. Er hatte eine charmante, fast raffinierte Art, Frauen, die er reizvoll fand, mit subtilen Komplimenten zu überschütten. Das mag man als Frau natürlich gern. Er erfand geistreiche und komische Geschichten, und so zog es mich langsam, aber sicher zu ihm hin. François studierte mich mit größter Intensität und ließ mich teilhaben an dem Entdeckten, es waren zum Teil sehr lustige Beobachtungen meiner Person. So erfuhr ich Neues über mich, Eigenarten, die mir bis dahin nicht bewusst gewesen waren – und es waren nicht nur schmeichelhafte. Ich empfand es aber als eine Bereicherung, die ich in meine Arbeit einbringen konnte. François war immer heiter und guter Dinge, nie unglücklich, nie deprimiert. Er hatte Klasse, war elegant auf seine Art und Weise. Ein schlauer Fuchs, der Weyergans!, habe ich oft gedacht. Er sah sogar aus wie ein Fuchs, wenn er die Augen zu Schlitzen zusammenkniff.

Mit ihm begann ein Leben in ständiger Angeregtheit. Unsere gemeinsamen Tage waren herrlich. Durch François entdeckte ich Paris, wir gingen oft in die Museen, wanderten fast täglich Stunden durch die Stadt. Hier ein Giebel, dort ein besonders schönes Fenster

– er kannte alles, weil er immerzu herumging, sich Notizen machte. Selbst Markennamen auf Dosen im Supermarkt inspirierten ihn. »Könnte interessant für meinen nächsten Roman sein«, sagte er oft. Wenn wir in Buchläden gingen, kam er nicht mehr heraus. Er war bewandert in der Kunst; mit Giacometti war er sehr befreundet gewesen, er erzählte viel von ihm. Über die Gegenwartskunst hatte er selten Gutes zu sagen. Durch ihn lernte ich den französischen Maler und Schriftsteller Pierre Klossowski kennen und den Choreografen Maurice Béjart und den Tänzer Jorge Donn. Nachts arbeitete François an seinen Romanen, am Tag stand er spät auf, trank Tee, rauchte seine erste Boyard-Maïs-Zigarette, hörte klassische, indische, alle mögliche Musik und ging danach spazieren.

Holger fiel aus allen Wolken, als ich plötzlich mit François zusammen war. Es gab ja überhaupt keinen Grund für Holger und mich, uns zu trennen. Ich hatte auch gar nicht die Absicht, ständig mit François zusammenzuleben. Er hatte ein Kind und eine Frau, die ihn liebte. Irgendwann zog Holger vorübergehend nach Griechenland, weil ihm alles zu viel war. Es war furchtbar, ich war zerrissen, wollte ihn auf keinen Fall verlieren. Doch François war wie ein Schmetterling, der immer wieder ausflog, um Neues, Aufregendes zu entdecken, um von einer Blume zur nächsten zu flattern – und dann ganz plötzlich zu verschwinden. Da er ständig andere Frauen fixierte, brachte er es sogar fertig, mich eifersüchtig zu machen.

Bereits im Sommer 1976 hatte François Weyergans mit den Dreharbeiten zu einem Film begonnen, den er mit Ihnen als Darstellerin besetzte, der wie seinerzeit Rubartellis »Veruschka« in einem kommerziellen Desaster endete. Warum glaubten Sie an dieses Projekt, »Couleur chair«, die Geschichte einsamer Menschen, die sich immer wieder in einem Nachtclub begegnen?
Ich fand das sehr spannend. François schaffte es in weniger als einem halben Jahr, die Produktion zu organisieren. Als er das Geld zusammenhatte, engagierte er im Handumdrehen Dennis Hopper, Bianca Jagger, Laurent Terzieff, Jorge Donne, Lou Castel, Roger Blin und Anne Wiazemsky. Alle Schauspieler wollten mit ihm arbeiten. Und

das, obgleich François – ähnlich wie Antonioni – oft gar nicht genau wusste, was er am jeweligen Tag drehen wollte. Wenn er kurzfristig eine andere, bessere Idee hatte, wurde alles geändert. Die Schauspieler mochten diese freie Arbeit, ließen sich gern darauf ein, waren bereit zu improvisieren. Dennis Hopper erzählte mir Jahre später, er hätte sofort zugestimmt, weil François ein so verrückter und genialer Typ war.

An Bianca Jagger mussten Sie sich zunächst gewöhnen.
Damals machte sie ein Riesentheater um sich, das war manchmal etwas mühsam. Wir alle lebten für Wochen im Hotel Metropole, im Zentrum von Brüssel. Bianca hatte eine Suite. Eines Tages lief mir weinend ein Zimmermädchen über den Weg und erklärte, Frau Jagger habe sie gerufen, das Badewasser einzulassen, allerdings nicht einmal, sondern immer wieder, weil es ihr mal zu warm, mal zu kalt, mal zu lau erschienen sei. Es war schier unmöglich, sie zufriedenzustellen. François fand das ausgeflippt: »Was habt ihr? Hackt doch nicht ständig auf Bianca herum. Stets nur die Frau von Mick Jagger zu sein war sicher nicht das reine Vergnügen. Ich finde gut, dass sie sich jetzt für die Menschenrechte in der Welt engagiert.«

Dennis Hopper, François Weyergans und Veruschka beim Dreh von »Couleur chair«

Wie war das Bohème-Leben im Paris jener Jahre?

Da kann ich Ihnen eine komische Geschichte erzählen: Eines Nachmittags saß ich mit Freunden in Paris im ›La Coupole‹. Irgendeine Bemerkung brachte uns alle so sehr zum Lachen, dass wir uns schüttelten. Dabei warf ich mich mit voller Wucht gegen die Lehne der Bank, auf der wir saßen, sodass es eine richtige Erschütterung gab. Ich drehte mich um – und schaute direkt in Jean-Paul Sartres pikiertes Gesicht. Simone de Beauvoir und Sartre, die wir nicht wahrgenommen hatten, saßen mit dem Rücken zu uns, in ein Gespräch vertieft, das wir abrupt gestört hatten.

Mitte Juli 1977. Auch Holger war inzwischen eine neue Beziehung eingegangen. Sie unterstützten François damals beim Schnitt seines Films. An Ihre Mutter schrieben Sie:

Ich arbeite seit Tagen nicht mehr, und das macht mich unzufrieden. Ich lasse mich zu sehr auf den Film und auf François ein. Ich kann niemandem etwas geben, wenn ich nicht anfange, endlich meiner Wege zu gehen. Es ist schwer, zwei Künstler miteinander leben zu lassen. Sie töten sich auf unsichtbare Weise – oder einer muss sich ergeben und dem anderen, also dem übrig gebliebenen Künstler, dienen. Dieser schmückt sich also vielleicht mit fremden Federn. Ich könnte auf längere Zeit niemals kreativ dienen, weil sich zu viel in mir stauen würde und ich krank werden würde an meiner selbst herbeigerufenen Krankheit.

François hat heute Nacht im Schneideraum, als ich hier, im Hotel, auf der Erde schlief, weil das Bett zu weich und zu löchrig ist, meine Briefe an Holger gelesen, die ich dort in einer Plastiktüte in meinem Koffer aufbewahre. Er sagte, er habe meine Schrift lesen wollen. Das glaube ich ihm vielleicht, aber hat er denn nicht seine eigenen Briefe, die ich ihm so oft schickte? – Ich helfe ihm weiterhin beim Schneiden. Nachts hat er die meiste Ruhe und arbeitet am konzentriertesten.

Der Film wird täglich besser. Ich glaube jetzt sagen zu können, dass es ein äußerst interessanter Film ist und eventuell ein großer Erfolg sein könnte, kein großer Kassenerfolg, aber vom Niveau eines Bergman-Antonioni-Films. (Paris, den 21./24. August 1977)

Waren Sie sehr enttäuscht, als der Film dann nicht erfolgreich war, sogar wegen zu hoher Verschuldung eingezogen wurde?
Natürlich. Ich meine, keiner hatte »Couleur chair« kommerziellen Erfolg prophezeit. Auf den Filmfestspielen in Cannes lief er außer Konkurrenz, dennoch wurde über ihn geschrieben – François war ja nicht ganz unbekannt. Inzwischen ist er sogar Mitglied der Académie française, die höchste Ehre, die einem in Frankreich zuteil werden kann. Aber dass der Film eingezogen wurde, ein finanzielles Desaster nach sich zog und schließlich in der Schublade landete, damit hatte niemand gerechnet. Das war das absolute Aus, danach redete kein Mensch mehr über »Couleur chair«. Mittlerweile hat François die Rechte an dem Film zurückerworben.

Dann lebten Sie auf Paros mit Holger in einem kleinen, einsam in den Hügeln gelegenen Haus ohne Elektrizität, mit Öllampen und holzbeheiztem Ofen. In dieser Zeit entstanden diverse Fotos und Filme Ihrer gemeinsamen Körperbemalungen. Eines der Motive ist eine sehr alte Holztür. Dicht vor ihr stehend, wurde die materielle Beschaffenheit und Farbigkeit dieser Tür malerisch auf Ihren Körper übertragen, bis dieser mehr und mehr der Holztür glich.
Wir mussten uns sehr gut organisieren, um diese Arbeit überhaupt zu realisieren. Um sechs Uhr standen wir auf. Am Tag davor hatten wir bereits mit Filzstift die Vorzeichnung auf den Körper gemalt. Nach dem Frühstück fingen wir an. Um drei Uhr mussten wir fertig sein, denn wir brauchten noch etwa zwei Stunden für die Film- und Fotoarbeiten. Um fünf Uhr war es bereits zu dunkel. Danach die Wascherei in der Küche in einer kleinen Blechwanne. Eine Stunde später war ich wieder hautfarben – »couleur chair«.
Zurück in Paris, schrieb ich an meine Mutter:

Holger und ich haben einen riesigen Arbeitsplan für das nächste Jahr. Ich weiß wirklich nicht, wie es dann mit François werden wird. Er weiß es selbst nicht, denn bis jetzt war er noch durch die Arbeit am Film gezwungen, in Paris zu bleiben. Davon abgesehen, dass er eine viel totalere Vorstellung von einer Beziehung hat als ich, kann er es nicht verstehen, dass ich mit einem anderen Mann mein tägliches Leben teile. Ich bin auf der Suche nach einem Apartment und hoffe, zum Jahresbeginn etwas gefunden zu haben. Holger hat in Montmartre nun endlich ein billiges Hotel gefunden, wo er bleiben kann. Wir waren heute den ganzen Tag zusammen und werden uns des Öfteren sehen. Es ist alles nicht so einfach, und bisweilen liegt ein Schein von Verlorenheit und Traurigkeit über uns allen, wie du dir denken kannst. (Paris, 25./30. November 1977)

Das Hin- und Hergeworfensein zwischen den Beziehungen ließ Sie nachdenklich, mitunter traurig werden. Häufig zog es Sie nach Brüssel, wo Sie mit François im Haus seiner Mutter Zeit verbrachten. Ansonsten pendelten Sie zwischen München, Peterskirchen und Pariser Hotelzimmern hin und her.

»Immer muss man irgendetwas werden in diesem Leben«, notierte ich im Frühling 1978 in mein Tagebuch. »Einfach keinen Beruf haben, keine Position, niemand sein – das geht doch nicht. Dann existiert man für die anderen nicht, wird am Ende ein Clochard oder stört und fällt den anderen zur Last. Oder man dreht durch und geht in die Anstalt oder ins Gefängnis. Ich werde zu Mauern, Türen, Gestein. Ich werde zu dem, was sichtbar dem Verfall entgegengeht. Das ist nicht mehr oder weniger absurd. Aber mein ganzes Leben täglich zu einem Arbeitsplatz zu gehen, wäre für mich viel absurder und letztlich unerträglich.«

TRANSFORMATIONEN

Im April 1978 begannen Sie mit Holger die Arbeit an einem Zyklus von Körperbemalungen, die stilbildend für diese Kunstform werden sollten.

Mehrere Wochen richteten wir uns in der ehemaligen Hamburger Fischauktionshalle ein, einem dem Verfall preisgegebenen Industriebau des 19. Jahrhunderts. Vor dem Hintergrund alter Eisentüren, Stahlträger, Schaltanlagen, Maschinen und umgeben von Unrat, Ungeziefer und Gestank entstand in mehreren Wochen eine Reihe von

Arbeiten, in denen ich mit meinem Körper mittels Bemalungen mit den Formen, Flächen, Strukturen dieses Ortes eine optische Synthese einging. Wir nannten die Serie »Oxydationen«. Normalerweise war das Gebäude verriegelt, durfte nicht betreten werden, aber wir bekamen eine Sondergenehmigung der Hamburger Kulturbehörde. In der Halle sah es aus wie nach einer Katastrophe. Aber genau der Verfall interessierte uns ja. In meinem Tagebuch notierte ich:

Hamburg, 2. Mai 1978
Tagesablauf

07:00 aufgestanden
08:05 in der Halle angekommen, dann bis
11:00 aufgebaut, Farben angemischt
12:05 Beginn der Vorzeichnung von Holger auf meinen Körper
02:00 Beendigung der Vorzeichnung
02:10 Anfang der Bemalung meines Körpers
04:00 Detailbemalung von Holger und Beendigung der Bemalung
05:00 Beginn der Fotografie
07:15 Beendigung der Fotografie / Film
08:00 Abfahrt von der Fischhalle
09:30 Beendigung der Abwaschung

Hamburg, 3. Mai 1978
Gestern dritte Bemalung: Eisenträger mit Rohr. Die Vorzeichnung von Holger auf meinem Körper dauerte zwei Stunden. Immer wieder hatte ich angeblich meine Position minimal verändert, sodass er ständig von Neuem beginnen musste. Ich bemerkte nicht, dass ich mich um Millimeter verschob; ich war wütend – auf mich, auf Holger und die ganze Bemalungsgeschichte. Die Hitze in diesem Kabuff (ohne friere ich), das grelle Licht, die eventuellen Flöhe etc. – am liebsten hätte ich aufgehört, bevor wir überhaupt begannen.

Hamburg, 13. Mai 1978
Meine Augen sind heute wieder so entzündet, dass es für die nächsten Tage

Installation »Rohr durch Kopf geschlagen«, Hamburg-Altona 1978, Lehndorff/Trülzsch

ausgeschlossen ist zu arbeiten. Der Arzt hat mir außerdem abgeraten, die Antibiotikatropfen weiter zu nehmen. Seit heute habe ich Angst um meine Augen. Ich werde nicht wieder anfangen, bevor sie nicht in Ordnung sind.

Hamburg, 19. Mai 1978
Bekam heute Nacht die seither schlimmste Augenentzündung. Ich hielt es kaum aus vor Schmerzen. Es ist für eine längere Zeit nicht mehr möglich zu arbeiten – oder ich werde ein dauerhaftes Augenleiden davontragen.

Hamburg, 11. Juni 1978
Ich war beim Cannes-Festival für den Film Couleur chair. Danach war es ein schwerer Neuanfang für Holger und mich. Dreck und Gestank erschienen uns größer denn je. Die Hitze hatte die Gerüche in der Zwischenzeit hervorgebracht; es riecht nach dem, was in der Halle ist: tote Vögel, Scheiße, Pisse.

Hamburg, 14. Juni 1978
Es gibt keine Zeit mehr, wenn ich in die Halle trete. Ich vergesse, wer ich bin, wo die Halle sich befindet. Die Realität wird eine andere – ein Hauch von Tod, Vergänglichkeit, Ewigkeit. Diese Ahnungen werden zu meiner Realität, sobald ich die Halle betrete, und sie verschwinden, wenn ich wieder auf der Straße bin. Jeden Tag.

Welche Hindernisse mussten Sie – abgesehen von der Augenentzündung – bei diesem Projekt überwinden?
Die Clochards. Holger baute in der Halle ein Zelt auf, das uns während der Arbeit vor allem Möglichen schützte. Morgens, wenn wir ankamen, war es immer wieder von Obdachlosen zerstört, die in der Halle übernachteten. Es ärgerte sie, dass da plötzlich etwas passierte. Sie hatten Angst, man würde ihnen ihr Quartier wegnehmen, und so zerschlugen sie das Zelt, zerschnitten die Kabel, durch die wir Elektrizität bekamen. Das änderte sich erst, als wir einmal nach Einbruch der Dunkelheit in der Fischmarkthalle arbeiteten, weil wir noch Gipsabdrücke meines bemalten Körpers und Filmaufnahmen machen mussten. Da standen sie plötzlich vor uns, betrunken und

Fischauktionshalle, Hamburg-Altona 1978

beladen mit ihren Tüten. Ich stand – vom Scheinwerferlicht erhellt – inmitten dieser riesigen ansonsten stockfinsteren Halle. Ich war zwar bemalt, fühlte mich aber nackt. Die Situation war sehr unheimlich. Wir begannen ein Gespräch mit den Männern und erklärten ihnen, dass wir nur arbeiten und sie nicht stören wollten. Das verstanden sie und ließen uns in Ruhe, auch das Zelt rührten sie nicht mehr an.

Eines Abends tauchte ein Polizist auf. Er hatte Licht gesehen und fragte: »Was machen Sie denn hier?« Holger erklärte: »Wir haben die Erlaubnis von der Kulturbehörde, hier zu arbeiten.« Der Polizist: »Na, dann zeigen Sie diese Erlaubnis mal her.« Holger wühlte in seinen Taschen herum, aber er hatte das Papier nicht bei sich. Ich stand bemalt und regungslos vor einem der großen Metalltore. Der Polizist hatte mich noch nicht wahrgenommen, stand aber dicht neben mir. Ich dachte: Jetzt gibt's nur eins. Ich muss mich bemerkbar machen. Also tat ich einen Schritt nach vorne und schaute ihm direkt in die Augen. Der Polizist erstarrte kurz: »Gut, gut, alles in Ordnung,

Sie können bleiben!« Danach rannte er panisch davon. Wir mussten bei dem Gedanken, dass der Polizist seinem Kollegen die Geschichte erzählte, laut lachen. Wahrscheinlich würde er selbst großes Gelächter ernten, da ihm bestimmt keiner glauben würde. Wohl oder übel musste er seine »Halluzination« für sich behalten.

Lustig wurde es auch, wenn Holger und ich nach der Arbeit die Halle verließen und ins Auto stiegen. Bemalt und nur mit einem Umhang bekleidet saß ich auf dem Beifahrersitz, und jedes Mal, wenn wir an einer Ampel hielten und ich zu dem neben uns stehenden Auto hinüberschaute, blickten die Leute, wenn sie mich sahen, augenblicklich weg. Vermutlich dachten sie, sie sähen etwas ganz Monströses, da habe jemand einen fürchterlichen Hautausschlag.

Als im darauffolgenden Jahr die Arbeiten mit großem Erfolg im Hamburger Museum für Kunst und Gewerbe ausgestellt wurden, schrieb der Kritiker Rolf Michaelis in der ›Zeit‹: »Es be-

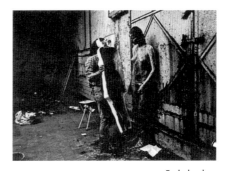

Farbabnahme

dürfte gar nicht des in den Fragmenten des Novalis gefundenen Satzes: ›Das Leben ist eine erzwungene Oxydation‹ als Motto, um die Eigenart dieser Kunstwerke zu bestimmen, die sich in den Grenzbereich zweier Medien wagen, ja darüber hinaus – in ihrer zur Meditation zwingenden Strenge hinter dem ästhetischen Zauber – in den Grenzbereich von lebender und unbelebter Materie, von Schönheit und Verfall, Leben und Tod. Die zwischen Aktionsmalerei, Body-Art, Fotografie balancierenden Kunstwerke leben aus der Spannung von Entstehung und Endprodukt, in der das all diesen Aktionen und Bemalungen eigene Erlebnis der Zeit erfahrbar bleibt. Es ist dies bewusste Sich-Einlassen auf das Vergehen von Zeit, auf den Prozess der Verwandlung und des Alterns – also auf die Vergänglichkeit alles Lebendigen, die den auf den ersten Blick ›nur‹ schönen und erschreckenden Farb- und Schwarzweißbildern eine tiefere Dimension gibt, einen Echoraum der Gedanken. Sie sind die folgenreichste Weiterentwicklung der illusionistischen Körperbemalungen und der Verwandlungsfotografie. Die Tendenz zur Auslöschung der Person, zur Materialisation, zum Aufgehen in Objekten ist charakteristisch für alles, was Vera von Lehndorff bisher als Darstellerin und Künstlerin unternommen hat. Die Verdinglichung des Körpers, damals begonnen, weitergeführt in der Zeit als Model, wird jetzt bis an den äußersten Grenzpunkt vorgetrieben bis zur Auslöschung in der Verschmelzung mit den Steinen einer Mauer, dem Metall eines Tors, dem Holz eines Türrahmens. Es entspricht der durchgehend dialektischen Spannung gedanklicher Kunst, dass die Annullierung des Körpers zugleich äußerste Betonung seiner Leiblichkeit bedeutet. – Ein Körper, dessen Gestalt ... weniger mit den leiblichen Augen als mit denen der Fantasie gesehen wird, gewinnt eine höhere Art von Wirklichkeit.«

ZEIT DER STEINE

Noch immer zweifelten Sie an Ihren Fähigkeiten, zogen sich zurück. Am Ende sollte Ihnen wie so oft ein Traum Erkenntnis bringen, der sich in Ihren Aufzeichnungen findet:

Ich war in einer Art von Keller. Vielleicht war es ein Loch, tief in der Erde. Ich war allein, hatte mich selbst in diese von aller Welt isolierte Lage begeben, mich von den Menschen getrennt und sie sich von mir. Ich sehnte mich zurück, wollte nicht alleine weitergehen, konnte es auch nicht mehr. Ich war gefangen, stand in starrer Panik, litt unsichtbare Qualen, war wieder in

»Steine«, Bleistiftzeichnung, Paris 1979

derselben Lage wie 1974. Dann stand ich vor Holger. Meine Haut hatte fleckige, rote Stellen, trocken und rissig, wie Rost auf Eisen. Holger malte an Details der wunden Stellen, machte einen Abdruck. Er sprach zu anderen Menschen, die ich nicht sah, und sagte so etwas Ähnliches wie: verwerten, kommerzialisieren – das sei das Einzige, was noch möglich sei mit mir, auf alles andere wäre ich einfach nicht mehr ansprechbar. – Wie ein schon toter Gefangener seines eigenen Körpers, übersät mit Wunden, rostendem Eisen ähnlich, stand ich wortlos neben ihm. Mein Unglück, isoliert zu sein, änderte sich nicht. Aber die Erkenntnis, meine Zustände, auch Zustände der Welt am eigenen Leib zu manifestieren und dadurch wieder Kontakt zu den Menschen aufzunehmen, gab mir eine Befriedigung. (Peterskirchen, 11. Februar 1979)

1979 wurden Sie vierzig Jahre alt. In der Kunst hatten Sie eine eigene Richtung verfolgt und – reüssiert. Nur als Schauspielerin war Ihnen bislang kein Glück beschieden. Das galt auch für die Rolle der Barbara, die Sie 1979 neben Mario Adorf, Andréa Ferréol und Peter Lilienthal in der Filmkomödie »Milo-Milo« von Nikos Perakis spielten. »Ich sitze oft da und starre einfach nur aufs Meer«, schrieb ich während der Dreharbeiten in Griechenland in mein Tagebuch. »Ich kann mich auf mein Eigenes nicht einlassen, wie ich es mir vorstelle. Und so erscheint mir zeitweilig dieser Film und vielleicht das Filmen an

sich (ein paar Regisseure ausgeschlossen) als sinnlos, zeitraubend, entleerend. Man muss sich mit einer relativ dummen Geschichte beschäftigen und kommt kaum zu anderen Gedanken. Aber es sind nur sechs Wochen, das wird man überstehen.«

Warum hatten Sie diese Rolle überhaupt angenommen?
Ich hatte Spaß an der Vorstellung, in Griechenland zu filmen – und ich wollte Geld verdienen. Die Ausstellung in Hamburg war keine Verkaufsausstellung gewesen. Trotz sehr guter Kritiken hatten wir keinen Einstieg auf dem Kunstmarkt, keine Galerie gefunden. Vielmehr waren wir in der Kunstszene nicht erwünscht, auch nicht gut angesehen. Unser Medienerfolg war sicher auch darauf zurückzuführen, dass ich bekannt war und mich ziemlich konträr zu dem Image eines Models verhielt. Veröffentlichungen wie jene im ›Stern‹, die damals erschienen – davon träumen viele Künstler. Nur war das kein Kriterium für künstlerische Anerkennung. So gesehen bedeutete uns dieser Erfolg nichts. Bilder haben wir erst sehr viel später verkauft, in Amerika.

Nach Abschluss der Dreharbeiten kehrten Sie nach Paris zurück und verkrochen sich zeichnend und malend mal in ein Hotelzimmer, mal in zeitweise ungenutzte Wohnungen von Freunden.

»Steine«, Bleistiftzeichnungen, Paris 1979

Ich habe eine gewisse Ruhe wiedergefunden und versuche, jeden Tag damit zu leben, auch wenn Gedanken der Verwirrung und Sinnlosigkeit mich überfallen. Jeder Tag ist ein Tag meines Lebens, den ich leben muss, wie er ist. Mit Gewalt oder Resignation werde ich nichts ändern ... Mich interessieren augenblicklich Blumen, nachdem ich mich lange mit Steinen beschäftigt habe. Ich bleibe vor Blumenläden stehen, studiere die verschiedenen Sorten. Eine rote Amaryllis hab ich mit Buntstiften gezeichnet. Ich musste schnell und konzentriert arbeiten, da sich ihre Blüten fast stündlich veränderten. Ich war so überwältigt von ihrer Schönheit, dass mir zeitweilig ganz schwindlig wurde. Als ich sie kaufte, hatte sie nur drei kleine Knospen und eine Blüte. Heute, nach fünf Tagen, sind sie alle erblüht und verblüht. Steine sind im Gegensatz dazu wie Welten, unveränderlich in sich ruhend, als würden sie, der Ewigkeit schon etwas näher, die Vergänglichkeit überleben. Immer wieder entdeckt man, selbst im kleinsten Stein, unzählige Gestalten und Gesichter von Menschen und Tieren. In München habe ich mir vor kurzem einen Fotoapparat gekauft, habe aber noch kaum Fotos gemacht. Eigentlich interessiert mich nur, Fotos zu machen, die sozusagen misslungen erscheinen – unprofessionelle Bilder, unscharf, zu hell oder zu dunkel. Da brauche ich wohl nicht besorgt zu sein, das werden sie sicher sein, denn ich habe keine Ahnung von Fotografie. Seltsam: Da habe ich nun diesen Apparat über Jahre vor meiner Nase gehabt und weiß nichts über ihn!

Das Jahr verging, Sie verbrachten auch das Weihnachtsfest zurückgezogen und in großer Stille.
Alleine in Paris in der im sechsten Stock gelegenen Wohnung eines Menschen, den ich nur wenig kannte. Zwei Frauenstimmen sangen von einer Platte traurig-schön »Stabat Mater« von Pergolesi. Ich zündete mir eine Zigarette an und stellte fest, dass ich gern allein bin. Ich begann eine neue Zeichnung – ein Stein, von sehr viel Raum umhüllt. Ich wollte, dass der Raum in meinen Zeichnungen in seiner Unbegrenztheit das Wesentliche wurde. Das Objekt sollte dann nur noch sichtbar sein, um besser die Tiefe der Unendlichkeit zum Ausdruck zu bringen. In meinem Tagebuch notierte ich am 25. Dezember 1979: »Was strebe ich derzeit an in meinem Leben? Weiß ich mehr über die Richtung, in die ich mich bewege, als in der Vergan-

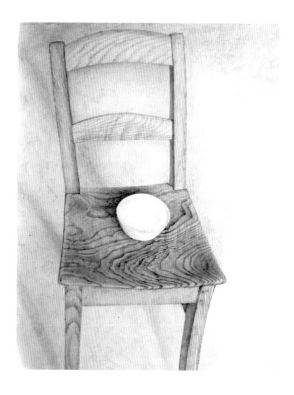

»Wasserschale«, Bleistiftzeichnung, Brüssel 1980

genheit? Der Wunsch, ›erfolgreich‹ zu sein, hat eine andere Bedeutung bekommen.«

Vor Ihnen lagen die achtziger Jahre.
Ich wusste nicht, wie es weitergehen sollte. Ich fühlte mich mit meinen vierzig Jahren alt; heute erscheint mir das sehr jung. Ich lebte sehr provisorisch, mit einem Koffer, ein paar Sachen, den Steinen, meinen Zeichnungen, in einem Hin und Her zwischen Brüssel, Peterskirchen und Paris. Zeitweilig wohnte ich zusammen mit François in der Rue Dauphine, in der Wohnung seiner ersten Frau, Mylène. Zwei Zimmer, kein Bad, Toilette auf dem Gang – es war winzig. François schrieb immerzu, oder er ging zu Frau und Kind. Wir sahen uns nur sporadisch. Meist zeichnete ich allein vor mich hin – Heizungen, Lampen, Schubladen und deren Inhalt, und immer wieder Steine. Damals schrieb ich meiner Mutter:

Am Morgen nehmen wir in der kleinen Küche ein Frühstück ein. François raucht dann seine erste Boyard, die »beste«, wie er sagt. Sehr bald geht dann das Gerattere an der Schreibmaschine wieder los, mit Radio- oder Kassettenmusik als Begleitung. Wenn François sehr müde ist, muss er die Little-Richard-Kassette einlegen und voll aufdrehen. Ab und zu lüften wir die Bude oder ich stecke ein Räucherstäbchen an, um etwas anderes als den Tabakgeruch zu riechen. Alle zwei Stunden wird ein japanischer Tee gekocht und der volle Aschenbecher ausgeleert. Zurzeit sitze ich mitten im Raum vor einem Stuhl mit einer weißen mit Wasser gefüllten Schüssel und zeichne diese. François in meinem Rücken sitzt an einem Tisch, umgeben von Büchern, Notizen, Illustrierten, Boyard-Asche zwischen allem, und raucht und tippt, ist nervös und manchmal sehr, sehr komisch. Wenn er anfängt, Clown zu spielen, lachen wir ein Weilchen, dann geht es weiter. Ich gehe gegen ein, zwei Uhr ins Bett und schlafe ein mit Schreibmaschinengeräusch, das mich kaum noch stört. (Paris, 15. Juli 1980))

François Weyergans arbeitete an seinem neuen Roman. Was beschäftigte Sie – neben dem Zeichnen – zu dieser Zeit?
Ich begann mich für den Buddhismus zu interessieren. Und auch wenn mir heute Religionen suspekt sind, finde ich die Philosophie

des Buddhismus noch immer interessant. Buddha war ein Mensch, kein Gott oder Sohn eines Gottes, das hat er immer wieder betont. Er stammte aus einer adligen Familie und wurde freiwillig zum Bettler. Er wurde, wie man sagt, erleuchtet – was bedeutet, er hat erkannt. Schon in jungen Jahren hat er verstanden, dass er nur zu Erkenntnissen gelangen kann, wenn er seine eigenen Erfahrungen sammelt. Er sagte: »Glaubt niemandem, wenn ihr es nicht selbst erfahren und geprüft habt.« Dass er das Leben eines Bettlers gewählt hat, kann ich verstehen. Ein Leben in Luxus hätte ihn nur vom Wesentlichen abgelenkt. Er hätte sich durch so viel Sinnloses durchbeißen müssen, um an die Essenz zu gelangen.

Damals wollte ich zu einem zweiwöchigen Retreat in die Bergen Südfrankreichs. Um dort hinzukommen, musste man mit dem Zug bis Cannes, danach zu Fuß die Berge hinauf. Rings um das Anwesen war Wald, dort baute ich mein Zelt auf. Es war ein schöner Sommer. Jeden Morgen um fünf, wenn die Sonne aufging, wurde meditiert, danach machten wir Yoga-Übungen auf einer großen Wiese. Der Tag war eingeteilt in Vorträge und Meditationen, danach wieder Vorträge, nochmals Meditationen. Kurz nach meiner Ankunft erschien der Guru – in einem dicken Auto, mit seiner Frau und einer sehr schönen Tochter, die krausblond wie ein Engel war. Der Guru sagte, wir seien noch nicht bereit für seine Instruktionen. Geglaubt habe ich das nicht, woher wollte er das so sicher wissen? Was er dann zu sagen hatte, fand ich dennoch faszinierend.

Führte dieser Zustand zur inneren Lösung von François?
Er fand es gar nicht gut, dass ich mich auf das Retreat einließ. Schon Tage vor meiner Abreise wurde es schwierig mit ihm. Als ich dann dort angekommen war, rief ich ihn an, aus einem nahe gelegenen Dorf. Ich war völlig begeistert und er außer sich: »Du musst dich entscheiden – zwischen Buddha und mir!« Das fand ich ungeheuerlich. Warum sollte ich mich entscheiden? Wir hatten eine Beziehung, gerade darum war es mir wichtig, mich François mitzuteilen. Wir hatten kaum Geheimnisse voreinander.

Es sei denn, es handelte sich um Liebschaften.

Wir wussten von ihnen. François wurde zu dieser Zeit von einer Amerikanerin verehrt, ich hatte eine Affäre mit einem Buddhisten. Bei einer Initiation in Paris lernte ich ihn kennen. Ich sah seine Augen und war neugierig. Wir wurden für kurze Zeit ein Liebespaar. Er lebte in einer winzigen Wohnung, in der ich vielleicht zwei Wochen blieb, bis es mich deprimierte. Dieser junge Mann lebte ausschließlich für den Buddhismus. Wir aßen Reis, manchmal ein bisschen Gemüse, sonst lagen wir im Bett oder meditierten. Wir gingen nur kurz nach draußen, um Reis zu kaufen – danach aßen, meditierten wir und legten uns wieder ins Bett. Er hatte keinen Blick, kein Interesse für das Leben der anderen und der Welt um sich herum. Mit François war es ein fortwährendes Wahrnehmen der Welt, und so wurde es sehr schnell langweilig. Auch die Erotik ging verloren. Ich sagte mir: »So möchte ich nicht leben«, packte kurzentschlossen meine Sachen und fuhr nach Peterskirchen.

DARSTELLUNG

Ihre Mutter widmete Ihnen ein Gedicht:

Für Vera.

Wall von Kristall
Allüberall!
Schließe Dich
Rings um mich!
Schließe ein
Mich im Sein!
Überwölbe mich!
Überforme mich
Lass nichts herein
Als Licht allein.

Peterskirchen 1983

Wunderschön – da wollte sie mich beschützen. Allerdings hat dieses Gedicht auch etwas Unheimliches, Bedrohliches. Denn auch Nacht, Dunkelheit und Schatten gehören zum Leben. Ich hatte mir damals in meinem Atelier einen kleinen Altar aufgebaut, vor dem ich jeden Tag auf der Erde saß und tibetischen Buddhismus praktizierte. Das trug ziemlich zu meiner Verwirrung bei, ich trieb mich selbst in eine Enge. In Peterskirchen konnte ich meinen buddhistischen Kram nicht loswerden. Wieder einmal ging es in voller Fahrt den Berg herunter.

Schon bald waren Sie, nicht ganz aus freien Stücken, wieder in München am Max-Planck-Institut für Psychiatrie. Aber unter dem Vorwand, Besserung zu verspüren, flüchteten Sie zurück nach Frankreich.

François hatte sich, eine Stunde von Paris entfernt, schreibend in ein Haus in einem verwunschenen Wald zurückgezogen. Nach anfänglicher Freude über das Wiedersehen fühlte er sich jedoch gestört. Seit Monaten hätte er seinen neuen Roman abgeben müssen. Auch er wusste mir nicht zu helfen. In dieser Zeit versuchte ich ein zweites Mal, mir das Leben zu nehmen. Wie acht Jahre zuvor in Griechenland war es Mai, als ich mich aus einem der Fenster des Hauses in die Tiefe stürzte. Wieder wurde ich in eine Klinik eingeliefert, behandelt, therapiert. Wieder vergingen viele Wochen, ehe ich mich – zu-

»Ruinenstadt«, Bleistiftzeichnung, 1983

nächst in Paris bei François, dann in Peterskirchen – physisch und psychisch von diesem neuerlichen Sturz erholte. Nur langsam kehrte ich ins Leben zurück und wagte mich wieder unter Leute, arbeitete weiter an meinen Ideen. In mein Tagebuch notierte ich:

Heute ein ganz schlechter Arbeitstag. Unfähig, irgendetwas zu tun. Nach ein paar Strichen wusste ich, bloß nicht weiterzeichnen, sonst verdirbst du aus reiner Gefühllosigkeit die ganze Zeichnung. Es geht ja nicht darum, Steine abzuzeichnen, ein tägliches Pensum zu erfüllen. Die Spannung zwischen den Gegenständen, dem Raum und den Formen ist für mich interessant. Wie aber setze ich diese Spannungen in eine gute Zeichnung um? Das ist es immer wieder, wonach ich suche. Die Zeichnung, das Bild haben ihre eigenen Gesetze. Auch wenn es scheinbar so aussieht, als habe man die Natur kopiert, hat man in Wirklichkeit etwas Neues geschaffen. Ich zeichne das, was ich vorfinde, und thematisiere dabei meine Wahrnehmung. Ein Stein ist, wenn ich ihn zeichne, nie nur ein Stein für mich, sondern immer ein eigenes Universum. Das Objekt offenbart sich unter meinem eindringlichen Blick als vielgestaltig. Es ist auch das Licht, das immer neue Wandlungen hervorbringt. Das Licht ist der stille, große Schöpfer aller Dinge. (Peterskirchen, 17. Dezember 1983)

1983 trat ein Produzent an Sie heran und vermittelte Ihnen den Kontakt zur Filmemacherin Ulrike Ottinger, unter deren Regie Sie dann in der Inszenierung »Clara S.« am Staatstheater Stuttgart die Rolle des Gabriele D'Annunzio spielten. Für die fiktive Konfrontation der Pianistin Clara Schumann mit dem intellektuellen Wegbereiter des italienischen Faschismus, also D'Annunzio, gab es viel Lob, ebenso für Ihre erste Bühnendarstellung. Wie war diese Zusammenarbeit mit Ulrike Ottinger?
Ulrike traf viele Vorbereitungen, konnte ihre Vorstellungen durch Bücher, Zeichnungen, Materialien, Kostümentwürfe präzisieren. Das war beeindruckend. Die künstlerische Zusammenarbeit, auch die Probenzeit mit ihr genoss ich sehr, weil sie auch in ihrer Regie immer sehr genau wusste, was sie wollte. Sehr spannend war für mich die neue Erfahrung, vor einem richtigen Publikum und nicht nur vor einer Kamera aufzutreten. Im Theater lag es allein in meiner

Hand, die Zuschauer in den Bann zu ziehen. Das war sehr aufregend; der Augenblick auf der Bühne gehörte ganz mir.

Erinnern Sie sich an den Premierenabend?
Aber gewiss. Das von Elfriede Jelinek verfasste Stück begann wie folgt: Eine Liliputanerin und ich, beide identisch als Sexbomben zurechtgemacht – mit Marilyn-Monroe-Masken, blonden Perücken, engen T-Shirts über supergroßen Busen, in knappen Shorts und schwarzen Netzstrümpfen –, tippelten wir vor dem geschlossenen Vorhang hin und her. Wir trugen High Heels, staksten im Gleichschritt von einer Seite der Bühne zur anderen. Vor uns trugen wir einen Bauchladen, der mit Bonbons gefüllt war. Diese warfen wir, Hüften schwingend, in den Zuschauerraum. Wir sahen nicht viel, nur das, was die kleinen Schlitze der aus Papier gefertigten Masken zuließen. Während der Proben war der Vorhang immer offen gewesen. Doch bei geschlossenem Vorhang wurde die Bühne zu den Rändern hin sehr viel schmaler – das hatten wir nicht bedacht. Da ich fast nichts erkennen konnte, vertraute ich auf meine Erfahrung aus den Proben, um dann am Abend der Premiere, beim letzten Tippelgang, mit dem hölzernen Bauchkasten mitten ins Publikum zu stürzen. Und zwar vor laufenden Kameras, weil die Inszenierung direkt vom Fernsehen übertragen wurde. Der Liliputanerin blieb diese Blamage erspart. Ich fiel in die Arme eines Mannes, der aber ganz entspannt sitzen blieb. Gott sei Dank hatte ich niemanden mit dem Holzkasten verletzt. In diesem Moment schoss mir durch den Kopf, dass ich in Windeseile für die nächste Szene in das Kostüm von D'Annunzio steigen musste. Ich schmiss noch schnell einige Bonbons in die Menge, dann kletterte ich zurück auf die Bühne und tippelte, als sei das alles Teil der Performance gewesen, weiter in den hinteren Bereich. Dort erwarteten mich bereits zwei Helfer von der Requisite. In diesem Augenblick merkte ich, wie das Blut nur so an einem meiner Beine herunterlief – ich war auf den Eisenrand der Bühne gefallen und hatte mir das Schienbein aufgeschlagen. Aber es musste weitergehen. Du musst jetzt sofort auf die Bühne zurück, war mein einziger Gedanke. Also zwängte ich mich in enge, knieho-

Im Film »Dorian Gray im Spiegel der Boulevardpresse« von Ulrike Ottinger, Berlin 1984

he Plastikstiefel, und bald schwappte es in einem von ihnen beim Gehen – er hatte sich mit Blut gefüllt. Nach der Vorstellung suchte ich ein Krankenhaus auf. Das war die erste Theaterpremiere meines Lebens, bei der ich selbst auf der Bühne stand.

Nachdem wir in Stuttgart alle geplanten Vorstellungen gespielt hatten, reisten wir weiter zu Theaterfestivals, nach München und Avignon. Dort lernte ich auch Elfriede Jelinek kennen, die ich auf Anhieb sehr mochte.

Nach dem Erfolg von Ulrike Ottingers Theaterinszenierung lud die Regisseurin Sie ein, die Hauptrolle in ihrem nächsten Film zu übernehmen. »Dorian Gray im Spiegel der Boulevardpresse« war eine bitterböse Farce über die Jugend. Sie selbst wurden 45, als der Film im folgenden Jahr Premiere hatte. Sie waren mit Ihrem noch immer jugendlichen Äußeren eine ideale Verkörperung des androgynen Narcissus Dorian Gray. Wie kam es zu dieser Weiterarbeit?
Wir saßen in Avignon in einem Café, als sie über ihr neues Filmprojekt sprach und meinte, sie habe noch immer keinen Hauptdarsteller gefunden. Dann schaute sie mich plötzlich an: »Ich bin ja verrückt, du bist es doch! Ich suche die ganze Zeit jemanden, der noch etwas Kindliches und Androgynes hat. Du bist ideal!« Da habe ich mich sehr gefreut – nach Gabriele D'Annunzio gleich noch eine Männerrolle. Kurz darauf begannen die Dreharbeiten auf Fuerteventura und in Berlin.

Mit der Hauptdarstellerin Delphine Seyrig

Zehn Jahre nachdem Sie in München auf Barbara Valentin herabgeblickt hatten, standen Sie nun gemeinsam mit ihr für diesen Film vor der Kamera. Sie lebte inzwischen mit Freddie Mercury zusammen und arbeitete mit Rainer Werner Fassbinder. Wie war diese Wiederbegegnung?

Barbara Valentin war keineswegs beleidigt. Ich glaube, wir hatten den damaligen Abend beide längst vergessen. Was die Boulevardpresse berichtet, nimmt kein intelligenter Mensch ernst. Barbara Valentin war das »Busenwunder« gewesen, ich die »nackte Gräfin« – was gab es dazu noch zu sagen? Entscheidend war, dass wir uns beide aus den öffentlichen Zwängen befreit hatten und nun relaxed miteinander umgehen konnten.

In einer Nebenrolle hatte Ottinger auch Gary Indiana besetzt, den in New York lebenden Autor und Kunstkritiker. »Natürlich wusste ich, wer Veruschka war«, erinnerte er sich später, »das erste wahre Supermodel. Während der Dreharbeiten lernte ich jedoch einen Menschen kennen, der so gar nichts mit dem öffentlichen Image zu tun hatte.« Was ließ Sie zu Freunden werden?

Während wir stundenlang im Auto saßen und auf den Beginn der Dreharbeiten warteten, redeten wir viel und waren einander gleich sehr sympathisch. Es entstand sofort ein »Link« zwischen uns. Gary war ein kleiner Kobold, frech, sehr geistreich und im täglichen Leben oft sehr verloren. Ich bemerkte, dass er, ähnlich wie ich, mit vielem nicht zurande kam. Später sahen wir uns in New York wieder, da hat sich unsere Freundschaft intensiviert. Gary war es auch, der mir bei der Suche nach einer Galerie half. Er war damals Kunstkritiker bei ›The Village Voice‹, einer New Yorker Wochenzeitung. Wegen seiner brillanten und manchmal auch bösen Artikel war er unter Künstlern und Galeristen gefürchtet. Wir zogen tagelang von Galerie zu Galerie. Auch wenn es ermüdend war, haben wir uns dabei über die Kunstszene sehr amüsiert.

KUNST-SZENE NEW YORK

Während der Dreharbeiten in Berlin waren Sie dem Maler Markus Lüpertz begegnet. Im Frühjahr 1984 begleiteten Sie ihn für mehrere Wochen nach New York. Lüpertz sprach kein Englisch, konnte Ihre Hilfe brauchen und war im Gegenzug bereit, Sie in die Kunstszene Manhattans einzuführen. Ihr Ziel war es, Bilder der Körperbemalungen Lehndorff/Trülzsch in den USA auszustellen, eine Galerie zu finden. Der Mutter schrieben Sie:

Heute der erste Sonntag hier in New York. Sehr kalt, mit strahlend blauem Himmel. Es ist alles wunderbar, wir wohnen in einem Loft, genau die Art von Leben, die zu leben ich liebe! Alles improvisiert, die erste Nacht haben wir auf der Erde geschlafen, da es nur eine Matratze gab. Wir – Markus, Fritz (sein Mitarbeiter) und ich – sind ein gutes Team. Ich bin die Einzige, die fließend Englisch spricht, so helfe ich beim Einkaufen, Telefonieren etc.

Am Tag nach unserer Ankunft haben wir Farben u. Ä. gekauft – für 3000 Dollar. So etwas habe auch ich noch nicht erlebt, so aus dem Vollen zu kaufen, was man meint zu brauchen. Einen Wäschekorb voll allein nur mit Pinseln. Ich muss sagen, dass ich das Leben, das wir drei hier führen, so schön finde, dass ich gar keine Lust habe, irgendjemanden zu sehen. Wir stehen so zwischen acht und neun Uhr auf, frühstücken lange, dann gehen wir ein paar Stunden durch die Straßen, essen eine Kleinigkeit, meist um die Ecke in Chinatown. Anschließend gehen wir nach Hause, und Markus fängt zu malen an. Ich bin so interessiert daran, wie er die Sache angeht, dass ich immer um ihn herum bin. Schon nach wenigen Tagen ist das Loft voll mit angefangenen Zeichnungen und Bildern. Er arbeitet sehr schnell, an mehreren Bildern gleichzeitig, lässt sich von allem, was um ihn ist, inspirieren. Kartons, herumhängende Poster, zerknülltes Packpapier – alles wird benutzt, bemalt und wieder übermalt. Es ist so anregend, dass es mir unter den Nägeln brennt, selbst loszulegen. Abends gehen wir dann essen oder kochen uns zu Hause etwas und gehen danach aus. Wir sehen nur Künstler, Galeristen. Eine Welt, die ich in New York noch gar nicht kannte. Ich informiere mich erst mal über alles, ohne von unseren Arbeiten und Ausstellungen zu reden, das macht sie alle neugierig. Erst wenn ich weiß, welches die richtige Galerie für uns ist, zeige ich Arbeiten.

Gestern Abend habe ich bei Mrs. Vreeland gegessen. Sie ist unglaublich, noch genauso intensiv und ganz präsent, aber weicher, menschlicher. Sie ist nur noch Haut und Knochen, weil sie drei Jahre lang kaum essen konnte – kein Arzt hat herausgefunden, was sie hat. Sie trinkt und raucht gewaltig, sieht kaum noch, sagt, sie könne ihr Gesicht im Spiegel nicht mehr erkennen. Ich musste ganz nah an die Lampe herangehen, damit sie meines etwas sehen konnte ... Sie war so herzlich und hat sich so gefreut, mich wiederzusehen. Ich mich aber auch. Sie ist eine wunderbare Frau. (New York, 22. Januar 1984)

Zurück in Peterskirchen versuchten Sie, konzentriert zu malen, aber es gelang Ihnen nicht. Die Zeit verging, es wurde Frühling, Sie nähten, säten Blumen, träumten vor sich hin. In dieser Zeit führten Sie häufig Tagebuch:

Vergangene Nacht hatte ich einen Traum. Ich hatte die Idee, von der Welt zu verschwinden, und dachte mir dazu Folgendes aus: Ich baute ein Gerüst um mich wie die Fassade eines Hauses oder wie eine Attrappe. Es hatte etwas Weiches an sich, als wären Teile des Materials aus Plastikfolien, die mich wie eine dünne Haut umhüllten. Ich steckte mich an, es brannte lichterloh, und ich entkam den Flammen, indem ich aus dem Rücken des Gerüsts entfloh. Ich brannte und war zugleich aus dem Feuer geschlüpft ... Wie ich da so in Flammen stand, ging ein Klagen und Stöhnen durch die Menschen, die das Schauspiel betrachteten: »Sie hat sich selbst verbrannt, nun ist sie tot!«, riefen sie. »Oh wie wunderbar«, rief ich. »Jetzt denken sie, dass ich nicht mehr lebe – nun kann ich ein ganz neues Leben beginnen!« (Peterskirchen, 2. April 1984)

So einen grauen Tag wie heute habe ich noch nicht gesehen. Es gibt keine Farben mehr, das weiße Grau des Nebels verhüllt sie alle. Ich mag Verhülltes. Der Tod ist mir seit Tagen nah, nicht weil ich sterben will, sondern weil ich weiß, dass ich sterben muss. Die Vergänglichkeit meiner selbst ist mir fremd, und es ist doch sie, die mich – wie die welkenden Blumen auf dem Tisch – mahnt, schnelleren Schrittes zu gehen. (Peterskirchen, 11. April 1984)

Den ganzen Nachmittag saß ich gestern auf dem alten, kaputten Sessel in meinem Zimmer im roten Haus, das Fenster geöffnet, und nähte den Saum meines neuen, ockerfarbenen griechischen Kleids. Alle Säume sind handgerollt und wunderschön! Draußen gleißendes Licht. Ich schaute von meinem Sessel hinauf in einen weißen Himmel. Ich liebe die Rahmung des Himmels durch das offene Fenster, erschauere immer leise vor diesem Anblick, so als würde ich durch eine Öffnung in das All sehen. Ab und zu hielt ich im Nähen inne und spürte in mir einen hohen Grad an Glückseligkeit. Ich stand auf, ging zum Fenster und schaute hinaus. Vielleicht waren es die Musik, das Licht und ich – Tränen strömten aus meinen Augen und eine Trauer war bei mir, als würde ich im Paradies leben, während im selben Augenblick Menschen in Gefängnissen vor Qualen schreien, weil sie gefoltert werden. Ich weinte bitterlich und klagte meine grenzenlose Ohnmacht hinaus in den Himmel. (Peterskirchen, 22. April 1984)

Schon im Mai 1984 reisten Sie erneut nach New York. Einerseits um Aufträge als Model zu akquirieren, andererseits um weiter Galeristen für Ihre Projekte zu interessieren.

Wieder wohnte ich bei Markus. Ich bat ihn, mich, wo immer wir auch hingingen, nicht als Veruschka, sondern als Vera Lehndorff vorzustellen. Den Namen »Veruschka« hatte man fast schon vergessen. Es war ein günstiger Moment, neu anzufangen. Zudem boomte die New Yorker Kunstszene, besonders für die deutschen Künstler, es war die Zeit der »Neuen Wilden«. Markus wurde von zwei namhaften Galerien vertreten – Michael Werner und Mary Boone.

Dann aber ließ es sich doch nicht verhindern, dass ich als Veruschka erkannt wurde: Bei einem Abendessen saßen wir im Restaurant ›Odeon‹, in dem Künstler wie Julian Schnabel, Salomé, Francesco Clemente oder David Salle verkehrten. Keiner beachtete mich, ich war unbekannt, so wie ich es mir gewünscht hatte. Bis plötzlich jemand von einem anderen Tisch zu uns herübergelaufen kam und rief: »Hallo Veruschka!« Alles drehte sich um, besonders Mary Boone, die perplex fragte: »Sie sind Veruschka?« Und dann rief sie laut heraus: »Veruschka! Stellt euch vor, das ist Veruschka!« Vorher hatte mir niemand besondere Aufmerksamkeit geschenkt, jetzt aber drehten sich alle um, und von einem Moment auf den anderen war ich wieder Veruschka. Leider war der Mann, der mich erkannt und auf mich zugetreten war, ein Fotograf, mit dem ich einmal gearbeitet hatte. Sonst hätte ich entgegnet: »Veruschka? Ich weiß nicht, wer das ist!«

Sie gingen zurück nach Deutschland. Da jedoch noch immer keine Galerie gefunden war, zog es Sie im Herbst 1984 erneut nach New York. Vieles, was ich in den Galerien sah, war so schlecht, so ungekonnt, ohne Poesie und von abgründiger Hässlichkeit, dass es mich sehr erstaunte, auch bedrückte. Durch Markus lernte ich dann Julian Schnabel kennen, die beiden waren Freunde. Eines Tages beschloss Julian, ein Bild von mir – am Kreuz – zu malen. Ich weiß nicht, ob es Frauen in der Geschichte gegeben hat, die am Kreuz hingen, aber Frauen waren gefoltert, gesteinigt, als Hexen verbrannt worden – warum also nicht? Julian war damals noch in der Phase, in der er Teller, mit denen er einst als Kellner oder Koch hantiert hatte, zerschmetterte, um ihre Scherben auf Leinwände zu kleben und zu übermalen. Für seine Kreuzigungsszene hatte er ein großes Holzkreuz in sein Atelier bringen und so aufstellen lassen, dass er zu mir hinaufblicken musste. Ich stand mit den Füßen auf einem Holzblock, war nackt bis auf Tücher, die um meine Hüften drapiert waren. Die Arme wurden an den Seiten des Kreuzes festgebunden. Julian betitelte das Gemälde »Vita« – so nannte mich seine kleine Tochter. Später wurde das Bild für viel Geld versteigert.

Eigentlich hatte ich gehofft, Julian könnte mir helfen, eine Galerie zu finden. Noch dem Motto: »Ich hänge für dich am Kreuz und du hilfst mir eine gute Galerie zu finden.« Aber das Interesse der Galeristen hielt sich in Grenzen, nicht zuletzt weil er »Veruschka« zu sehr betonte. Ich konnte es schon hören, wenn er mit Leuten am Telefon sprach. Wenn man in der Mode berühmt geworden ist, gehen in der Kunst die Türen zu, damals jedenfalls. Obwohl man es in Amerika letztlich leichter hat als in Europa. Amerikaner sind in dieser Beziehung offener, unkomplizierter als Europäer; sie unterscheiden nicht so strikt zwischen E- und U-Kunst. Doch wenn US-Galeristen auch mehr wagten, am Ende zählte wie überall auf der Welt, ob der Künstler einen Namen in der Kunstszene hat oder – und das war fast das Wichtigste – ob ihn eine bedeutende Galerie in den USA oder in Europa vertrat. Nach langem Suchen zeigte sich Bette Stoler an unseren Arbeiten interessiert. Ihre Galerie war noch neu, befand sich auf der White Street in TriBeCa in einem großen Loft. Dort fand unsere erste amerikanische Ausstellung statt. Endlich war es gelungen. Danach kehrte ich nach Peterskirchen zurück.

ERSTE AUSSTELLUNG NEW YORK

»Es bedrückt mich schon seit langem«, schrieben Sie im Dezember 1984, »dass ich mich mit meinem Namen nicht noch viel mehr einsetze gegen die Ungerechtigkeit und Folter, die täglich an Mensch und Tier von Menschenhand verübt werden. Nur aus dem Grund, dass ich mehr Macht und mehr Einfluss durch meinen Namen habe, will ich ihn weiter und mehr denn je in der Öffentlichkeit nutzen. Auf dass ich damit vielleicht Menschen, und wenn es nur einer wäre, aus ihren Qualen befreien kann. Denn was bedeutet es noch, Kunst oder irgendetwas zu machen im Anblick des unsäglichen Leids unseres Planeten, der Ungerechtigkeit, die so viele erleiden müssen. Mich selbst zu Ruhm zu bringen, lohnt sich für mich nur noch als Mittel zum Zweck.« Ihrem Vorsatz entsprechend wirkten Sie in einem Abschlussfilm der Münchner Hochschule für Fernsehen und Film mit, der das Elend illegaler vietnamesischer Bootsflüchtlinge anprangerte. Tatsächlich führten die Pressereaktionen dazu, dass mehrere Bundesländer ihre Aufnahmekontingente für Flüchtlinge erhöhten. Damals beschäftigte mich der Tod, wie auch aus meinem Tagebuch hervorgeht:

Der Tod, der manchmal ganz unvorhergesehen zu einem Menschen tritt, hat etwas Unheimliches. So selbstverständlich ist es nicht, dass wir jeden Morgen lebendig aufwachen. Es ist ein Geheimnis, dass wir noch leben, und es ist ein Geheimnis, wann wir sterben. Was uns bleibt, ist die Intensität des Augenblicks, seine Tage und Nächte mit aller Kraft, Ernsthaftigkeit und Bewusstheit zu leben – darauf können wir Einfluss nehmen. Die Stunden, die wir leben, sind so kostbar. So selten aber empfinden wir diese Kostbarkeit. Warum kann ich mir dieses Gefühl von Wesentlichkeit des erlebten Augenblicks nicht erhalten? Wären Leben und Tod in meinem Dasein immer gegenwärtig, es würde anders aussehen. Es ist ja nicht so, dass ich nicht intensiv lebe – ich lebe sehr, aber der Tod ist nicht existent, und daher verschiebt sich auch das Bewusstseinsgefühl zum Leben. Erst wenn Leben und Tod im Bewusstsein nebeneinander stehen, beginnt ein von »Allem« durchströmtes Leben. Im Angesicht des Todes sollte man leben. Der Tod sollte einen nicht überraschen, er sollte wie das Leben immer bei einem sein; und wenn man einmal mit ihm gehen muss, geht man nicht mit einem Fremden. (Peterskirchen, 19. Februar 1985)

Dass Ihre Träume und Gedanken intensiv um das Thema Tod und Verschwinden kreisen, war vermutlich kein Zufall. Zusammen mit Holger Trülzsch hatten Sie zwischenzeitlich begonnen, an einer Serie von Bildern zu arbeiten, in denen Sie zwar anwesend, für das Auge des Betrachters jedoch nahezu unsichtbar sind: Umgeben von Kleidern und Lumpen eines Recyclingdepots im toskanischen Prato sind die Umrisse Ihrer Gestalt von denen der bunten Stoffe kaum zu unterscheiden. Wieder waren Sie in Materie eingetaucht, um bis zur eigenen Unkenntlichkeit in ihr zu verschwinden. Im Herbst 1985 wurden jedoch nicht diese Bilder, sondern die der »Oxydationen« bei Bette Stoler ausgestellt. Den Text zum Katalog hatte der Kritiker

Robert Hughes verfasst. Die New Yorker Kunstwelt feierte Sie. Wie haben Sie diesen Abend in Erinnerung?

Es war eine geglückte Vernissage. Alle kamen, viele aus der New Yorker Kunstszene, und bewunderten die Bilder. Andy Warhol erschien und machte Polaroids, die ich später in der Aufregung liegen ließ. Robert Longo, heute mit der deutschen Schauspielerin Barbara Sukowa verheiratet, gab mir die Hand und sagte: »Gratulation – you've made it into the art scene.« Holger brauchte er nicht zu beglückwünschen, der kam ja nicht aus der Modewelt! Gary Indiana hielt eine geistreiche Rede, selbst Robert Hughes, der Kunstkritiker des ›Time Magazin‹, war begeistert. Auch Susan Sontag stand lange vor unseren Bildern. Auf dem Rückweg durch den Regen konnten Holger und ich gar nicht aufhören, über den gelungenen Abend zu reden. Es war eine glänzende Eröffnung, und trotzdem passierte danach erst einmal nichts.

Vielleicht, weil die Leute es vor allem schick fanden, dass Veruschka jetzt auch Kunst machte?

Sicher, Veruschka lag ein bisschen quer zur Kunst. Keiner konnte oder wollte anerkennen, dass es mich als Veruschka nicht mehr gab. Ebenso wie man mit unseren Körperbemalungen nie wirklich zwei Künstler in Verbindung brachte. Immer wieder mussten Holger und ich klarstellen, dass der eine so wichtig war wie der andere. Wir haben den großen Fehler gemacht, nicht von Anfang an einen gemeinsamen Namen zu erfinden. Damit wäre, wie bei anderen Künstlerpaaren, manches leichter für uns gewesen.

Andy Warhol, der zu den Gästen des Abends zählte, waren Sie seit den frühen siebziger Jahren in New York immer wieder begegnet. Er sollte auch künftig zu Ihren Ausstellungseröffnungen kommen. Wie erinnern Sie sich an diesen schmalen, nervösen Mann?

Andy war so, wie man ihn von Fotos kennt: stets mit diesen weißblonden, abstehenden Haaren. Er hatte verschmitzte Augen, machte aber einen schüchternen, verklemmten Eindruck, so als wage er sich kaum unter Menschen. Er trat nie alleine auf, sondern immer in

Mit Andy Warhol, New York 1985

einer Gruppe. Dann stand er plötzlich neben einem und sprach mit leiser Stimme: ›Oh Veruschka, das ist ja toll.‹ Eigentlich ganz liebenswert, absolut kindlich; aber er inszenierte sich auch so ahnungslos und unschuldig; alles sollte immer schön und großartig sein, er wollte nicht gefragt, mit nichts konfrontiert werden. Er erzählte mir einmal, er träume von einem Restaurant, in dem jeder eine Einzelkabine hat, mit nur einem Tisch und einem Stuhl darin, dann könne man ungestört alleine essen. Andy war ein Beobachter. Er hielt alles mit seiner Polaroidkamera fest. Damit war er auch immer beschäftigt, deshalb mochte man ihn kaum ansprechen. Einmal bei einer Party wollte er, dass jemand ein Foto von uns beiden machte. Wir stellten uns Kopf an Kopf, ich bemühte mich, entspannt auszusehen, und dachte, er macht bestimmt sein typisches Gesicht. Und dann kam das Polaroid aus der Kamera, und er hatte eine Fratze gezogen.

War er an Ihnen als Künstlerin interessiert? Oder sonnte er sich einfach in der Publicity, die ihm sicher war, wenn er zu Ihren Vernissagen erschien?
Die Publicity war für ihn immer Teil des Ganzen, er war ja ständig von bekannten Leuten umgeben und wurde immerzu fotografiert –

also das war selbstverständlich. Ich glaube, dass er mich ähnlich sah wie die anderen Frauen, mit denen er sich umgab und die zur Factory-Familie gehörten: Candy Darling, Ultra Violet, Bridget Berlin. Dass ich trotzdem nicht ganz fassbar war, interessierte ihn, ebenso die Körperbemalungen. Lange vor der Veröffentlichung unseres Buches »Trans-figurations« hatte er Holger und mir mehrmals geraten, einen Band mit unseren Arbeiten herauszubringen. Er kam nicht nur zu unseren Eröffnungen, sondern auch zu den Essen danach.

Mochten Sie Andy Warhol?

Diese Frage habe ich mir nie gestellt. Dass er ein großer Künstler war, habe ich später erst erkannt. Damals fand ich ihn ein bisschen trashig – Op-Art, Pop und Trash interessierten mich zu dieser Zeit nicht. Durch Gary Indiana begriff ich, dass Andy einige wirklich großartige Bilder gemacht hat, zum Beispiel die Bilder der JFK-Ermordung. Er verstand es, sich zu stilisieren, trat auf wie ein kleiner, argloser Junge, dabei war er mit allen Wassern gewaschen. Andy war und blieb eine Kunstfigur. Und dann machte er diese Interviews für sein Magazin, diese langweiligen, endlosen und zähen Interviews: »Möchtest du noch eine Tasse Tee?« – »Ja.« – »Magst du diesen Tee?« – »Also, die andere Sorte ist mir lieber.« – »Magst du das Restaurant?« – »Also, es ist nicht gerade hip, oder?« – »Ich bin schon dort gewesen.« – »Wirklich, Andy?!« So ging es stundenlang. Ich konnte das nie zu Ende lesen, aber ich fand es erstaunlich, dass man aus so einem Gequatsche einen Artikel machen konnte.

Im Frühjahr 1986 waren Sie erneut in den USA unterwegs, um einer Ausstellungseröffnung der »Oxydationen« in Houston beizuwohnen und sich in New York um die Veröffentlichung eines Buches zu bemühen, das eine Auswahl Ihrer mit Holger Trülzsch geschaffenen Arbeiten versammelte und den bereits erwähnten Titel »Trans-figurations« trug. Sie trafen sich mit Hanna Schygulla, Gary Indiana und Susan Sontag, die sich bereit erklärte, für das Buch einen Essay zu schreiben. Susan Sontag habe ich als Schriftstellerin und engagierte Intellektuelle immer verehrt. Sie kannte unsere Arbeiten. Als die Frage aufkam, wer zu unserem Buch das Vorwort schreiben solle, nannten wir ihren Namen. Der Verlag zeigte sich sehr angetan und schrieb an Susans Agenten, der den Brief nur flüchtig las, zerknüllte und in den Papierkorb schmiss. Er ging davon aus, Susan sei nicht interessiert. Während eines Gesprächs mit ihr erwähnte er den Brief beiläufig. »Warte!«, sagte Susan, »handelt es sich etwa um Veruschka? Dann möchte ich das Vorwort in jedem Fall schreiben.« Und so kramte der Agent den Brief wieder aus dem Papierkorb hervor. Und sie schrieb das Vorwort zu »Trans-figurations« mit dem Titel »Fragments of an Aesthic of Melancholy«. Darin heißt es:

»The earlier artifice, that of the fashion model, was to simulate an ideal form of oneself – to enhance an already existing, very high order of natural beauty. Here, the artifice is to simulate what is not the beautiful woman. The person disappears, but beauty does not disappear (any more than does Veruschka's iconic status. It remains embedded in the image, like a more or less invisible ghost.) What these images illustrate is an indominable career of beauty – though made ugly, still remaining beautiful – as well as an escape from beauty.«

Ihre Kunst wurde anerkannt, aber auch imitiert, so in einem Video der Rolling Stones oder auf einem Titelbild der ›Vanity Fair‹, aufgenommen von Annie Leibovitz, der damaligen Lebensgefährtin von Susan Sontag. Darauf war die Schauspielerin Demi Moore nackt, aber doch so bemalt zu sehen, als trüge sie einen Anzug – zweifellos eine Kopie der von Ihnen und Holger Trülzsch kreierten »Mimikry Dress Art«.

Mick Jagger traf ich einmal bei Giorgio di Sant' Angelo, er gratulierte mir zu dem Buch »Trans-figurations« und sagte, er habe viele Exemplare gekauft, für Freunde, aber auch für seine Kinder, die es liebten. Ein paar Jahre später kam dann das Video. Das zeigte Mädchen, bemalt wie die Mauer, aus der sie heraustraten und vor der Jagger sang. Mit Kunst hatte das nichts zu tun, diese Arbeiten wurden für einen kommerziellen Zweck benutzt. Und das war, trotz entsprechender Angebote, die an uns herangetragen wurden, nie unser Ziel.

Den Sommer 1986 verlebten Sie in Peterskirchen und in Prato, wo Sie wieder mit Holger arbeiteten. Bereits im September wurden Werke auf großen in Boston hergestellten Polaroidprints von der Galerie Bette Stoler präsentiert. Aus New York schrieben Sie damals Ihrer Mutter:

Du kannst dir nicht vorstellen, wie es hier zugeht! Immer auf Achse … Das Buch verkauft sich sehr gut. Ich musste einen Tag lang von Buchladen zu Buchladen gehen (Holger war krank) und Bücher signieren, und die Verkäufer haben alle gesagt, dass es ein großer Erfolg sei, selten hätten sie so viel Interesse erlebt. Die Ausstellung sieht sehr gut aus, beeindruckend sind diese riesigen Polaroids. Wir haben ein neues Bild und sechs alte Bilder an einen Sammler verkauft … (9. November 1986) Eine ganze Menge Partys und Abendessen stehen auf dem Programm. Du weißt, ich bin ja gar nicht so ein Gesellschaftsmensch, es strengt mich an. Aber um hier wieder etwas hereinzukommen, geht es viel darum, Menschen zu sehen, Kontakte zu knüpfen. (13. Dezember 1986)

Während Ihres nächsten Aufenthalts in New York kamen Sie bei Giorgio di Sant' Angelo in der Park Avenue unter.

Für Giorgio war es selbstverständlich, dass ich bei ihm wohnte, das machte es für mich sehr angenehm. Ich hatte ein kleines, stilvoll hergerichtetes Zimmer mit Bad für mich. Arbeiten konnte ich dort allerdings nicht, weil alle Räume mit Objekten dekoriert und vollgestellt waren und es keine freien Tische gab.

Da Giorgio di Sant' Angelo die meiste Zeit des Tages in seinem Atelier zubrachte, bekamen Sie ihn nur selten zu Gesicht. Sie waren auf sich gestellt, und auf Ihren Streifzügen durch die Straßen Manhattans stellten Sie Veränderungen fest.

Das Leid, das mir an jeder Straßenecke begegnet, ist viel furchtbarer, als man es sich in Europa vorstellen kann, jedenfalls in manchen Gegenden, zum Beispiel Soho. Hier, in der Park Avenue, wo ich jetzt lebe, merkt man davon nicht so viel. Wenn ich aber in die U-Bahn gehe – der Eingang ist gleich neben dem Portal von Bloomingdales, einem eleganten Kaufhaus –, liegen dort die homeless people, wie sie hier genannt werden. Und die dicken

Damen in ihren bodenlangen Pelzen gehen zum Shopping. In der Halle der Grand Central Station, dem Hauptbahnhof von New York, liegen sie zu Hunderten. Wenn man sich vorstellt, dass aus Spekulationsgründen allein auf der Park Avenue ganze Häuserblocks leerstehen, kann einen die Wut packen, zumal wenn man hört, dass nach einer kalten Nacht von minus 30 Grad Celsius sieben Menschen erfroren sind. Wenn es so kalt ist und ein eisiger Wind weht, bringe ich es nicht übers Herz, den zitternden Menschen, die betteln, nicht wenigstens 25 Cent, manchmal auch einen Dollar zu geben. An jeder Ecke kann ich das nicht machen, wie du dir denken kannst, so leicht wie mein Portemonnaie im Augenblick ist! Es ist skandalös, dass so etwas in unserer Überflussgesellschaft möglich ist – dass einerseits die Leute in Limousinen herumgefahren werden und andere unwürdig dahinvegetieren. (8./9. Februar 1988)

Mit diesen Eindrücken kehrten Sie nach Peterskirchen zurück, wo Sie im Frühling 1988 begannen, Ihre sogenannten »Aschebilder«, Szenerien brennender Städte, zu fertigen.
Erste Arbeiten waren bereits in New York unter Zuhilfenahme von Kaminasche entstanden. In Peterskirchen verbrannte ich dann alles Mögliche, um Asche in verschiedenen Farbtönen zu gewinnen. Papier wird weiß, wenn man es verbrennt, Kohle rot, manche Baumarten schwarz. Irgendwann hatte ich säckeweise Asche gesammelt. Mit diesem Material arbeitete ich den ganzen Sommer, an einer Vielzahl von zum Teil lebensgroßen Gemälden.

In dieser Zeit verfiel ihre Mutter in eine Depression, die so gravierend war, dass sie für mehrere Monate zur Behandlung in eine Klinik musste. »Über meinen jetzigen Zustand will ich nicht schreiben«, notierte sie, »außer dass er, neben der Widerstandszeit und ihren Folgen, der schlimmste in meinem bisherigen Leben ist.« Sie besuchten die mittlerweile Fünfundsiebzigjährige ebenso wie ihre bald hundertjährige Großmutter Mellenthin, die noch immer in einem Pflegeheim lebte.
Meine Großmutter sagte, kurz bevor sie starb, einen Satz, der mich sehr berührte: »Weißt du, Veralein, das Wichtigste im Leben ist ein-

fach nur die Liebe.« Und es schien, als ob sie es tatsächlich so empfand. Jene Frau, die ein Leben lang nur streng und diszipliniert gewesen war, die über Liebe und Gefühle nie gesprochen hatte, wurde ganz weich und zugänglich. Ihre Unnahbarkeit habe ich dann auch vergessen, weil sie mir zeigte, dass ihr Geist mittlerweile woanders war, dass sie sich nach Liebe sehnte. Holger glaubte, solche Regungen kämen, wenn ein Mensch plötzlich auf andere angewiesen sei. Als ich sah, dass bei ihr kurz vor ihrem Tod diese Veränderung vor sich ging, dachte ich: Für eine Erkenntnis ist es nie zu spät.

Nachdem Ihre Mutter Anfang Oktober 1988 nach Peterskirchen zurückgekehrt war und Sie sich mehrere Monate um ihre Angelegenheiten und das große Haus gekümmert hatten, nahmen Sie, von Holger begleitet, das nächste Flugzeug nach New York, um dort die Ausstellung der in Prato entstandenen Bilder vorzubereiten. Da Bette Stoler ihre Räume hatte schließen müssen, wurden die neuen Werke in der Galerie ›Scott Hanson‹ ausgestellt – mit großem Erfolg.

Ash-city #5, Peterskirchen 1988

Ash-desert #8, Peterskirchen 1988

Übrigens war der erste Besucher Avedon. Mit aufgerissenen Augen schaute er sich um. Er sagte nichts, blickte nur Holger, mich und die Bilder an. Er war sprachlos, überwältigt. Dann ging ich auf ihn zu und wir umarmten uns.

OHNMÄCHTIG

Im Frühjahr 1989 waren Sie zu Dreharbeiten in Paris sowie zur Herstellung eines Films über Körperbemalung mit Holger in Tokio. Zurück in New York, traten Sie nach längerer Zeit wieder vor die Kamera von Steven Meisel. Seitdem Sie wieder einen Vertrag mit einer New Yorker Agentur geschlossen hatten, wurden Sie häufiger gebucht. Ihr Comeback als Model hatten Sie bewusst lanciert, wie auch aus Tagebuchaufzeichnungen hervorgeht:

Ich habe mich vor fünfundzwanzig bis dreißig Jahren dafür entschieden, als Veruschka überall bekannt zu werden – und so kam es. Dann bin ich gewissermaßen verschwunden, die Leute lernten mich als Vera Lehndorff, die Künstlerin, kennen. Nun wird Veruschka zurückkehren. Für ein bis zwei

Jahre, je nachdem wie lange der Prozess der Rückkehr dauert. Ich habe dieses Projekt etwa ein Jahr vorbereitet, dieser Monat ist der offizielle Starttermin. Sobald ich ganz zurückgekehrt bin und einige tolle Sachen mit den besten Modemagazinen gemacht habe, werde ich als Veruschka für immer verschwinden. Dann wird es die Person Veruschka nicht mehr geben. Ich werde unter diesem Namen nicht mehr arbeiten, nicht mehr signieren. Ich werde mittels einer Performance verschwinden. Das Leben als ultimative Realität ist mir unerträglich. So wie ein Schwarzer, dem ich einmal auf der Straße begegnete, mir, während er über und um sich schaute, sagte: »Stell dir vor, all dies wäre die Wirklichkeit ...« (New York, 31. Mai 1989)

Überschattet wurde Ihr Leben durch das Leid von Giorgio di Sant' Angelo. Seit mehreren Wochen lag er, unheilbar an Krebs erkrankt, in einer New Yorker Klinik.
Sein Sterben bedrückte mich sehr. In mein Tagebuch notierte ich:

*Ich gehe ab heute jeden Tag eine Stunde zu ihm. Wir reden kaum, ich setze mich an das Bettende und meditiere. Er öffnete kaum die Augen, aber als ich gehen wollte, bat er mich, noch zu bleiben. (New York, 1. Mai 1989)
Ich hatte ihn mehrere Wochen nicht mehr gesehen, und es schockierte mich zutiefst, ihn in diesem Zustand anzutreffen – diesen sonst so lebhaften, fröhlichen, gut gelaunten Menschen, der nun so verfallen, so dünn vor mir lag, das Gesicht ganz starr. Ich hätte ihn gern umarmt, ihm mit all meiner Zärtlichkeit gesagt, Giorgio, mein liebster Giorgio, wir werden dich aus diesem Zustand befreien, wir werden alles tun, um das Ungeheuer Krebs zu bezwingen, wir werden es besiegen. Aber selbst eine Umarmung wäre zu viel für ihn gewesen. Nur seine Hand konnte ich noch halten. (New York, 3. und 4. Juni 1989)*

Doch gab es nicht nur den Verlust des langjährigen Freundes zu beklagen. Inzwischen starben viele Weggefährten und Bekannte aus der Kunst- und Modewelt an Aids.
Zoli, mein Agent, war einer der Ersten, der an Aids starb, es folgten viele mehr, Halston, Robert Mapplethorpe, Keith Haring, der Tänzer Alvin Ailey, Rock Hudson, Anthony Perkins, um nur einige zu nennen. Ständig hörte man von Todesfällen. Es ging das Gerücht,

die Krankheit sei von der Pharmazie entwickelt worden. Die Straßen waren damals voll mit Demonstranten, weil die US-Regierung nur unzureichend Mittel für die Forschung zur Verfügung stellte. All das war tägliches Gesprächsthema. Über die Gedenkandacht für Robert Mapplethorpe im ›Whitney Museum of American Art‹ notierte ich in mein Tagebuch:

Ich ging um 17 Uhr hin, wie es auf der Einladung vermerkt war. Der untere Saal war bereits voll. An der Seite fand ich einen Platz. Ich war nie zuvor auf einer Gedenkandacht gewesen und wusste daher nicht, was auf mich zukam. Zwei- bis dreihundert Leute hatten sich eingefunden, es war sehr still, niemand sprach – eine sehr konzentrierte, friedliche Atmosphäre in diesem schreinartigen Raum. Vorne ein Podium mit großen violetten Fliederträußen zu beiden Seiten. – Jeder der Freunde hielt eine sehr bewegende Rede, unter ihnen Philip Glass (er spielte auch ein Stück auf dem Klavier), Ingrid Sischy, Harry Nunn, Fran Lebowitz, Tom Armstrong und Patti Smith. Sie sang für Robert, obwohl sie die Tränen kaum zurückhalten konnte. (New York, 22. Mai 1989)

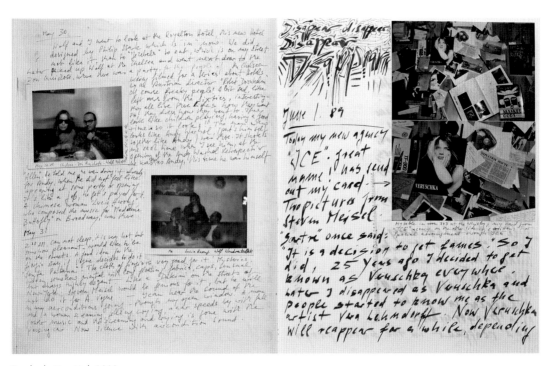

Tagebuch, New York 1989

Robert hatte mich kurz vor seinem Tod noch angerufen, weil er unbedingt ein Foto von mir machen wollte. Ich schlug vor, wir sollten uns erst einmal treffen und darüber reden. »So so«, antwortete er, »du bist also eine von den Schwierigen!« Als wir beide endlich so weit waren, uns zu sehen – ich stand bereits in der Tür –, rief sein Assistent an und sagte, dass Robert unterwegs ins Krankenhaus zu einem an Aids erkrankten Freund sei. Kurz darauf wurde er selbst in eine Klinik eingeliefert.

In dieser Zeit trafen Sie sich öfter mit Susan Sontag. Was für ein Mensch war sie?

Sie war stark und schön. Sie hatte uns mit ihrem Essay zu unserer Körpermalerei sehr geholfen und uns in jeder Hinsicht unterstützt. Wir waren gut befreundet. Einmal begleiteten Gary Indiana und ich Susan zu einer Theateraufführung, einem Stück von Heiner Müller. Es war so langweilig, dass Gary und ich nach der Pause wieder gehen wollten. Sie war außer sich! Sie hatte zu entscheiden, ob man blieb oder ob man ging. Ein anderes Mal war sie von der ›Parsons School for Design‹ eingeladen worden, um über unsere Körperbemalungen zu sprechen. Gary, Susan und ich gingen gemeinsam hin – Holger war gerade nicht in New York. Nach ihrem Vortrag gab es eine Frage-Antwort-Stunde. Für die Studenten waren wir beide Superstars: Susan, die berühmte Intellektuelle, ich, das berühmte Model. Mit meinem Namen, sagte ein Student, würde mir doch alles nur so zufallen; wenn er etwas Ähnliches unternähme, würde sich niemand für ihn interessieren. Der Einwand war nicht ganz unberechtigt, aber Susan ärgerte sich so sehr darüber, dass sie meinte: »These kids are fuckin' stupid ... let's go!« Sie stand tatsächlich auf und verließ den Raum – und wir gingen ihr im Gänsemarsch hinterher.

Einmal lud sie mich zu einem Abendessen in ihr Penthouse ein. Es war für Howard Hodgkin, den großen abstrakten Maler, der eine Ausstellung im Metropolitan Museum hatte. Die Sache mit dem Vanity-Fair-Cover und der bemalten Demi Moore hatte ich längst vergessen. Da Annie Leibovitz es fotografiert hatte und Susan mit ihr zusammenlebte, rief sie mich kurz vor diesem Abend an und sagte,

Annie sei ein wenig befangen, mir gegenüberzutreten, sie würde sich schämen, es sei damals wirklich als Hommage an mich gedacht gewesen. Als ich in Susans Apartment trat, stand Annie, diese große Frau, verschüchtert vor mir: »Veruschka, ich bin doch ein so großer Fan von dir.« »Annie, let's forget it!«

Das letzte Mal sah ich Susan Sontag zufällig im Flugzeug, auf einem Flug von New York nach Paris. Das war kurz vor ihrem Tod. Ich wusste damals von ihrer Krebserkrankung. Als ich sie fragte, wie es ihr ginge, sagte sie: »Das Leben ist so wunderbar!« Da ahnte ich, dass dies unsere letzte Begegnung sein würde.

Im Juli 1989 kehrten Sie New York den Rücken. Warum?
New York ist der letzte Ort an dem man sein will, wenn es einem schlecht geht. Giorgio war tot, und ich saß allein in meiner gemieteten Wohnung herum. Ich hatte Visionen von einem neuen Projekt: Ich wollte Veruschka in groß angelegtem Stil verschwinden lassen und wieder neu auftauchen in verschiedener Gestalt, und zwar in den Farben der Elemente, in Weiß, Schwarz, Rot, Gelb. Das Blau sollte hinzukommen. Das Ganze wollte ich verbinden mit Happenings auf allen Kontinenten – ein Megaprojekt! Ich hatte zwar schon einen Produzenten gefunden, der sich für diese Idee interessierte, aber die Sache wuchs mir völlig über den Kopf. So flog ich nach Deutschland und verkroch mich wieder einmal in Peterskirchen.

PROJEKT ASCHE

Im alten Pfarrhof setzten Sie Ihre Arbeit an den »Aschebildern« fort – jenes 1981 begonnene Projekt. Sie machten wieder kleine Feuer, verbrannten persönliche Gegenstände, Dokumente, »eine Holzkiste, gefüllt mit quälenden Gedanken, Vorstellungen, Angewohnheiten«.
In dieser Zeit flog ich nach London, wo ich mit dem Fotografen Michel Haddi eine Serie von Aschebildern aufnahm. Wir bestreuten dazu den gesamten Boden einer Industriehalle mit Asche. Anschlie-

ßend legte ich mich in die Asche hinein, wurde ebenfalls mit Asche bedeckt. Es entstanden Schwarzweißbilder, auf denen eine wüstenartige Landschaft zu sehen war, darin liegend, kaum sichtbar, ein Mensch. Ingrid Sischy, Chefredakteurin des ›Interview Magazine‹, wollte sie veröffentlichen. Als aber der Golfkrieg ausbrach, distanzierte sie sich von dem Projekt.

Während Sie im Sommer jenes Jahres über Bilder vom Ende nachdachten, hatte Ihre Mutter traurige Gedanken: »Dies schreibe ich jetzt hier im Abendleuchten nieder«, notierte Sie am 20. Juli 1984, dem Jahrestag des Attentats auf Hitler. »Die Einsamkeit umgibt mich, weil niemand fühlen und wissen kann, dass ich fünfundvierzig Mal dieses Erlebnis so erlebt habe, als sei es gerade eben erst passiert.«

Es ist sehr, sehr traurig für uns Kinder, zu wissen, dass wir sie oft an diesem Tag alleine gelassen haben. Ich kann mir genau vorstellen, wie sie, während sie das schrieb, in Peterskirchen allein unter der Linde vor dem Haus gesessen hat. Meine Mutter wollte aber auch dieses Leid für sich behalten. Sie meinte, wir Kinder hätten nicht so sehr gelitten. Sie zog es vor, diese traurigen Momente allein zu durchleben, statt sie mit uns zu teilen. Wenn die Vergangenheit nicht Teil des Lebens ist, existiert sie nicht wirklich – wie das Schicksal meines Vaters, das so lange verschwiegen wurde.

Am 9. November 1989 fiel die Berliner Mauer. Sie waren gerade in New York. War dies ein freudiges oder ein verstörendes Ereignis für Sie?

Als ich davon erfuhr, saß ich im Taxi und fuhr die Seventh Avenue hinunter. Der Fahrer, ein Palästinenser, brüllte plötzlich: »The Wall is down!« Er hatte es gerade im Radio gehört. Auch auf der Straße begannen die Leute zu schreien: »The Wall is down, the Wall is down!« Der Taxifahrer war aufgeregter als ich. Über das Leben in der DDR wusste ich wenig, ich war nie dort gewesen, noch nicht einmal an der Mauer.

In Peterskirchen hielten Sie es nicht mehr aus. Mit Hilfe von Annali von Alvensleben fanden Sie vorübergehend eine Bleibe in der leerstehenden Pariser Wohnung des Schriftstellers Patrick Süskind.
In dieser Zeit ging es mir mal wieder nicht gut und ich wollte mich verkriechen, war meistens für mich allein und wurschtelte mich so durch die Tage. Etwas Vernünftiges habe ich nicht auf die Reihe gekriegt. Meine alten Ängste suchten mich immer wieder heim. Wenn mich auf der Straße seltsame Blicke trafen, vermutete ich, das seien Neonazis. Oft lief ich stundenlang ohne Ziel durch die Straßen, in der Wohnung hielt ich es nicht aus und rannte los.

Dann stellte Ihnen Hanna Schygulla ihre Pariser Wohnung zur Verfügung.
Das Haus von Hanna lag in einer ruhigen Seitenstraße der Rue Saint-Antoine, nahe dem Place des Vosges. Endlich beschloss ich, mich nach einem Therapeuten umzusehen. Ein in Paris lebender deut-

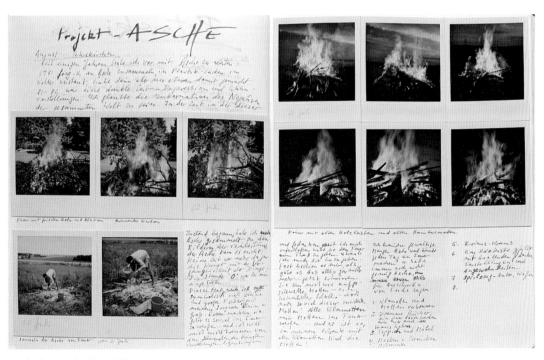

Tagebuch, Peterskirchen 1989

Ash-city #4, Detail

scher Psychoanalytiker nahm mich kostenlos in Behandlung, da er sich sehr für die Geschichte meiner Familie interessierte. Ich schenkte ihm am Ende der Therapie eine Zeichnung und ein Foto. Besagter Analytiker hatte eine Katze namens Sabotage, was mir sehr gefiel. Fortan war ich jeden zweiten Tag zu Gesprächen bei ihm. Um mich zwischendrin zu beschäftigen, kaufte ich mir ein Rechenheft. Es beruhigte mich, wie auf einem Schachbrett, abwechselnd ein Kästchen freizulassen und eins auszufüllen. Die Therapie zwang mich, mich mit meiner Geschichte auseinanderzusetzen, was ich bis zu diesem Punkt meines Lebens nie wirklich getan hatte.

Dann kam Hanna zurück, brauchte ihre Wohnung und ich zog wieder einmal um, diesmal in die Rue du Moulin Vert. Gott sei Dank lebten Holger und seine Freundin Dominique auch in Paris. Ich sah die beiden oft. Ich mochte die Fahrten mit der Metro durch die halbe Stadt zum Montmartre, und Holger und ich genossen es, stundenlang im Café zu sitzen. Helmut Newton machte damals ein schönes Foto von mir vor einer Pariser Hauswand.

In der Métro saß mir einmal eine Frau gegenüber, in ein Buch vertieft. Plötzlich schaute sie auf, sah mich prüfend an und bekam glänzende Augen. »Kennen Sie das?«, fragte sie, drehte das Buch um und hielt es mir vor die Nase: »Fotos aus Auschwitz«. Mich durchfuhr es: »Sie muss erkannt haben, dass ich Deutsche bin ....«

In den Therapiesitzungen rekapitulierten Sie seinerzeit Ihr ganzes Leben. Häufig hatte dies lebhafte Träume zur Folge. Nachdem Ihre Mutter Sie im Herbst 1992 mit einem zweiten, unveröffentlichten Teil des Abschiedsbriefs Ihres Vaters überraschte und Sie das in Sütterlin geschriebene Dokument gemeinsam mit dem Therapeuten entziffert hatten, träumten Sie das Folgende:

Ich bin in Paris, im Stadtteil Marais. Ich gehe um die überdimensionale Ecke eines Hauses. Gleich hinter der Ecke bleibe ich vor der Hauswand stehen. Ich habe einen weißen Briefbogen – darauf etwas mit der Schreibmaschine Geschriebenes oder Gedrucktes – in der Hand. Ich habe das Gefühl oder die Ahnung, dass mein Vater hinter oder in der Mauer ist. Ich bin voller Emotionen, weiß nicht, was ich fühle, bin unglücklich, glücklich, verzweifelt, traurig, beschämt ... Etwas Gewaltiges geschieht, das ich nicht zum Ausdruck bringen kann. Es ist, als würden sich die Gefühle materialisieren und wie eine Art Gewächs aus mir herauswuchern. Ich rufe: »Vater – geliebter Vater!« – Der Stadtteil »Marais« war einst eine Sumpflandschaft. Ebenso wie Steinort, in Masuren gelegen, von Seen und Sümpfen umgeben ist. Marais – Masuren. Dort verbrachte ich die ersten Jahre meines Lebens ... Achtundvierzig Jahre nach seinem Tod hat meine Mutter uns erstmals

Paris 1984, Foto Helmut Newton

den ungekürzten Abschiedsbrief unseres Vaters gegeben. Bislang kannten wir nur den veröffentlichten Teil. Dass es weitere Passagen gab, wussten wir nicht. In meinem Traum habe ich einen Briefbogen mit gedruckter Schrift in der Hand – Symbol für die bislang unbekannte Seite jenes Briefes, der vor allem an die Familie meines Vaters gerichtet war. Im Traum vor der Mauer entsteht vor mir eine große Form, die aus mir herauswächst und wuchert. Ich bin eingehüllt davon, wie von etwas Monströsem. Alle versteckten Gefühle sind wie zu einem Krebs gewuchert. Schuldgefühle, Ängste, Trauer – alles ist zu einer bedrückenden Masse geworden. So bleibt mir nur, verzweifelt den Vater anzurufen. (Paris, Traumbericht und Kommentar, 11. November 1992)

Das Nachdenken über den Brief war sehr wichtig für mich. Es war gut, sich gemeinsam mit dem Therapeuten über die Kindheit, den

Vater, die Familie bewusst zu werden. In dieser Zeit begann ich zu verstehen, dass die Phasen der Depression eine Funktion in meinem Leben haben, sie zwingen mich immer wieder, mich von Umständen zu befreien, in denen ich nicht leben möchte. So gesehen sind sie weniger Krankheit als Medizin. Auch wenn ich mir solche Phasen nicht wünsche, bescheren sie mir doch eine Kraft, die mein Leben bereichert hat. Es ist die Geschichte des Phönix aus der Asche.

ABSCHIED VON DER MUTTER

Im Frühjahr 1993 gründete Ihre Mutter den »Freundeskreis Stiftung Steinort«, um mögliche Restitutionsansprüche zu klären und den Verfall des Schlosses zu stoppen. Sie in ihren letzten Stunden zu begleiten, war Ihnen nicht möglich, sie starb plötzlich und unerwartet am 16. April 1993. Erinnern Sie sich an das letzte Zusammensein mit ihr?
Sie war bereits im Krankenhaus und lag im Koma. Wir hatten uns längere Zeit nicht gesehen. Ostern 1993 war sie wegen eines Darmdurchbruchs eingeliefert und operiert worden. Als ich davon erfuhr, setzte ich mich in das nächste Flugzeug nach München und fuhr von dort aus mit meiner Schwester Gabriele zu ihr. Im Krankenhaus fanden wir sie an Schläuche angeschlossen vor. Sprechen konnte sie nicht mehr. Wir streichelten sie und sprachen zu ihr, hofften, dass sie uns noch wahrnehmen würde. Als wir hinausgingen, sagte die Krankenschwester: »Wenn Ihre Mutter will, dann schafft sie es.« Da waren wir etwas erleichtert. Wir fuhren zurück nach München und am nächsten Morgen früh wieder ins Krankenhaus. Als wir eintrafen, war sie gerade gestorben. Sie hatte es nicht geschafft.

In einem der vielen Beileidsbriefe, die Sie und die Schwestern erreichten, schrieb Nina Gräfin von Stauffenberg, die Ehefrau des hingerichteten Claus Schenk Graf von Stauffenberg, über Ihre Mutter: »Wir waren zusammen im Internat in Wieblingen, wurden dort beide konfirmiert. Wir verloren uns aus den Augen und wurden durch den 20. Juli wieder verbunden. Unsere Kinder waren zusammen in Bad Sachsa. Einmal trafen wir uns in Berlin bei einer der Gedenkfeiern. Ich habe sie sehr geliebt!«

Von überall her kamen nach dem Tod Ihrer Mutter Kondulenzschreiben. Nur Marion Gräfin Dönhoff ließ nichts von sich hören, auch zur Beisetzung kam sie nicht, ließ sich entschuldigen. Sie baten sie um ein Gespräch.

Es war mir sehr wichtig, sie zu treffen. Ich spürte, dass da noch etwas offen war, worüber meine Mutter nie gesprochen hatte. Wann immer sie etwas sehr verletzte, hat sie ihren Schmerz nicht zeigen wollen und geschwiegen. Da musste etwas vorgefallen sein, und das beschäftigte mich. Darum wollte ich von Marion hören, worum es sich handelte, woher die Funkstille zwischen ihnen beiden rührte. Immerhin war sie meine Patentante. »Ist das wahr, dass Ihr meine Mutter nicht mochtet?« – »Ja, wir mochten sie nicht«, erwiderte sie prompt. – »Warum nicht?« – »Weil sie schlechtes Blut in die Familie brachte«, so Marion. Da verschlug es mir die Sprache. Gut, dachte ich, hat sie meine Mutter wohl mit einem Pferd verwechselt. In ihrer Jugend hatte Marion viel mit Pferdezucht zu tun gehabt, wahrscheinlich hat sie Pferd und Mensch durcheinandergebracht. Wer sich intensiv mit Zucht beschäftigt, spricht vielleicht in dieser Sprache. Anders konnte ich es mir nicht erklären. Zweifellos war und bleibt sie eine hochgeachtete Persönlichkeit – sie wird schon nicht von ihrem Sockel fallen, wenn ich hier nun kurz daran rüttele. Aber Marion war auch tief in ihrer Zeit und Tradition verhaftet, nicht frei von Vorurteilen. Darum sollte man sie – ebenso wie meinen Vater – als Mensch und nicht als Übermenschen sehen.

Holger und dessen Lebensgefährtin Dominique waren dafür verantwortlich, dass Sie Besitzerin einer Katze wurden. Zur selben Zeit trat auch ein junger Mann in Ihr Leben, Michael Waschke.

Eines Abends im Juni 1993 klingelte es an meiner Wohnungstür in der Rue du Moulin Vert. Es war schon spät. Ich öffnete die Tür und hereinstolziert kam eine graue Babykatze – ich nannte sie Äfflein. Äfflein konnte Wände hochspringen, wenn ich einen Ball dagegenwarf. Der kleine Kater war mit den beiden auf der Straße mitgelaufen und wollte unbedingt zu mir herauf. Er roch nach Parfum. Jemand musste ihn verloren oder ausgesetzt haben, wie es die Leute im Sommer oft tun, wenn sie in die Ferien fahren. Häufig habe ich gedacht, dass mir vielleicht meine Mutter Äfflein geschickt hat – sie war ja gerade erst gestorben. Der Kater wich nicht mehr von meiner Seite, zwölf Jahre lang.

Damals trat Micha in mein Leben. Ein Freund von mir, der Komponist Jacques Schönbeck, rief mich aus Berlin an und erzählte von ihm: »Ein eigenwilliger Typ – er lebt in Berlin, kommt aus dem Osten und studiert Philosophie. Er hat Liebeskummer und käme gern mal nach Paris. Kann ich ihm deine Nummer geben?« Kurze Zeit später rief Micha an. Wir trafen uns, und ich verliebte mich in ihn. Anfangs wohnte er in einem Hotel und spielte den ganzen Tag Querflöte in seinem winzigen Zimmer. Dann besuchte ich ihn in Berlin, schon damals mochte ich diese Stadt im Aufbruch sehr. Als er wieder nach Paris kam, wurden wir ein Paar – mit dreißig Jahren Altersunterschied, er war fünfundzwanzig, ich fünfundfünfzig. Mit Micha fing das Leben noch einmal von vorne an. Und obwohl er sich in Paris nicht besonders wohl fühlte, habe ich gerade diese erste Zeit dort mit ihm sehr geliebt.

Zwischenzeitlich reisten Sie auch nach Peterskirchen, um den Nachlass der Mutter durchzusehen. In Ihr Tagebuch notierten Sie:
Seit einiger Zeit kann ich am Tage wieder schlafen, was ich sehr genieße. Ich lege mich hin und schlafe dann bald ein. Eine verdrängte Müdigkeit kommt über mich, und ich schlafe tief und ohne dabei ein schlechtes Gewissen zu haben. Trotz der vielen Arbeit, die ich machen möchte, freut es mich, dass ich die Gelassenheit finde, für eine Stunde alles loszulassen und ganz friedlich zu schlafen. Über Jahre habe ich Dinge und Papiere nicht geordnet. Ich mache es jetzt gerne und stolpere dabei über viel Vergessenes. Ich muss so konzentriert wie möglich sein, um so viel wie möglich zu schaffen. (Peterskirchen, August/September 1993)

DAS SPIEL BEGINNT VON NEUEM

Micha war mit mir in Peterskirchen, es war ein Bilderbuchsommer, wir fuhren mit den Fahrrädern zu den Seen und genossen die Tage. Freunde von Micha tauchten auf, und wir alle tafelten unter der großen Linde. Meine Mutter fehlte sehr, aber es war neues Leben ins Haus gekommen. Ich wünschte mir, dass sie uns einfach aus ihrem Fenster im ersten Stock zuwinken würde. Die wilde Gesellschaft brachte etwas Unruhe ins verschlafene Peterskirchen. Die Jungs hatten einen anderen Begriff von Eigentum als die Hausbewohner. So war ich damit beschäftigt, die kleinen Streits zu schlichten.

Steven Meisel machte von Ihnen damals eine exquisite Fotoserie.
Er ist der Einzige, von dem ich mich auch heute gerne fotografieren lasse, so sehr schätze ich seine Arbeit. Uns verband eine tiefe Übereinstimmung, Steven formulierte das so: »Veruschka ist neugierig, in

Mit Kater Äfflein,
Brooklyn 1993

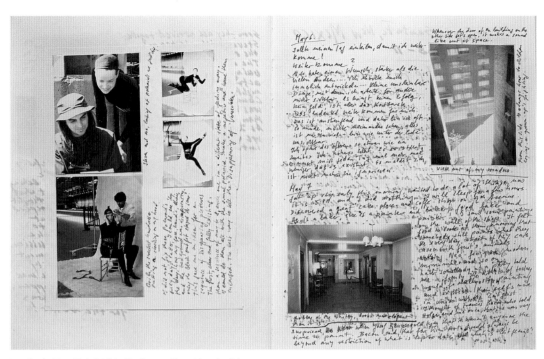

Tagebuch, New York 1994. Mit Steven Meisel bei der Arbeit

die Welt des anderen zu gehen und auch da zu spielen.« Diese Faszination ist gegenseitig.

1996 zogen Sie wieder um und ein neues Projekt begann in New York. Mit Andreas Hubertus Ilse realisierten Sie »Veruschka Self-Portraits«. Micha begleitete mich und auch Äfflein nahmen wir mit. Wieder einmal hatte ich das Glück, dass mir jemand seine Wohnung überließ. Isabella Rosselini, mit der ich befreundet bin, überredete ihren damaligen Freund Gary Oldman, uns Unterschlupf zu gewähren. Ein tolles Apartment, leider flogen wir sehr bald raus, weil wir auf dem Weg zum Pool gern in Bademänteln durch die Lobby marschierten.

Auf den Bildern inszenierten Sie sich als Bettlerin und Hure, als Außerirdische, auch als Getier, in der Rolle berühmter Schauspielerin-

New York 1995, Foto Steven Meisel

nen, als Mann in Gestalt eines Mafioso oder Intellektuellen, sogar als erster schwarzer US-Präsident. Welches Ziel verfolgten Sie mit diesem Projekt?

Die Idee von »Veruschka Self-Portraits« war, verschiedene Charaktere in New York darzustellen. Es sind am Ende mehr als dreißig geworden. Anfänglich bat ich Designer um ihre Mitarbeit, und bald hatte ich die besten Leute für das Projekt beisammen. Helmut Lang ließ mir ein Kleid für meine Darstellung der Brigitte Helm schneidern, die durch den Stummfilm »Metropolis« bekannt wurde. Calvin Klein traf ich auf einer Party. »Ich denke, die Garbo hätte sich von dir einkleiden lassen«, sagte ich zu ihm. »Wie würdest du die Garbo anziehen?« Das gefiel ihm, und er machte mit. Christian Lacroix zeigte mit seinem Entwurf für eine noble Frau, die alles verloren hat, eines der schönsten Kostüme. In Paris ging ich zur besten Modeschule, dem Studio Berçot, und sprach mit der Direktorin. Madame Rucki setzte alles in Bewegung. Die Studenten entwarfen für mich. Einer gestaltete einen Mantel aus Plastik mit einem Kragen aus CDs – ganz fantastisch. Neben anderen beteiligten sich auch John Galliano, Donna Karan, Paco Rabanne und Anna Sui.

Von wem stammte das fantastische Kostüm der Ratte?

Von einer Studentin der ›Parsons School for Design‹, ein kleines, rundliches Mädchen. Eines Tages kam sie auf mich zu und sagte: »I thought about it. Fashion is about beauty, I rather like ugly things.« Diese Bemerkung fand ich außergewöhnlich für eine zukünftige Modedesignerin. Sie machte die absurdesten Sachen: Unterhosen und BHs aus präpariertem Gummi, eigentlich hässliches Zeug aus schmutziggrauem Material. Dann zeigte sie mir die ›Ratte‹. Sie nannte sie nicht so, aber es war ein merkwürdiges Gebilde aus Plastik, ein verdrecktes Teil mit borstigem falschem Haar und einem langen Skelett-Schwanz. Fotografiert wurde sie nachts am East River unter der Brooklyn Bridge, dort, wo Ratten zu Hunderten leben. Chris, ein Freund von mir, ein mittelloser deutscher Maler, lebte zeitweilig unter der Brücke gemeinsam mit John, einem anderen Obdachlosen.

Ergaben sich in der Umsetzung des Projekts auch Probleme?
Irgendwann ging uns das Geld aus. Als ich einmal vollbemalt im Zebrakostüm mit dem Taxi zur Location fahren wollte, nahm mich niemand mit. Ich stand auf der Westend Avenue und winkte, doch sobald sich ein Taxi näherte und der Fahrer mich in meiner Zebramontur sah, gab er Gas und zischte davon. Es war ein Frühsommertag in New York, nicht Karneval oder Ähnliches. Sie hielten mich sicher für eine der vielen Ausgeflippten, von denen es in New York ja genügend gibt. Auch meine Performance auf dem Times Square war seltsam. Ich saß auf dem Boden in meinem Schlangenanzug aus »Blow-Up« in einer Yoga-Position. Es war Spätnachmittag, mitten im Durcheinander von Menschen und Verkehr. Keiner schaute genauer hin. Noch eine Verrückte, werden sich wohl die Leute gedacht haben, und gingen vorüber.

Gab es noch andere interessante Zwischenfälle?
Zum Beispiel sollte sich meine Garbo-Imitation mit Woody Allen treffen – ein typischer Paparazzi-Shot. Also schickte ich ein Fax an die Filmproduktion von Woody Allen: »Garbo ist in der Stadt – nur zu gern würde sie Woody Allen treffen, den einzigen amerikanischen Regisseur, den sie wirklich liebt.« Unterschrieben hatte ich mit »Veruschka«. Die Antwort lautete: »Sorry, Woody Allen has no time.« 1974, kurz nach meinem Sturz in Griechenland, hatte er mich gefragt, ob ich in einem seiner Filme mitmachen würde. Ich sagte wegen meiner noch nicht verheilten Narbe im Gesicht ab. Nach der Pleite habe ich mir überlegt, dass sich Veruschkas Garbo genauso gut mit Tarantino verabreden kann.

Robert De Niro kriegte ich immerhin ans Telefon. Seine Sekretärin richtete ihm aus, dass ich gern etwas mit ihm machen würde, und so rief er mich eines Morgens um acht Uhr an. Verschlafen ging ich ans Telefon. Es begann ein völlig absurder Dialog. Er hielt mich für eine Veruschka, die ein Hotel in London hat. Davon war er partout nicht abzubringen. Ich wollte mit ihm ein Straßenkünstlerpaar darstellen. Damals war mir nicht klar, dass das eh nicht geklappt hätte, weil er sich nie fotografieren lässt.

New York 1988, Foto Steven Meisel

»Veruschka Self-Portraits«, New York 1996–1999
Fotos Andreas Hubertus Ilse

Im Sommer 1996 zogen Sie nach Brooklyn. Zweimal wechselten Sie auch dort das Quartier, Sie wohnten mit Michael und inzwischen zehn Katzen in einem Haus im nördlichen Teil von Brooklyn.

Dort konnte man damals noch günstig wohnen. Von Dumbo, so heißt der Stadtteil, waren Micha und ich derart begeistert, dass wir uns in einem kleinen zweistöckigen Haus, einer ehemaligen Bäckerei, ein 100-Quadratmeter-Loft mieteten. Nur Künstler lebten in Dumbo (Down Under the Manhattan Bridge Overpass), Rockbands konnten Tag und Nacht ohne Rücksicht auf genervte Nachbarn proben. Ein *no man's land,* damals weigerten sich manchmal Taxifahrer, überhaupt dorthin zu fahren. Man konnte dort tun und lassen, was man wollte. Micha und ich lebten wie zwei Kinder, die spielten und machten, was ihnen gerade einfiel. Micha unterstützte mich sehr in meinem Projekt, schrieb Texte, organisierte, telefonierte – wir waren ein gutes Team. Unten im Haus arbeitete Joey, ein Künstler, der Eisskulpturen schnitt. Wir lernten uns bald näher kennen. Auch mit Ed, einem Obdachlosen aus unserer Nachbarschaft, freundete ich mich an. Es stellte sich heraus, dass er ein bedeutender Art Director bei Doyle Dane Bernbach gewesen war, einer weltbekannten Agentur. Als er sich bei einem Motorradunfall eine Verletzung am Bein zuzog, die nicht mehr heilte, ging es mit ihm bergab. Nun saß er da mit einem offenen Bein, erstaunlicherweise war er immer guter Laune. Ich bot an, ihm Essen zu bringen. Er wollte immer nur Rühreier – nicht drei oder vier Eier, nein, sondern mindestens acht. »Bitte das nächste Mal die Eier etwas trockener«, bemerkte er bisweilen. Ich tat das gern; ich wusste, dass er sonst niemanden hatte. Wenn es mit seinem Bein sehr schlimm wurde, musste er ins Krankenhaus. Dann kam er vorher zu uns, um zu duschen. Ich machte eine Suppe, und sobald er sich gewaschen hatte, setzten wir uns an den Tisch und aßen gemeinsam. Ich mochte dieses Leben, habe diese Zeit unbeschwert genossen. Große Aufträge gab es nicht mehr und ich wollte auch gar keine mehr. Natürlich kam das Geld nicht mehr so hereingeflogen wie früher.

War das Leben in Dumbo nicht manchmal auch unheimlich?
Nun, in Brooklyn war immer etwas los. Aber nachts konnte es durchaus gefährlich werden. Es gab kaum Straßenbeleuchtung und man musste immer gucken, wer einem auf der Straße begegnete. Eines Nachts kam mir ein Schwarzer auf dem Fahrrad entgegen. Irgendwie spürte ich, dass etwas nicht in Ordnung war. Ich hatte keine Zeit Angst zu haben, denn ich musste sofort reagieren. So pumpte ich mich innerlich auf, wurde immer größer und dicker und brüllte so laut, dass es in der ganzen Straße hallte: »You motherfucker!« Damit hatte er nicht gerechnet. Er stieg wieder auf sein Fahrrad und machte sich davon. »Ich habe dein Gesicht gesehen«, schrie ich ihm noch hinterher. »Ich werde das der Polizei melden!« Ein anderes Mal, an einem Winterabend, schlich auf dem Nachhauseweg ein Fremder von hinten an mich heran: »Hey, hast du etwas Geld?«, fragte er. Er wich nicht mehr von meiner Seite. »Hör zu«, sagte ich schließlich in strengem Ton, »du gehst bitte dort, okay?« und zeigte ihm den Abstand, den er zu mir zu halten hatte. So gingen wir eine Weile nebeneinander her. Er hielt sich tatsächlich auf Distanz, und ich dachte nur: Ich kann jetzt unmöglich ins Haus hineingehen, weil er mir folgen wird. Ich hatte aber die Schlüssel zu Joeys Studio bei mir. Dort angelangt, drehte ich mich zur Seite: »So, du wartest genau hier, bis ich wiederkomme und dir etwas Geld gebe!« Ich ging hinein, holte etwas Geld aus meiner Tasche, gab es ihm durch das vergitterte Türfenster. Er verschwand. Solche Geschichten waren in Dumbo damals normal.

In dieser Zeit entstand Ihr Kunstfilm »Buddha Bum« (»Der Bettler Buddha«, 1998).
Es ging um Obdachlose und Buddha, ich war Clochard und Buddha in einer Person. Buddha hatte sich selbst zu einem Besitzlosen gemacht, und so habe ich mir erlaubt, ihn mit einem Obdachlosen von heute verschmelzen zu lassen. Wir drehten am Morgen mit einem wunderbar blauen Himmel, so wie ich ihn mir gewünscht hatte. Mein Kostüm: Haut, Haare und ein Fetzen Stoff, alles in Blau. Ich saß auf einer Lotusblume aus Eis, die Joey für mich geschnitten

hatte. Es ist uns gelungen, das Blau der Gestalt im Blau des Himmels fast verschwinden zu lassen – ohne technische Tricks, möchte ich betonen. Toshiaki Ozawa führte die Kamera, Micha machte die Musik, auf einem alten Klavier, das er am Straßenrand gefunden hatte.

Als die Beziehung zu Micha in eine Freundschaft überging, blieb er, ebenso wie seine neue Partnerin Lilli, an Ihrer Seite. Mehr und mehr kümmerten Sie sich nun um eigene wie herumstreunende Tiere aus der Nachbarschaft. Im Frühjahr 2001 präsentierte Sie der Italiener Francesco Vezzoli auf der Kunstbiennale von Venedig als lebende Installation in einem Look von 1969.
Vezzoli hatte eine Bank aus einem Film von Luchino Visconti aufgestellt, darauf saß ich in einem Valentino-Kostüm aus den Sechzigern. Vezzoli hatte den Raum mit seinen Stickerei-Bildobjekten dekoriert, die Kinostars zeigen, die allesamt Glitzertränen heulen. Die Performance sah vor, dass ich mein eigenes Konterfei imaginär bestickte. Manchmal legte ich mich auf die Bank und stellte mich schlafend. Das Beste war, wenn Beobachter näher traten und verblüfft feststellten, dass ich nicht aus Wachs, sondern echt war. Ich war so eine Art Medienstar der Biennale, viele Zeitungen berichteten. Mich hat das weniger erstaunt, doch Vezzoli konnte es kaum fassen. »You've made me famous!« Noch so ein eitler Künstler, dachte ich nur.

»Noble Gangstas«, Brooklyn 2000,
Foto Jen Denike/Vera Lehndorff

Im selben Jahr wurden am 11. September in Manhattan die Anschläge auf das World Trade Center verübt. Sie waren in Brooklyn nicht unmittelbar gefährdet, aber doch vom Geschehen betroffen.

Der 11. September war ein besonders schöner, klarer Spätsommertag. Ich saß auf der großen Terrasse, die zum Loft gehörte, als plötzlich dieser unerhört laute Knall zu hören war. Die Katzen fegten ins Haus und unter die Möbel. Zunächst dachte ich, dass die Explosion vom nahe gelegenen E-Werk herkam. Aber das, was ich gehört hatte, war derartig gewaltig, dass es sofort etwas Furchtbareres ahnen ließ. Ich sah hinaus auf die Plymouth Street. Im ersten Moment war es noch ruhig, dann gingen überall die Türen auf, die Menschen traten hinaus und starrten in den Himmel. Große weiße Rauchwolken zogen von Manhattan herüber. Ich machte den Fernseher an. Es wurde das Flugzeug gezeigt, wie es in das World Trade Center flog. Zuerst wurde vermutet, dass der Pilot die Kontrolle verloren hatte. Dann füllten sich die Straßen, alle gingen einen Block weit hinunter zum Hudson River. Von dort konnte man die beiden Türme sehen. Eine Viertelstunde später folgte der zweite Anschlag. Der Knall war aber seltsamerweise nicht mehr so laut. Man sah diese unglaublichen Rauchwolken über den Türmen aufsteigen, hörte das Geheul der Sirenen von allen Seiten, Feuerwehrautos rasten die Uferstraßen entlang und über die Brücken. Den Hintergrund des Geschehens kannte noch niemand. Aber man erfuhr, wie viel Menschen in den beiden Gebäuden festsaßen. Ich ging nach Hause, ich mochte dem Ganzen nicht mehr zusehen, es war zu furchtbar. Am Abend war Manhattan – gegen das Licht der sinkenden Sonne – in diesen Rauch gehüllt. Es erschien wie eines der diffusen Turner-Bilder.

Dann funktionierte das Telefon nicht mehr. Über Radio und Fernsehen hieß es, man solle sich mit Lebensmitteln eindecken. Da rannten alle los, um sich Vorräte zu holen, weil keiner wusste, wie es weiterging. Die Army kam und umstellte das E-Kraftwerk mit riesigen Betonblöcken. In Washington stürzte ein weiteres Flugzeug ab, es herrschte der Ausnahmezustand. Langsam sickerte die Information durch, dass es sich um einen Terroranschlag handelte. Holger berichtete mir später, dass er in einem arabischen Café in Paris geses-

»Burning city«, New York 1985–86, Foto Sebastian Backwith/Vera Lehndorff

sen hatte, als die Bilder im Fernsehen gezeigt wurden. Er hörte, wie die Araber begeistert riefen: »Jetzt können wir wieder unseren Kopf heben!« Der Ausnahmezustand dauerte viele Wochen. Mit einem Schlag hatte sich das Leben geändert. Immerzu dachte man an die Menschen, die unter den Trümmern lagen, vielleicht noch am Leben waren. Dazu kam der tagelange heftige Regen, der das Suchen nach den Opfern fast unmöglich machte. Das eigene Leben konnte man nicht mehr wie vorher fortsetzen. An der Trauerfeier für Berry Berenson, die Schwester der Schauspielerin Marisa Berenson, habe ich teilgenommen, in einer großen Kirche an der Park Avenue. Ihr Sohn ist Musiker und spielte Gitarre. Er hatte sich sehr gewünscht, dass seine Mutter zu einem Konzert von ihm in Los Angeles kommen solle. Sie hatte große Flugangst und war ihm zuliebe in das Flugzeug gestiegen – sie saß in der ersten Maschine, die das World Trade Center traf. New York war beherrscht von Angst und Verunsicherung. Alles schien verändert, infrage gestellt.

Bald danach, im Oktober 2001, wurde im New Yorker Kunstforum PS1, das zum Museum of Modern Art (MoMA) gehört, unter dem Titel »Burning City« ein Video einer brennenden Stadt gezeigt, das Sie 1986 in Peterskirchen gemacht hatten. Die Stadt hatten Sie aus Ziegelsteinen konstruiert. Parallel dazu wurden Fotos ausgestellt, die Sie, auf der Straße liegend und mit Asche bedeckt, in Manhattan in den achtziger Jahren aufgenommen hatten.
Daniel Marzona, damals Kurator am MoMa PS1 und heute Kurator in Berlin, hatte die Bilder gesehen und war davon beeindruckt. Alanna Heiss, die Direktorin von PS1, und er kamen in mein Atelier in Brooklyn, um die Arbeiten zu sehen, und entschieden, sie kurzfristig auszustellen. Die Ascheporträts wurden, so wie ich es mir gewünscht hatte, als Schwarzweißabzüge einfach an die Wand gepinnt. Die Videoinstallation wurde in einem zweiten Raum gezeigt. Viele Besucher der Ausstellung waren irritiert und erschüttert, dass nur vier Wochen nach den Anschlägen solche Arbeiten gezeigt wurden. Schauten sie genauer hin, konnten sie sehen, dass sie lange vor 9/11 entstanden sind.

BERLIN

Sie blieben in New York, obwohl sich das Leben dort sehr veränderte.
Die New Yorker waren traumatisiert. Alle, auch ich, hatten Angst vor Bomben in der Subway, Polizisten prägten das Straßenbild. Gleichzeitig wurde Dumbo als angesagter Stadtteil entdeckt. Die Künstler mussten weiterziehen, weil sie sich die Mieten nicht mehr leisten konnten, und die Yuppies kamen. Edeldelis, Beautyshops, teure Boutiquen schossen aus dem Boden. Micha und ich fühlten uns wie die letzten Mohikaner in einer Umgebung, in die wir nicht mehr richtig hineinpassten. In dieser Zeit ereignete sich ein unangenehmer Vorfall mit einem Mitarbeiter unserer Hausverwaltung. Der Mann war ein chassidischer Jude, trug Kippa und Schläfenlocken. Ich spürte, dass er Probleme mit meiner deutschen Herkunft hatte. Eines Tages ging es eigentlich nur um ein kaputtes Fenster, aber plötzlich kam das Gespräch auf Deutschland. Es wurde klar, dass er alle Deutschen für Nazis hielt. Er fragte aggressiv, was mein Vater im Krieg gemacht habe. Das war der Moment, im dem ich klarstellen wollte: »Meine Familie hat auch unter den Nazis gelitten, mein Vater wurde, weil er sich am Widerstand beteiligte, 1944 hingerichtet.« Da schaute er mich abweisend an und beharrte darauf: »Kein einziger Deutscher hat sich jemals gerührt.« Er blieb dabei. Das war gewiss nicht das einzige Mal, dass ich mit antideutschen Stereotypen konfrontiert wurde, doch damals traf mich das stärker, weil ich mich in dieser Zeit wieder viel mit der Geschichte meines Vaters und meiner Eltern im Widerstand beschäftigte.

Nun bekamen Sie viele neue Mitbewohner.
Zu meinem Kater Äfflein kam ein zweiter Kater hinzu, Tommy, den ich vor dem Tierheim rettete. Dabei blieb es nicht. In der Nachbarschaft sprach sich mein Herz für Tiere herum, und man setzte mir immer wieder neugeborene Katzen vor die Tür. Unsere Menagerie wurde täglich größer, zeitweise hatten wir bis zu 15 Katzen im Haus. Überhaupt wimmelte es in Dumbo von herrenlosen Tieren, Hunden wie Katzen. Jeden Tag kochte ich kübelweise Katzenfutter

und fuhr mit dem Fahrrad durch den ganzen Stadtteil zur Fütterung. Das wurde zeitweise zu meiner Hauptbeschäftigung. Michas Freundin Lilli, mit der ich mittlerweile gut befreundet war, half mir bei meinen tierpflegerischen Ambitionen. Inzwischen war Paul Morrissey, ein Mitarbeiter von Andy Warhol, an mich herangetreten. Er wollte einen Dokumentarfilm über mein Leben machen. Ich unterstützte ihn dabei. Aber ich spürte, meine Zeit in New York ging zu Ende. Der Wunsch, nach zehn Jahren Amerika wieder in Europa meine Zelte aufzuschlagen, machte sich bemerkbar.

Im Frühjahr 2005 entschieden Sie sich nach Berlin zu gehen. Wie kam es dazu?

Ich hatte Sehnsucht nach der deutschen Sprache und nach Europa. In New York, das sich nach 9/11 so massiv verändert hatte, lebte man ständig mit der Angst. Europa, das hieß auch so etwas Alltägliches, wie sich über den nächtlichen Heimweg, einen durchgeknallten Taxifahrer keine Gedanken machen zu müssen. Europa, das waren vor allem meine Schwestern, Holger und alte Freunde, das war auch die deutsche Sprache und Kultur. Ich wollte zu meiner Geschichte zurück. Infrage kam für mich nur Berlin. Die Offenheit der Stadt, die nach dem Mauerfall wieder zur Metropole wurde, zog mich an. Ein Abschnitt war beendet, ein neuer begann.

Ende Mai 2005 kamen Sie in der deutschen Hauptstadt an – mit sieben Katzen und unzähligen Kisten.

Der Flug mit den sieben Katzen war eine logistisch komplizierte Angelegenheit, an der der Umzug beinah gescheitert wäre. Irgendwann saß ich mit Lilli und den sieben Tieren erschöpft und glücklich im Flugzeug. Ich mochte Berlin, kannte es aber wenig. Ich wusste um seine Düsternis, vor allem im Winter. Der Osten der Stadt hatte es mir besonders angetan, Micha war oft mit mir durch die Gegend gestreift. Mir tat es fast leid, als der Osten begann, wie der Westen auszusehen. Die Geschichte ist in Berlin allgegenwärtig, sie fällt einen aus jeder Ecke an, auch die Geschichte meines Vaters. Ich wusste von jüdischen Bekannten aus New York, die versucht hatten hier zu leben, jedoch zu sehr an der Erinnerung des Holocaust zu tragen hatten – ähnlich wie ich an der Erinnerung an meinen Vater, der in dieser Stadt hingerichtet wurde. Das beschäftigte mich viel mehr, als ich vermutet hatte. Überall gab es Orte, an denen sich mir aufdrängte: Hier ist damals etwas Furchtbares geschehen, zum Beispiel das Gefängnis in der Prinz-Albrecht-Straße, in dem mein Vater einsaß. Oder die vielen »Stolpersteine«, die an die Opfer des Holocaust erinnern; die kleinen Messingsteine findet man im Pflaster vor jenen Wohnhäusern, in denen jüdische Menschen lebten, die deportiert wurden. Es dauerte zwei Jahre und länger, bis ich wirklich in der Stadt ankam. In den ersten beiden Wohnungen öffnete ich keine meiner Kisten. Erst in der dritten begann ich auszupacken, aber längst nicht alles. Wenn man zehn Jahre an einem Ort gelebt hat, wird er zu einem Zuhause. Es war dann doch schwierig, mich von New York loszureißen, um in Berlin noch einmal neu zu beginnen.

Hat sich Ihre Lebensweise in Berlin geändert?
Zum ersten Mal bin ich ganz auf mich gestellt und empfinde diese Erfahrung als enorme Bereicherung. Früher war immer irgendjemand um mich herum. Durch das Alleinleben entdecke ich mehr und mehr meine eigenen Kräfte. Das beginnt bei den einfachen Dingen des Alltags, ich rufe nicht mehr um Hilfe, wenn etwas schiefläuft oder der Computer spinnt, sondern kümmere mich selbst darum. Weder fremdbestimmt noch eingeengt von meinen eigenen Erwartungen zu sein, das war und bleibt wichtig für mich. Was immer mir gelungen ist, entstand aus der Freude am Spiel, einer Freude, die ich als Kind nicht kannte. Auf spielerische Weise habe ich das, was mich beschäftigte, ernst genommen. Hauptsache, man wird angeregt. Und das wird man in Berlin auf wunderbare Weise.

Es machte und macht mir unglaubliche Freude, dass es noch so etwas wie eine freie Kunstszene in dieser Stadt gibt. Ich habe auch mit unbekannten, jungen Fotografen experimentiert. Für die Serie »Rags of Berlin« (die Lumpen von Berlin) habe ich mich einmal an die S-Bahn-Schienen am Ostkreuz gelegt, und Marcel Steger fotogra-

Graffittisprayer, Berlin 2009,
Foto Alexander Gnädinger

fierte mich. Ein anderes Mal ließ ich mich als düsterer Sprayer mit Kapuzen-Sweatshirt vor einer Graffitiwand ablichten.

Eine Begegnung dieser Jahre wurde unvergesslich: Die letzte Sitzung mit Irving Penn, für die Sie nach New York flogen.
Ich hatte lange keinen Kontakt zu Penn gehabt, genau genommen seit den sechziger Jahren. Da ich ihn für ein Buch um ein oder zwei Bilder bitten wollte, kam mir die Idee, ihn zu fragen, ob er ein Porträt von mir machen würde. Er willigte ein. Am Tag unseres Shootings saßen wir zunächst bei einer Tasse Kaffee zusammen. Er war ganz still, wirkte sehr asketisch, ging behutsam mit der Sprache um, eine Würde und eine Ruhe gingen von ihm aus. Als wäre er hier, aber doch schon in einer anderen Welt. Und da saß er nun vor mir, fixierte mich mit lebendigen, liebevollen Augen. Das Herumgerede hatte er hinter sich gelassen. Ich hingegen redete lange darüber, wie unser Foto aussehen könnte. Ich dachte an ein Porträt im Stil eines Bildes meiner Vorfahren in Steinort. Penn hörte sich das alles schweigend mit lächelnder Miene an. Dann sagte er: »Veruschka, I don't see you sweet. Ich will dich ernst und beunruhigt sehen.« – »Großartig, Penn, so machen wir es.« Penn wollte mein Gesicht mit schwarzen Flecken. Und die wollte er selbst auftragen. Als der Assistent mit Pinsel, Schwämmen und schwarzer Farbe zurückgekehrt war, setzten wir uns im Umkleideraum vor den Spiegel. Für das Bild

hatte ich eines meiner Augen stark umrandet, und ich versuchte ihm zu erklären, warum ich eine Helligkeit auf die Mitte des Augenlids gesetzt hatte. Penn sah mich an und sagte nur: »Bullshit!« Mehr nicht. José, ein Freund, der mich begleitete, und ich haben uns noch tagelang über diesen Ausspruch totgelacht. Penn war für mich der Inbegriff eines sehr höflichen, distinguierten Menschen, und auf einmal sagt er: »Bullshit!«, und das war's. Als Nächstes tupfte er mir mit einem Schwamm schwarze Flecken ins Gesicht. »Nun brauche ich blassblaues Babypuder.« Wir sahen uns ratlos an und sagten: »Aber Penn, es gibt kein blassblaues Babypuder, nur weißes.« – »Okay, dann weißes«, antwortete er. Penn schüttete sich eine Menge davon in die Hand und schleuderte mir das Puder wortlos in mein Gesicht, übers Haar und auf den Pullover. Im Studio hing ein Backdrop. Davor

»Rags« (Lumpen), Berlin Ostkreuz 2007, Foto Marcel Steger

New York 2008, Foto Irving Penn

stand ein Podium, darauf sollte ich mich legen. Penn setzte sich neben mich, zeigte auf seinen Assistenten Vasilios, der über mir auf einer Leiter stand, und meinte: »He is my brain, he will do the picture.« Penn dirigierte von unten alles: »Nun schau verstört, ein Sturm zieht auf.« Am Ende machte der Assistent noch ein Polaroid von uns beiden, das ich gern haben wollte. Ich sah darauf aus wie ein Aborigine, das Haar sehr wild, ganz klein neben Penn, der näher an der Kamera war. Das wollte er nicht: »Nein, das wäre höchstens ein Souvenir.« Als ich mich ein paar Tage später nach dem Ergebnis unserer Sitzung erkundigte, war Dee, seine langjährige Vertraute und Managerin, am Telefon: »Penn will dich noch einmal sehen.« Als ich das Print sah, war ich sprachlos. So hatte ich mich noch nie gesehen.

Nun saß mir Penn noch einmal gegenüber. »Veruschka«, sagte er, »ich wünschte, ich könnte dir jetzt etwas Sinnvolles für dein Leben sagen.« Ich war sehr berührt. Penn hat mir ein wunderbares Abschiedsgeschenk bereitet. Ein Jahr später ist er dann gestorben. Da ahnte ich, dass er mich bei unserer letzten Arbeit ein Stück seines Weges vorausgeschickt hatte.

Wie entwickelte sich Ihr Verhältnis zu Ihren Schwestern, seitdem Sie wieder in Europa lebten?
Wir sind einander so nah wie nie zuvor gekommen. Wir sehen uns natürlich nun viel öfter und telefonieren fast täglich. Uns verbindet sehr die gemeinsame Annäherung an die Geschichte unserer Eltern im Widerstand, die so lange versunken war. Anders als meine Schwestern habe ich, obwohl ich so lange in der Welt unterwegs war, viele Jahre mit meiner Mutter zusammengewohnt. So wusste ich aus ihren Erzählungen viel mehr über ihr Leben als meine drei Geschwister. Für uns ist wichtig, das, was früher, vor allem in unserer Kindheit, unausgesprochen blieb, im Austausch miteinander nachzuholen. Unsere Mutter hatte schon 1993 den Freundeskreis Steinort gegründet, heute engagieren meine Schwestern, ihre Kinder und ich uns in dieser Initiative, die mittlerweile zu einer Stiftung geworden ist. Die Ruine des Schlosses soll vor dem totalen Verfall bewahrt werden, um dort etwas Neues, in die Zukunft Gerichtetes

Vera, Nona, Catharina und Gabriele bei der Gedenkfeier in Sztynort (Steinort), 2009, Foto Kilian Heck

entstehen zu lassen. Wir waren glücklich, dass Antje Vollmer und Kilian Heck über unsere Eltern ein Buch schrieben: »Doppelleben. Heinrich und Gottliebe Lehndorff im Widerstand gegen Hitler und von Ribbentrop.«

Im Juni 2009, Sie waren gerade siebzig geworden, wurde zu Ehren Ihres Vaters an dessen 100. Geburtstag in Steinort ein Gedenkstein enthüllt.
Es war ein besonderer Tag für meine Schwestern, ihre Kinder und mich: Erstmals waren wir zusammen in Steinort. An dem Ort, den mein Vater über alles liebte, und der Ort, an dem unsere Eltern nur sieben Jahre lang ein intensives gemeinsames Leben geführt hatten, mitten im Paradies und mitten in der Hölle.

Es war der Wunsch meines Vaters, dort zu sterben; es hat fünfundsechzig Jahre gedauert, bis er dort ein symbolisches Grab erhielt. Als es endlich dazu kam, war das mehr als ergreifend für uns. Jahrzehntelang konnte man nicht einmal diese Möglichkeit in Betracht ziehen. In der Vergangenheit beschäftigte mich immer wieder die Frage, was man mit den Leichen der Hingerichteten gemacht hatte. Irgendwann brachte ich in Erfahrung, dass man sie verbrannt und ihre Asche auf den Feldern um Berlin verstreut hat, um jede Spur von ihnen auszulöschen.

Tafel des Gedenksteins für Heinrich Graf von Lehndorff, Foto Kilian Heck

Im Januar 2010 gelang es, einen weiteren Kreis zu schließen. Die »Gerechtigkeit«, so die ›Sächsische Zeitung‹ vom 13. Februar 2010, »braucht manchmal einen langen Atem. Im Fall der Familie des Hitler-Attentäters Heinrich Graf von Lehndorff waren es fünfundsechzig Jahre, bis sie vom Freistaat das zurückbekam, was ihr gehörte. Nach jahrelangen Verhandlungen waren gestern zwei Verträge über die Rückgabe von Kunstgegenständen perfekt. Rund 430 Möbelstücke, Gemälde, Silber, Bücher, Porzellanfiguren gehen damit wieder in den Besitz der Familie Lehndorff über. Der größte Teil davon, 423 Gegenstände, stammt aus der Schatzkammer von Burg Kriebstein. Nur 133 Stücke des Schatzes bleiben zurück – als ein versöhnliches Zeichen der Familie. Auch die Staatlichen Kunstsammlungen Dresden müssen sich von sieben Gemälden, einem Pastell und siebenundzwanzig Bänden des berühmten Zedlerschen Lexikons aus dem 18. Jahrhundert trennen. ›Meine Mandanten freuen sich sehr‹, begrüßte Lehndorff-Anwalt und Restitutionsexperte Gerhard Brand die gütliche Einigung. Die Familie erhält nun zurück, was ihr vom Nazi-Staat genommen wurde, weil Graf Lehndorff zu den Hitler-Attentätern des 20. Juli 1944 gehörte. Der sogenannte Volksgerichtshof verfügte seinerzeit die Enteignung. Die Familie wolle die jetzt zurückgewonnene Kunst nicht verkaufen, sondern sie weiterhin der Öffentlichkeit zugänglich machen, betont ihr Anwalt. Ziel sei, das alte Familienschloss Steinort im heutigen Polen wieder instand zu

v.l.n.r.:
Verus von Plotho, Anna von Plotho,
Gabriele Freifrau von Plotho,
Vera Lehndorff, Nona von Haeften,
Dirk von Haeften, Josepha von Haeften,
Catharina Kappelhoff-Wulff,
Christopher Kappelhoff-Wulff
Foto Kilian Heck

setzen. Dann sollen Möbel und Kunst, die in den Kriegswirren nach Sachsen gelangten, dorthin zurückkehren.«

Das Schloss Sztynort befindet sich heute im Besitz der polnisch-deutschen Stiftung für Kultur- und Denkmalschutz. Selbstverständlich kann sich unsere Familie nur im Rahmen unseres Engagements für die Steinort-Stiftung am Nachdenken über die Zukunft des Schlosses beteiligen. Mein Cousin Karl Lehndorff plädiert zum Beispiel nicht für den Wiederaufbau. Das kann ich in gewisser Weise nachvollziehen. Auch ich kann und möchte mir nur vorstellen, dass an diesem Ort eines Tages etwas Außergewöhnliches und Dynamisches geschieht. Auf keinen Fall sollte man sich auf eine Kompromisslösung einlassen. Dann wäre mir eine zugewachsene Ruine lieber.

Warum ist Ihnen an einer lebendigen Zukunft Steinorts gelegen?
Im Gegensatz zu Friedrichstein und Schlobitten, den Schlössern der Familien Dönhoff und Dohna, steht Steinort noch. Nicht nur deswegen kommt dem Haus historisch eine besondere Bedeutung zu. Es war auch ein geheimer Treffpunkt des Widerstands, befand sich in unmittelbarer Nähe zur sogenannten ›Wolfsschanze‹, dem Hauptquartier der Obersten Heeresleitung, wo 1944 das Attentat auf Hitler stattfand. Die Widerstandskämpfer bekamen hier die neuesten

Informationen. Auch die Beschlagnahmung eines Teils des Gebäudes durch den NS-Außenminister Ribbentrop gehört zur Geschichte dieses Ortes. In Steinort ist jeder Stein Geschichte. Daher fände ich es folgerichtig, wenn dort etwas Neues, Sinnvolles entstünde. Das Haupthaus befindet sich in einem bedenklichen Verfallszustand, der Einsturz wurde durch eine Notsicherung erst einmal verhindert. Nun muss die kostspielige Restaurierung finanziert werden. Das wird sicher noch ein langer Weg, aber für diesen Flecken Erde gibt es erstaunlich viele Fans in Polen und in Deutschland. Wenn ich Menschen frage, die jedes Jahr dorthin fahren, sagen sie oft, der Ort ist magisch. Ich hatte nicht geahnt, dass es mich so ergreifen würde, nach 65 Jahren wieder vor dem Schloss zu stehen. Man geht ums Haus und fragt sich, welches Fenster mag es gewesen sein, aus dem mein Vater sprang, um vor seinen Verfolgern zu fliehen? Wo war die Schaukel und wo fanden die Teegesellschaften meiner Eltern mit den NS-Bonzen statt?

Steinort ist für meine Schwestern und mich immens wichtig. Gott sei Dank ist man irgendwann so weit, dass man mit seiner Geschichte leben kann. Andauernd darüber klagen, was einem oder der Familie zugestoßen ist, das will ich nicht. Das hat auch mein Vater nicht gewollt und in seinem letzten Brief darum gebeten: »Bitte redet nicht in weinerlichem Ton von mir.«

Schloss Sztynort 2007, Foto Kilian Heck

Mein besonderer Dank gilt:

Richard Avedon Foundation
Dominique Auerbacher
Philippe Garner
Kilian Heck
Martin Heller
Kathrin Lemmen und den Mitarbeitern des DuMont Buchverlags
Steven Meisel
Irving Penn Foundation
Tanja Rauch
Marcel Steger
Annika von Taube
Holger Trülzsch
Antje Vollmer
Literaturagentur Barbara Wenner
David Wills

Vera Lehndorff, August 2011

NACHWORT
JÖRN JACOB ROHWER

Als wir uns das erste Mal begegneten, vor einigen Jahren in Berlin, hatte ich nur ein vages Bild von ihr. Für mich war sie das Supermodel aus dem Film »Blow-Up« – eine Weltbürgerin und Künstlerin ostpreußischen Adels, die vielen Menschen rätselhaft blieb.

Vielleicht hätten sich unsere Wege nie gekreuzt, wenn ich nicht an jenem Abend, von einer Freundin begleitet, ins Kino gegangen wäre. Der vorgeführte Film erzählte die Geschichte vom Abstieg eines Mannequins. Erst kurz vor Beginn der Vorstellung gesellten sich in der Reihe vor uns noch zwei Frauen hinzu. Die größere von beiden suchte in ihrer Tasche, setzte sich eine Brille auf. Als sie den Kopf zur Seite neigte, erkannte ich ihr Gesicht, ihr wunderbares Profil. Veruschka. Obschon erfreut, ihr zu begegnen, erschien es mir auch seltsam unbequem, besagten Film in ihrer Gegenwart zu sehen.

Im Halbdunkel sah ich zu ihr hin, sah ihre Silhouette, den Rand der Brille, in deren Gläsern sich das Licht der Projektionen spiegelte. Reglos folgte sie dem Geschehen. Als der Abspann kam und das Licht anging, erhob sie sich. Dabei begegneten sich unsere Blicke. Sie lächelte mir zu. Aber es war nicht Veruschka, sondern eine andere – Vera Lehndorff –, die mir einen Moment lang gegenüberstand. Noch ehe ich es begriff, war sie hinausgegangen.

Ihr Bild ging mir nach. Um Verbindung zu ihr aufzunehmen, schrieb ich ihr einen Brief. Sie erinnerte sich an unsere flüchtige Begegnung, schrieb zurück. Bald führten wir eine Korrespondenz, lernten einander näher kennen. Dieser Austausch machte mir bewusst, dass Vera Lehndorff – zeitlebens für ihre extravagante Schönheit, für modische Exzentrik, schöpferische Wandlungsfähigkeit und nicht zuletzt als Kind des Widerstands verehrt – vor allem eines war: ein nachdenklicher Mensch und auf ihre Weise interessanter als mancher Gelehrte. Vielleicht, überlegte ich, bildete unser Austausch die Basis für eine Biografie. Sie schien nicht abgeneigt. Wir verabredeten uns zum Tee.

An einem Sonntagnachmittag im Herbst wartete ich auf sie. Durch die hohen Fenster des Restaurants konnte ich sie herannahen sehen – vorsichtigen Schrittes, denn sie hatte sich kurz zuvor das Fußgelenk verletzt. Ich stand auf, ging ihr entgegen. Sie blieb stehen, begrüßte mich, hochgewachsen, grazil, von einem Hauch Guerlain umgeben. »Da bin ich«, sagte sie und reichte mir die Hand. Ihr tiefdunkles Timbre klang noch immer wie einst in ihrer ersten Szene aus Antonionis Film. Darin betrat sie, bereit für die Sitzung mit einem gefragten Fotografen, dessen Studio. »Here I am«, war alles, was sie damals, eher teilnahmslos, verkündete, bevor sie – elegisch wie eine Schlange zu Boden sinkend – wortlos vor der Kamera posierte. Seither war sie als Veruschka weltberühmt. Nun saß sie mir gegenüber. Der Ober brachte Tee und Bisquits, wir redeten ein bisschen, und ich, von den changierenden Nuancen ihres Gesichts beeindruckt, betrachtete sie. Kleinste Regungen genügten, um dessen Ausdruck zu verändern. Ein Heben oder Senken der Lider; ein Emporrecken des Halses, der Kinnpartie; eine leichte Drehung des Kopfes, während die Augen ihre Blickrichtung beibehielten.

Irgendwann wurden ringsum Kerzen angezündet, ein Abendessen serviert. Als wir wieder nach draußen traten, war es Abend geworden, und es ging ein kühler Wind. Vera Lehndorff stieg in ein Taxi, winkte zum Abschied. Und ich, verwirrt von ihrer Intensität, ging nachdenklich dahin. Nach jenem ersten Treffen sahen wir uns öfter, telefonierten, schrieben Briefe. So lernten wir einander näher kennen.

Vera Lehndorff weiß Kultiviertheit zu schätzen; Luxus hingegen verpönt sie. Sie vermag stets ein Fluidum von Exklusivität zu verströmen. Was sie aber tatsächlich liebt und begehrt, ist sinnlichen Ursprungs, fantasiegeboren, schöpferisch: Musik und Gespräche, Kunst und Literatur. Glücklich wirkt Vera Lehndorff, wenn sie sich versenken kann, zumal in den Anblick der Natur.

An der Verkörperung dessen, was als schön oder hässlich galt, reizte sie das von ihr mit Virtuosität beherrschte Maskenspiel. Die junge Vera Lehndorff wollte frei sein, unabhängig, anerkannt und beliebt. Model zu werden war nicht ihr Ziel gewesen, es war vielmehr die Folge ihrer Verwandlungskunst.

Eine solche Attitüde war in jener Welt, aus der sie kam, nicht gern gesehen. Ihrer Mutter, Gottliebe von Lehndorff, war es einst verboten, im Park des Schlosses Steinort in Masuren allein in kurzen Hosen ihre Laufrunden zu drehen. Das war Mitte der dreißiger Jahre gewesen. Als sich Vera Lehndorff Ende der fünfziger Jahre anschickte ins Leben hinauszugehen, gab es den 600 Jahre alte Familiensitz, die Tausende Hektar Ländereien, Seen und Güter, die Heimat nicht mehr. Nur ein Abglanz von Geschichte, eine Spur ostpreußischer Elite, die weitreichenden Verbindungen der Familie – und damit eine gewisse Pflicht zur Etikette – waren ihr geblieben. Innerlich aber gab es kein Zuhause, keine Gewissheit, keine Sicherheiten mehr für sie.

Ihre Intuition war Vera Lehndorffs größtes Gut auf dem Weg zum Erfolg. Folgte sie ihr, gelangte sie auf den richtigen Weg; tat sie es nicht, verirrte sie sich. Ihr Aufbruch nach Amerika jedenfalls wurde für Vera Lehndorff zunächst zur Fahrt ins Glück. Nirgends wurde sie wie in New York umschwärmt, begehrt, geliebt. Von hier aus brach sie auf in alle Kontinente, um berühmt zu werden. Hier beschloss sie auch, als sie es leid wurde, sich allerorts als Kunstfigur zu präsentieren, ihr Leben zu verändern, wieder nach Europa zu ziehen, um Jahre später mit eigenen künstlerischen Arbeiten und Ideen erneut in die US-Metropole zurückzukehren. New York machte Vera Lehndorff frei von Zukunft und Vergangenheit. Hier schien sie nur sich selbst und dem Moment verpflichtet – ein Zustand, der sie jedes Mal aufs Neue elektrisierte. So auch, als wir die Stadt gemeinsam besuchten.

An einem Spätsommerabend in Manhattan, die Bordsteine waren noch warm, saßen wir draußen vor einem Restaurant, den Blick die Seventh Avenue entlang gerichtet. Wir hatten gegessen, redeten wenig und vertrieben uns die Zeit damit, vorüberziehenden Passanten hinterherzusehen. Ein lauer Wind strich Vera Lehndorff durchs Haar, sie blinzelte, blies den Rauch ihrer Zigarette in das Dämmerlicht, schien wortlos zufrieden. In dieser Stadt war fünfzig Jahre zuvor aus ihr Veruschka geworden, ihr selbsterschaffener Mythos, der zeitlos zu sein scheint. Einerseits fiel es Vera Lehndorff leicht, in diese zweite Haut zu schlüpfen – etwas Make-up, ein paar Gesten und die passende Robe genügten, um die eigene Legende zu inszenieren. Andererseits war sie es leid, stets dieser einen, alten Rolle zu genügen. Vera Lehndorff wollte vieles, aber niemals nur Veruschka sein. Die anderen waren es, die wünschten, sie immer wieder als das Model aus »Blow-Up« zu sehen – oder vielmehr »anzustarren«, wie schon 1967 ›LIFE-Magazine‹ konzedierte. Vera Lehndorff selbst wünschte sich mehr und mehr, aus diesem Kontext zu verschwinden. Ganz gelang ihr dies jedoch nie.

Während eines unserer Abende in Manhattan gab man ein Fest zu ihren Ehren. Oder vielmehr zu Ehren von ›Veruschka‹ und des gleichnamigen Foto-Buchs, das seinerzeit erschien. Auf einer Dachterrasse mit Blick über den Hudson River, vor einem Meer von Lichtreklamen und der City-Silhouette, versammelten sich bei Sonnenuntergang Hunderte von Menschen, um sich am Anblick der Kunstfigur zu delektieren. Hoch über dem Geschehen, zur Steigerung des Eindrucks, hing ein Projektor, der unaufhörlich Film- und Bildsequenzen aus Veruschkas Glanzzeit auf eine imposante Leinwand projizierte: Groß, blond, eisblauer Blick, als sei sie vom Olymp herabgestiegen – so wurde sie den illustren Gästen, auch anwesenden Reportern, Fotografen, Fernsehteams präsentiert. Vera Lehndorff unterdessen, in schlichtes Schwarz gekleidet, mit einem Helm aus Filz anmutend wie ein schlanker Prinz, bewegte sich geschmeidig zwischen Freunden, Weggefährten, Verehrern, Journalisten hin und her, um diese auf ihre Art und Weise zu begrüßen und – so preußisch freundlich wie geduldig – bis zur letzten Minute besagtes Buch zu signieren. »Veruschka is beautiful, the book is beautiful and so are the place and the people«, befand am Ende dieses Abends Diane von Fürstenberg in bester Warhol-Manier. Alles schön. Alles Illusion. Spätnachts in einem kleinen Restaurant, die Rolle der Veruschka hatte sie nun wieder abgelegt, schien Vera Lehndorff im Kreis von Freunden ausgelassen, glücklich. Jeder der Gäste wusste eine Geschichte zu erzählen, hatte Denkwürdiges mit ihr in New York erlebt und wollte dies zum Besten geben. Als es langsam tagte, verabschiedete sie sich und verschwand unauffällig.

New York war Vera Lehndorffs heimliche Heimat. An keinem anderen Ort hatte sie, mit Unterbrechungen, so viel Zeit verlebt. Vor ein paar Jahren ist sie dennoch nach Berlin gezogen. Wie immer, wenn sie mit Kisten und Koffern übersiedelte, gingen Teile ihrer Habe, auch Kostbarkeiten, auf halbem Weg verloren. Vera Lehndorff hat wenig Bezug zu Materiellem, auch wenig Neigung, sich an Ideale, Religionen oder Gottheiten zu binden.

Ihre Entscheidung, nach Berlin zu ziehen, ist bemerkenswert. Hier war 1944 ihr Vater als Mitglied im Widerstand gegen Hitler exekutiert worden. Hier war das Deutsche Reich und mit ihm Preußen für immer untergegangen. Den Tod des Vaters hatte Vera Lehndorff nie verwunden. Ein Leben lang war sie umhergezogen, vielleicht auch um der Erinnerung zu entfliehen. In Berlin blickte sie zum ersten Mal in den Spiegel der Vergangenheit, auch ihrer eigenen Geschichte.

An Berlins groteske Note musste Vera Lehndorff sich zunächst gewöhnen. Selbstironisch erzählte sie mir von den wunderlichsten Begegnungen. Ein wildfremder Mann sprach sie auf offener Straße an, um ihr seine Passion für das Nacktschwimmen nahezubringen. Ein anderer, den sie, als ihre Haustür zugefallen war, um Hilfe bat, erwiderte schroff »Kannste det nich alleene!?« und ließ sie einfach stehen. In der italienischen Botschaft fielen die Herren reihenweise vor ihr auf die Knie, um ihr wie zum Gebet »Veruschka, un mito!« – »Veruschka, ein Mythos!« zuzuflehen. Mit solchen Kontrasten muss

Vera Lehndorff leben, immer schon. Sie ist es gewohnt, mal verehrt, mal verstoßen zu werden und lacht oft darüber. Vera Lehndorff hat mehrfach den Globus umrundet, hat in Rom, Paris, New York gelebt und einen guten Instinkt für andere ebenso wie für sich selbst entwickelt. Je nach Lebenslage und Ermessen jongliert sie daher mit ihren Selbstbildern und -befindlichkeiten. Bereits als Kind war sie spielerisch in das Kostüm einer Schlange geschlüpft. Seither, um – getarnt in Hülle und Habitus – beachtet, bewundert, geliebt oder auch übersehen zu werden, ändert sie unablässig ihr Erscheinungsbild, wechselt sie ihre Identitäten als Vera, Veruschka, Gräfin von Lehndorff. Während sie ›Veruschka‹ selbst erfunden hat und frei über sie bestimmt, war ihr die ›Gräfin‹ mitsamt des konservativen Gestus in die Wiege gelegt. Zwischen diesen Rollen hat sie sich eingerichtet.

Im Kreis ihrer drei Schwestern wirkt Vera Lehndorff heiter und ausgeglichen. Die Schwestern Lehndorff gemeinsam zu erleben kann ausgesprochen unterhaltsam, ihre Lebhaftigkeit geradezu ansteckend sein. Selbst kleine Anekdoten geraten ihnen zu Sensationen, zogen gesteigerte Anteilnahme in Form von Mitgefühl, Entsetzen oder Begeisterung nach sich. Ihre Art sich auszutauschen unterstreicht ihre Vertrautheit, aber auch ihre Verschiedenheit. Dass sie miteinander auskommen, ist keineswegs selbstverständlich. Der Krieg, der Verlust der Heimat, auch aller Besitztümer und damit die Abhängigkeit von Zuwendungen Dritter hatte sie früh ins Unglück gestürzt. Zudem lastete der vermeintliche Makel des nach Kriegsende nicht als Widerstandskämpfer geehrten, sondern lange Zeit als »Vaterlandsverräter« verunglimpften Heinrich von Lehndorff schwer auf den Leben der jungen Mädchen und ihrer Mutter, trieb sie auseinander, ließ jede ihrer eigenen Wege gehen und erst spät wieder zueinanderfinden.

Im Gegensatz zu ihren Schwestern hat Vera Lehndorff nie geheiratet. Sie blieb auf sich gestellt, die längste Zeit ihres Lebens. Wer hätte es auch vermocht, ihre Welt zu teilen, zu verstehen? Vera Lehndorffs Welt war der Vergänglichkeit gewidmet. In ihrer Schönheit, ihrem Gestus und also auch in ihren Fotos, Bemalungen, Verwandlungen manifestierte sich die Flüchtigkeit des Augenblicks: Sie arbeitete vor der Kamera, weil diese bildlich den Moment festschrieb; sie ging auf Reisen, weil sie sich auf diese Weise reglos fortbewegte; sie glich einem Chamäleon, weil sie immerzu ihre Gestalt transfigurierte. Mal omnipräsent, dann für lange Zeit verschwunden, bestimmten Bewegung und Stillstand die Dynamik ihr Leben.

Im Frühjahr 2008 begann ich mit der Arbeit an diesem Buch. Recherchen und Quellenstudien, der Aufbau eines umfangreichen Text-, Bild- und Dokumenten-Archivs waren Voraussetzungen für seine Entstehung, zumal des detaillierten Fragenkatalogs. Im Anschluss daran folgten 30 mehrstündige Sitzungen, die rund 1300 Transkriptionsseiten konstituierten, aus denen ich wiederum die Hälfte als Textvorlage generierte. Diese wurde dann mit allen relevanten Quellen, Dokumenten und Exzerpten (also Briefen, Notizen, Tagebucheinträgen, Literatur-, Film-, Rundfunk- und Pressezitaten) synchronisiert. Das Gespräch birgt in hohem Maße subjektives Erleben, auch Erinnern in sich. Das macht diese unmittelbare Form der Annäherung an ein Leben einzigartig.

Zu den mehrstündigen Sitzungen trafen Vera Lehndorff und ich uns zwischen April und Juli 2010 jeweils zweimal wöchentlich an ihrem Küchentisch. Der Blick aus dem Fenster führte hinaus auf die umliegenden Häuser und einen begrünten Innenhof. Meist rauchten wir eine Zigarette und tauschten Neuigkeiten aus, um dann zur Arbeit – dem jeweils anberaumten Gesprächsthema – überzugehen. Manchmal schien es, als meditierte Vera Lehndorff sich zurück in ihre Erinnerungen. Den Kopf in die rechte Hand gestützt, die Augen geschlossen, saß sie ganz versunken vor mir und fischte Zug um Zug Details aus ihrem Leben. Mal waren unsere Gespräche diskursiv, mal erinnerte sie sich sehr präzise, dann wieder fragmentarisch, assoziativ. Vorhersehbar war dies nie.

An manchen Julitagen, wenn es draußen gar zu heiß geworden war, begannen wir unsere Sitzungen in den Nachmittagsstunden und gingen erst, wenn es spät geworden war, wieder auseinander. Dann trat ich hinaus in die schon schlafende Stadt, nahm die letzte Straßenbahn und fuhr – innerlich schon halb in meinem Bett und halb noch bei unserer Begegnung – müde zu meiner Wohnung im

Zentrum von Berlin zurück. An einem dieser Sommerabende, kurz vor dem letzten unserer Gespräche, saßen wir, Stille atmend, vor ihrem Haus und blickten hinauf zum Sternenhimmel. Um uns war es friedlich, warm duftend nach Großstadtmeer. In diesem Moment, dort auf der Steintreppe schien Vera Lehndorff wie der Zeit enthoben – unverstellt und schwerelos, eins mit sich und der Natur, wie ein Mädchen aus Masuren. Nie wieder habe ich sie danach so gesehen.

Es ist schwer, Vera Lehndorff zu fassen. Niemand ist wie sie, wird je sein wie sie. Tausendfach hinterließ sie ihre Spuren, nur um wieder zu verschwinden. Was immer wir in ihr sehen – sie ist es und ist es nicht. Nur an einem Ort wird sie stets zu finden sein: in unserer Fantasie.

DANKSAGUNG

Mein Dank gilt allen, die mich bei der Entstehung dieses Buches unterstützt haben, insbesondere: Annika von Taube, die mit großer Genauigkeit die Gespräche transkribierte. Meinen Freunden, A.M., Philipp Brandt und André Nourbakhsch, die mir mit Rat und Zuspruch zur Seite standen, sowie meinem treuen Freund, Prof. Dr. Michael F. Shugrue (1934–2010), dem meine Arbeit an diesem Buch – dessen Entstehung er förderte – gewidmet ist. Kein Autor weiß, wenn er sein Werk beginnt, unter welchem Stern es steht und für wen dieser leuchten möge. Am Ende aber weiß er es bestimmt.

Berlin, im Sommer 2011

LITERATUR

Chelminski, Rudolph: »Not so bad to be different«.
In ›LIFE-Magazine‹, 18. August 1967

Dönhoff, Marion Gräfin: »Um der Ehre willen.
Erinnerungen an die Freunde vom 20. Juli«.
Siedler Verlag, München 2003

Eckhardt, Emmanuel: in ›Stern‹, 19.Februar 1976

Evans, Mary: »The Great Fur Caravan«. In ›Vogue‹,
15. Oktober 1966

Heynold von Graefe, Blida: in ›Madame‹, 3/1969

Keenan, Brigid: in ›Nova Magazine‹, 1968

Lehndorff, Hans Graf von: »Menschen, Pferde,
weites Land. Kindheits- und Jugenderinnerungen.«
C.H.Beck, München 2001

Michaelis, Rolf: »Eine neue Art von Kunst zwischen
Malerei und Fotografie«. In ›Die Zeit‹, 13. April 1979

Pollard, Eve: in ›Sunday Mirror‹, 18. Februar 1973

Sanders, Mark: in ›Dazed & Confused‹, Januar 1998

Schulthess, Konstanze von: »Nina Schenk Gräfin von
Stauffenberg: Ein Porträt«. Pendo Verlag, München
2008

FOTONACHWEIS

Archiv Christian von Alvensleben S. 52: © Archiv Christian von Alvensleben
Avedon, Richard, © The Richard Avedon Foundation:
    S. 151 Richard Avedon and Veruschka, Kleid von Kimberly, New York, Januar 1967,
    S. 153 Veruschka, Kleid von Adele Simpson, New York, Januar 1967, Kontaktabzug,
    S. 157 »The Great Fur Caravan«, ›Vogue‹, 15. Oktober 1966, S.100/101,
    S. 160 Veruschka, Nerz von Emeric Partos, Japan, Februar 1966,
    S. 163 Veruschka, Haare: Ara Gallant, Japan, Februar 1966,
    S. 206/207 Veruschka, mit dem Great Chrysanthemum Diamant, New York, März 1972,
Auerbacher, Dominique S. 262: © Dominique Auerbacher
Backwith, Sebastian/Lehndorff, Vera S. 305: © Foto Sebastian Backwith/autodirected artwork
    by Vera Lehndorff
Beard, Peter S. 126, 127, 130, 131, 132/133, 140, 141, 142, 143: © Peter Beard
Condé Nast Archive/CORBIS S. 149, 173: © Condé Nast Archive/CORBIS
Condé Nast S. 115: © 1964 (renewed 1992) Condé Nast Publications
Corbis S. 245: © Caterine Milinaire/Sygma/Corbis
Denike, Jen/Lehndorff, Vera S. 303: © Foto Jen Denike/autodirected artwork by Vera Lehndorff
Evans, Arthur S.166, 167, 168, 169: © Arthur Evans
Gedenkstätte Deutscher Widerstand S. 45: © Gedenkstätte Deutscher Widerstand, Berlin
Gnädinger, Alexander/Lehndorff, Vera S. 310: © Alexander Gnädinger/autodirected artwork
    by Vera Lehndorff
Heck, Kilian S. 314, 315, 316, 317: © Kilian Heck
Ilse, Andreas Hubertus S. 300: © Foto Andreas Hubertus Ilse/autodirected artwork
    by Vera Lehndorff
Luigi, Pier S. 192, 193: © Pier Luigi/Philippe Garner Collection
March, Charlotte S. 79, 82, 83, 84: © Charlotte March/Sammlung Falckenberg
Meisel, Steven S. 296, 299: © Steven Meisel
Mulas, Ugo S. 89: © Ugo Mulas
Newton, Helmut S. 290: © Helmut Newton Estate
Nishamura, Norman S. 108: © Norman Nishamura
Penn, Irving, © The Irving Penn Foundation:
    S. 8 Vogue Fashion Photograph (Veruschka in Veiled Hat), New York, 1963,
    S. 183 Veruschka Hair (B), Paris, 1967, S. 312 Veruschka, New York, 2008
Privatbesitz S. 14, 16, 17, 20, 21, 22, 23, 29, 30, 31, 32, 33, 34, 35, 36, 53, 54, 58, 68, 70, 71,
    72, 74, 75, 94, 128, 185, 201, 275, 294
Ottinger, Ulrike S. 266, 267: © Ulrike Ottinger
Rubartelli, Franco S. 145, 146, 171, 174, 180, 187, 188: © Franco Rubartelli
Rubartelli, Franco/Lehndorff, Vera S. 148, 178/179, 191: © Franco Rubartelli/autodirected
    artwork/fashionwork by Vera Lehndorff
Steger, Marcel/Lehndorff, Vera S. 311: © photographed by Marcel Steger,
    autodirected artwork by Vera Lehndorff
Stern, Bert S. 121: © Bert Stern
Taylor, Robert S. 212: © Robert Taylor/Philippe Garner Collection
Trülzsch, Holger S. 202, 203: © Holger Trülzsch
Trülzsch, Holger/Lehndorff, Vera S. 205 »Everybody want's to be Mick Jagger, even Mick Jagger«,
    S. 250, 252, 253: © Holger Trülzsch/Vera Lehndorff
Vilander, Ica S. 95: © Ica Vilander

Verlag und Autoren haben sich bemüht alle Rechteinhaber ausfindig zu machen. Sollte dies in einem Einzelfall nicht gelungen sein, bittet der Verlag um Nachricht. Die Fotografen der Bilder auf S. 17 (unten), 93, 96, 103, 111, 195 konnten trotz Bemühen von Seiten des Verlages leider nicht ermittelt werden.